JN022060

MINERVA
保育士等キャリアアップ
研修テキスト

今井和子・近藤幹生 監修

幼児教育

初瀬基樹
編著

ミネルヴァ書房

監修者のことば

　このMINERVA 保育士等キャリアアップ研修テキストは、「乳児保育」「幼児教育」「障害児保育」「食育・アレルギー対応」「保健衛生・安全対策」「保護者支援・子育て支援」「マネジメント」の全7巻で構成されています。いずれも、保育士養成校等で教育・研究に尽力されている専門分野の先生方、そして経験豊富な保育実践者の方々により、執筆していただきました。

　これらのテキストの執筆をお願いした専門分野の先生方は、常に現場の職員と一緒に研究活動に取り組み、保育の質の向上を支えてこられ、現場に精通されています。そして、現職の園長先生や主任保育士、保育者にあえてこのテキストの執筆を依頼したのは、今日的な保育課題に主体的に取り組み、活力のある保育・教育を創造していくのに、現場の実践力こそが不可欠ではないかと考えたからです。

　2017年4月、厚生労働省は通知「保育士等キャリアアップ研修の実施について」を発出しました。この通知を受けた研修の一番のねらいは、保育実践現場において、すでに一定の経験をもっている保育者が学びを深めること、保育の質的向上、職員の資質向上を目指すことです。研修の受講者自身が、各園においてミドルリーダーあるいはリーダーとなることを目的としています。保育に関わる基本的知識はもちろんですが、専門的知識・技術を土台にして、最近の保育の動向についても理解し、さらに深めてもらえる内容になっています。

　各巻では、レッスンのはじめにポイントを箇条書きにしてあります。そして、保育実践現場の具体的事例や写真、図表類などを盛り込むようにしました。また講義形式での講座を受講しながら、必要な事項をメモできるように本文欄外にスペースを設けました。さらに、各レッスンでは、演習形式でのグループ討議の際、考え合ってほしい課題を盛り込みました。職場以外の同じ立場の者同士が多様な保育課題について語り合い、専門性の向上に努めるまたとない機会として活用していただければと思います。さらに、学びを深めたい方々のために、巻末に参考文献リストや資料を掲載しています。

　このキャリアアップ研修テキスト（全7巻）により学びを進め、各園における課題を見いだし、あるいはこれまでの保育内容を再考する契機となることを願っています。キャリアアップ研修の参加者自身が、保育の質的向上、職員の資質向上を目指すために奮闘してほしいと願っています。保育者たちは、日常業務の忙しさのなかにあり、学ぶ時間をつくりだすこと自体が困難となっています。もちろん、こうした保育実践現場の課題は、実践現場の方々の努力だけで解決できうることではありません。しかし、「学ぶことは変わること」(林竹二)です。このキャリアアップ研修においてかなりの長い時間をかけて学ばれる以上は、学びの達成感やリーダーとしての力量、すなわち「園の組織を学び合う実践共同体へと変えていく力」を修得していただければ、という願いをもってつくりました。それによって、保育者としての生きがいを追求する姿を確かめ合っていけるのではないでしょうか。

　皆さんの、学びへの積極的意欲を励ますとともに、全7巻の執筆者のご協力に感謝し、監修者のことばとします。

2020年7月

近藤幹生

今井和子

はじめに

　就学前の子どもたちに「教育」を通して「本当に身に付けてほしい力とは何か」ということを、じっくり考えてみたことはありますか。インターネットやスマートフォンなどのメディア機器が高度に発達、普及した現代では、調べればすぐにわかることを一生懸命教えて覚えさせることよりも、実際に見たりふれたり、関わったりして自分でいろいろなことを見つけることのできる直接体験の機会を増やしてあげることの方が重要だと思いますし、さまざまな情報のなかから必要なものを選びとる力、それらを再構築して、新たなものを創造していく力などをつけさせていくことの方が大事になってくると思います。

　「教育」という言葉からは、どうしても（大人が子どもを）「教え、育てる」と連想してしまいがちですが、教えて育つものはほんのわずかしかありません。それよりも子どもたちの好奇心や意欲を大事にし、自ら学んでいこうとする姿を最大限に伸ばしていきたいものです。

　たとえば、保育者が「なんでも食べる元気な子に育ってほしい」と願ったとして、食事の場面でさまざまな指導や配慮をすることも大事ですが、まずは思い切り遊んで楽しい時間を過ごし、「お腹が空くような生活を送ること」に重点をおく。あるいは描画活動、制作活動等においても、描いたりつくったりするための方法や技術を教えることも大切ですが、日ごろから「描いたりつくったりしたくなるような生活」「心躍るような体験」をいかにさせてあげられるかに重点をおくことが大切だと思うのです。

　要するに、大人があらかじめ用意した「大人にとっての正解」を子どもに教え、身に付けさせるばかりでなく、子どもたちの好奇心をくすぐり、探求心や挑戦欲が湧いてくるような環境を用意することに力を注いでほしいのです。そして、子どもたち自身のなかから生まれてくる疑問や課題に対して、必要なときには支援しながらも、自分たちで答えを探していこうとする姿勢を大事に育んでいきたいと思います。「大人が教え育てる保育」よりも、「子どもが自ら育とうとする姿を支援する保育」が広がっていってくれたらと願っています。

　そうなると保育者に求められるのは、指導技術だけでなく、「子どもの内面に育っているもの」や「どんな関心が芽生えてきているのか」などを読み取る力、そこから次の活動を考えたり、環境構成・関わりなどを職員間で話し合ったりして考えていく力ということになります。「できる・できない」よりも、子どもが「どんな気持ちでやっているのか」に目を向けてほしいのです。

　また、就学前の「遊び（生活）が中心」の子どもたちの「無自覚的な学び」が、いずれ小学校以降の「自覚的な学び」へと移行していくことも視野に入れ、園内だけでなく、保護者や小学校、地域の方々とも、子どもの育ちや自分たちの大切にしてきた関わりなどを伝えたり、話し合ったりする機会を持つなどして連携していくことも大切です。

　そして、なにより、いろいろな人とうまくつながり合って、「みんなの幸せ」を一緒に考えられる人に育っていってほしいと思います。そのためにも保育者には、子どもにとっても大人にとっても「そばにいて安心できる人」「信頼できる人」であってほしい。また、「しっかりと子どもに愛情を注げる人」であってほしい。「目に見える力や姿」ばかりでなく、「豊かな心」を育むような保育ができる人であってほしい。こうした願いを持ってつくった本です。キャリアアップ研修だけでなく、園内研修等でもご活用いただけたら幸いです。

　なお、編者として私（初瀬）の名前のみ記されていますが、分担して執筆してくださった杉水保育園の備海先生、ひまわり保育園の大滝先生とともに、3人で相談し確認し合いながら一緒につくってきました。お二人のお力があってこそできあがった本であることを申し添えておきます。

2020年7月　　　　　　　　　　　　　　　　　　　　　　　　　　　　　初瀬基樹

■ 第 5 章 ■ 園での育ちを小学校へとつなぐ

本シリーズは、厚生労働省「保育士のキャリアパスに係る研修体系等の構築について」に準拠したうえで、ミドルリーダーとして知っておきたい保育内容を充実させ、学んだ知識を保育現場で活用できるような構成になっている。したがってキャリアアップ研修のみならず、園内研修用のテキストとしても使用可能である。

第 1 章

幼児にとっての
「教育」とは

　「幼児教育」という言葉が先行し、早期教育的な内容がさも幼児教育であるかのように謳い実践している園を多々見受けます。本来であれば、養護と教育が一体となった幼児期特有の教育の方法が「保育」であり、そこには広義の「教育」が含まれているはずなのですが、「学校教育法」で定められた狭義の「教育」と混同してとらえてしまっている園が多いのかもしれません。幼児期の子どもたちにふさわしい本来の教育とはどういうものか。また、なんのために幼児期からの教育が必要なのか。さらにこれからの時代にどのような教育が求められているのか。幼児教育の現状と課題、児童福祉施設としての側面も併せ持つ保育所としての役割と機能、「保育所保育指針」改定の背景等も踏まえながら、幼児にとっての保育・教育について考えていきましょう。

幼児教育の現状と課題

「ここのサラ粉つかうとぴかぴかの泥団子ができるんだよね〜」

写真提供：河内からたち保育園

ポイント

1 保育所は日本の「幼児教育施設」として公的に位置づけられた。
2 子どもが自ら学び、成長しようとする姿を支援するのが保育・教育である。
3 子どもを取り巻く社会、環境にも目を向けて保育を考えることが必要である。

1 │ 幼児教育の現状

1 日本の幼児教育施設として認められた保育所

2017年に「保育所保育指針」「幼稚園教育要領」「幼保連携型認定こども園教育・保育要領」が同時に改定（改訂）され、2018年より施行されています。これにより、保育所も公に日本の「幼児教育施設」と認められることになりました。どういうことかというと、幼稚園は文部科学省の管轄で、拠り所とする法律は「学校教育法」、また保育所は厚生労働省の管轄で、拠り所とする法律は「児童福祉法」、幼保連携型認定こども園（以下、認定こども園）の管轄は内閣府で、「学校教育法」「児童福祉法」の両方にまたがりながらも「認定こども園法」（正式名称「就学前の子どもに関する教育、保育等の総合的な提供の推進に関する法律」）を拠り所としています。それぞれ管轄が異なり、拠り所となる法律も異なるため（図1-1）、たとえば保育所を「学校教育法」で定められた幼稚園と同じ「教育施設」として"法律で"定めることはできません。しかしながら、このたび改定された「保育所保育指針」の第1章4に「幼児教育を行う施設として共有

図1-1　指針・要領の内容を規定する主な法律

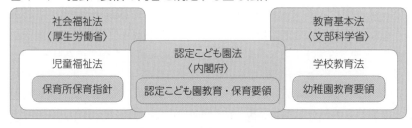

すべき事項」（下線部は筆者による。以下同様）という表記がなされたことにより、はじめて"制度として"、公に保育所も日本の「幼児教育を行う施設」と認められるようになったのです。

　今回の改定（改訂）以前の「保育所保育指針」「幼保連携型認定こども園教育・保育要領」においても、3歳以上の保育の内容（**五領域**）については、「幼稚園教育要領」とほぼ同じ内容で記されていました。ですから、これまでも幼稚園と同等の幼児教育が行われてきたはずですが、「幼稚園では教育がなされるが、保育所では教育がなされていない」といった誤解が少なくありませんでした。今回改めて、保育所も「幼児教育を行う施設」として公に位置づけられたことを、私たち保育者はきちんと理解し、「幼児にとっての教育」をとらえ直す機会にしたいと思います。

2　心配な「幼児教育」もある

　園によっては、さまざまな特色のある教育・保育を行うところがありますが、「幼児教育」という言葉から「過度な早期教育」をイメージしてしまう人が多いことが懸念されます。たとえば、**フラッシュカード**やワークシート、ドリルなどが毎日の日課になっていて、ひらがな、数字のみならず、漢字、熟語や格言、さらには外国語、計算、各種楽器演奏、体操指導、絵画指導など、ありとあらゆるものが教育・保育の「目玉」となり、「これこそ幼児教育です」といわんばかりに宣伝されている園もみられます。そのような園では、子どもたちが自由に遊ぶ時間よりも、早期教育的な活動の方が重視されています。親のなかにも「小学校に上がってから困らないように」、あるいは「子どもの才能は小さいときから訓練しないと伸びない」と、子どものためになると信じて疑わない人が少なくありません。そうした親たちが半ば強迫観念にかられて、そのような園を選ぶ傾向にあり、結果として早期教育に力を入れている園が人気園となることもあります。

　しかし、こうした知識詰め込み型、あるいは訓練的で一斉指導型の、小

用語　**五領域**
保育の「ねらい」および「内容」について5つの領域（「健康」「人間関係」「環境」「言葉」「表現」）としてまとめ、示されているもの。

　フラッシュカード
絵や数字、文字（ひらがな・漢字・英単語等）などを書いたカードを一瞬だけ見せて子どもに答えさせ、反応速度を向上させる練習をするもの。

学校以降の学校教育の形だけを先取りしたような教育をそのまま乳幼児期にもち込むことが、「幼児教育のあるべき姿」ではないはずです。そのようななかで行われる活動は、子どもたちのなかから生まれてきた興味や関心、「やりたい！」という動機によって始められたものではありません。また、多くの場合、子どもたち自身が心から「楽しい！」と思って取り組んでいる活動でもありません。そうした園に共通しているのは、大人側からの子どもへの一方的な指導・要求が多いこと、子どもを管理し、指導方法もマニュアル化され、子ども一人ひとりの発達や気持ちよりも「人よりもうまくできるようになること」が重視されている傾向にあることです。保育者には、そのような方法によって身につく力が、子どもたちにとって本当に必要な力なのか考えてみてほしいと思います。

　いろいろな知識を身につけ、いろいろなことができるようになったとしても、肝心の心が育っていなければ意味がありません。そうした早期教育によって、「できる」「できない」といった優劣が重要な価値観となってしまい、「勝ち組」「負け組」のような「できなければ人としても劣っている」というような歪んだ価値観が育ち、自分よりできない人を馬鹿にするような風潮が生まれてきているようにも感じます。保育者の仕事は、子どもたちにほかの人と比べて感じる「優越感」よりも、自分のもつ力を自分自身が信じられるようになる「有能感」を育んでいくことではないでしょうか。

2 ┃ 「保育」・「教育」のとらえ方と 2つの子ども観

1 「保育」と「教育」のとらえ方

①あいまいな「保育」「教育」の定義

　「保育」「教育」という言葉で表されているものが、使用される場面によって異なることがあります。一般の人々のみならず、私たち保育関係者の間でもとらえ方があいまいになってしまっているということに注意を払わなければなりません。

　「保育」と「教育」のとらえ方に混乱が生じる原因の一つは「子ども・子育て支援法」ではないでしょうか。

　2012年8月、すべての子どもが健やかに成長することができる社会の実現を目指して、「子ども・子育て支援法」という法律ができました。その3年後の2015年に、この法律とその他の関連する法律に基づいて、「『量』と『質』の両面から子育てを社会全体で支えます」として、幼児期の学校教育や保育、地域の子育て支援を総合的に推進するための子ども・子育て支援新制度がスタートしました。この制度により、保育所、幼稚園、認定こども園などが共通の施設型給付となり、新たに小規模保育等への地域型保育給付が創設され、さらに利用者支援事業、地域子育て支援拠点事業、放課後児童クラブなどの地域子ども・子育て支援事業の充実も図られるこ

ととなりました。そして、翌2016年からは新たに仕事と子育ての両立支援という事業も加わり、企業主導型保育事業、企業主導型ベビーシッター利用者支援事業といったものが始められることとなりました。

　この「子ども・子育て支援法」がつくられる際、管轄が異なり、拠り所となる法律も違うそれぞれの施設で提供されるものについて、分けて考える必要があるという理由（たとえば「保育」の対象には0〜2歳児が含まれているものの、幼稚園には基本的には0〜2歳児がいないため、「保育」という言葉を使用すると不都合が生じるなど）から、「保育」と「教育」という言葉についての定義づけがなされました。

　両者がどのように定義づけられたかみてみましょう。

　「子ども・子育て支援法」第7条3では、「保育」は次のように定義されています。

> 　この法律において「保育」とは、児童福祉法第6条の3第7項に規定する保育をいう。

　この「児童福祉法」第6条の3第7項をみてみると、

> 　一時預かり事業とは、家庭において保育（養護及び教育（第39条の2第1項に規定する満3歳以上の幼児に対する教育を除く。）を行うことをいう。以下同じ。）を受けることが一時的に困難となった乳児又は幼児について、厚生労働省令で定めるところにより、主として昼間において、保育所、認定こども園（中略）その他の場所において、一時的に預かり、必要な保護を行う事業をいう。

と書かれています。一見すると「子ども・子育て支援法」においては、「保育」と「一時預かり」が同じ定義になっているようにもみえます。文部科学省と厚生労働省の法的整合性をとるためにこのようなわかりにくい表現になっていると思われます。

　一方、「子ども・子育て支援法」第7条2では、「教育」が次のように定義されています。

> 　この法律において「教育」とは、満3歳以上の小学校就学前子どもに対して義務教育及びその後の教育の基礎を培うものとして教育基本法（平成18年法律第120号）第6条第1項に規定する法律に定める学校において行われる教育をいう。

　「法律に定める学校において行われる教育をいう」と定義されており、第6条の3第7項内の括弧内にも同様のことが記されているのですが、言い換えると「保育所は『法律で定められた学校』ではないので、保育所で行っているものは『教育』には含まない」と示されていることになります。

　ただし、これらはあくまで「子ども・子育て支援法」における狭義の定

レッスン **1**
幼児教育の現状と課題

義であって、本来の「教育」「保育」を定義するものではありません。

②「保育」「教育」をどのようにとらえたらよいか

では、私たちは「保育」「教育」をどのようにとらえたらよいのでしょうか。「幼児期の教育」「保育」について、「教育基本法」「学校教育法」「児童福祉法」にはそれぞれ、どのように書かれているかみてみましょう。

「教育基本法」第11条には「幼児期の教育」について次のように書かれています。

> 幼児期の教育は、<u>生涯にわたる人格形成の基礎を培う重要なものであること</u>にかんがみ、国及び地方公共団体は、幼児の健やかな成長に資する良好な環境の整備その他適当な方法によって、その振興に努めなければならない。

幼児期の教育は、「生涯にわたる人格形成の基礎を培う重要なもの」と記されています。そして、幼児期の教育を行う場として、学校教育法のなかに幼稚園を定めています。

一方、幼稚園について定めている「学校教育法」第22条では、次のように書かれています。

> 幼稚園は、義務教育及びその後の教育の基礎を培うものとして、<u>幼児を保育し</u>、幼児の健やかな成長のために適当な環境を与えて、その心身の発達を助長することを目的とする。

ここでは「義務教育及びその後の教育の基礎を培う」ための方法を表す言葉として「保育」という言葉が使用されていることがわかります。

保育所について定めている「児童福祉法」では、次のように書かれています。

> 第18条の4　この法律で、保育士とは、第18条の18第1項の登録を受け、保育士の名称を用いて、<u>専門的知識及び技術をもって</u>、児童の保育及び児童の保護者に対する<u>保育</u>に関する指導を行うことを業とする者をいう。
>
> 第39条　保育所は、保育を必要とする乳児・幼児を日々保護者の下から通わせて<u>保育</u>を行うことを目的とする施設（中略）とする。

ここでは「専門的知識及び技術をもって、児童（あるいは乳児又は幼児）を指導する」ことに対し「保育」という言葉が使用されています。

以上のように「学校教育法」においても、「児童福祉法」においても、小学校以降の教育とは異なる乳幼児期特有の教育方法や指導方法のことを「保育」という言葉で表していることがわかります。

③「保育所保育指針」における「保育」と「教育」

次に、「保育所保育指針」における「保育」という言葉についてみてみ

ることにします。「保育所の役割*1」をみてみましょう。

> 　保育所は、その目的を達成するために、保育に関する専門性を有する職員が、家庭との緊密な連携の下に、子どもの状況や発達過程を踏まえ、保育所における環境を通して、養護及び教育を一体的に行うことを特性としている。

また、「保育の内容*2」の序文においても次のように書かれています。

> 　実際の保育においては、養護と教育が一体となって展開されることに留意する必要がある。

さらに同じ個所で次のように書かれています。

> 　保育における「養護」とは、子どもの生命の保持及び情緒の安定を図るために保育士等が行う援助や関わりであり、「教育」とは、子どもが健やかに成長し、その活動がより豊かに展開されるための発達の援助である。

　つまり、「保育所保育指針」においては、「養護と教育が一体となったもの」が「保育」であり、「教育」についても、「法律で定められた学校で行われる教育」だけを指しているのではなく、「子どもが健やかに成長し、その活動がより豊かに展開されるための発達の援助」という、もっと広義の教育を指していることがわかります。

　このように考えると、2017年に厚生労働省より示された「保育士等キャリアアップ研修の実施について」の分野のタイトルが、3歳未満児は「乳児保育」であるのに対し、3歳以上児は「幼児"保育"」ではなく「幼児"教育"」とされているのも、「子ども・子育て支援法」と同様に「保育」と「教育」を分けて考える必要があったからだろうと推測できます。こうした、そもそもの法的根拠における定義があいまいであることが、現場での「保育」と「教育」のとらえ方に混乱を招いているともいえるでしょう。

　ここまでで、使用される場面によって「保育」「教育」の定義があいまいであることがおわかりいただけたかと思います。このテキストにおいては、基本的に「保育」を「養護と教育が一体となったもの」と考え、「教育」についても学校教育のみを指すのではなく、もっと広義の教育を指すものとしてとらえていきます。

2　2つの子ども観

　「教育」という言葉からは、どうしても私たちの多くは、自分たちが受

 参照　*1　「保育所保育指針」第1章1（1）「保育所の役割」イ
　　　　*2　「保育所保育指針」第2章「保育の内容」

けてきたような「これまでの学校教育」をイメージしてしまいがちです。先生が知っている知識、すでに答えの決まっているものを一方的に教え、覚えさせる。できるようになるまでひたすら練習させる。もう少し詳しくいうなら「教育」という漢字をそのまま訓読みして、大人が子どもを「教え、育てる」という上から下へのイメージです。このような教育観の背後には、「小さな子どもはまだ何も知らない、何もできない弱い存在だ」という子ども観があります。そして、「子どもより多くのことを知っていて、たくさんのことができる私たち大人が、一からやり方や知識を教え、これまでの大人が大切にしてきた価値観を子どもたちにも伝承し、自分たちと同じように育てていかなければならない」というように考えるのです。もちろん、それがすべて否定されるものではなく、文化として継承していくべきものも確かにあるでしょう。世界で起きている災害や戦争、環境問題など、大人が子どもに伝えるべきことはたくさんあります。しかし、教えるだけでは本当の意味で子どもは育ちません。

　古代ギリシャの哲学者であるソクラテスは言いました。「教育とは、炎を燃えあがらせることであり、入れ物を埋めるようなものではない」と。倉橋惣三（2008年）の「自ら育つものを育たせようとする心、それが育ての心である」という言葉をも思い出します。

　ソクラテスや倉橋を見習って、私たちの子ども観を「子どもはまだ何も知らない、何もできない存在」というとらえ方から、「子どもは自ら学ぶ存在であり、常に自ら成長したいと願っている存在」というとらえ方に変えてみるとどうでしょうか。おのずと子どもたちへの関わり方、教育のあり方が変わってくるはずです。

　ことさらに子どもに対し、「教育が必要」といわれる場面では、往々にして上の者が下の者に対して「今のままではダメ、もっと上を目指しなさい」、さらにいうならば「ほかの人より上に立てるように頑張りなさい」「ほかの人より先に行く（上手にできる）ようになりなさい」というメッセージが見え隠れしているように感じられます。今回の改定（改訂）で示された「幼児期の終わりまでに育ってほしい姿」としての**10の姿**に対し、「到達目標と勘違いされてしまうのでは？」という懸念が生まれるのも、私たちのなかにこうした「これまでの教育」のイメージが強いからではないでしょうか。

　子どもは、今のまま、ありのままの自分を周りの大人から無条件に受け入れられることで、「生まれてきてよかった」「自分は自分のままでいいんだ」という自己肯定感が育っていきます。そうすると、だんだん外にも意識が向くようになり、自分のやりたいこと、知りたいことをみつけ、やりたいことを存分にやるなかで、時には悔しい思いもしながら達成感や自己

 10の姿

「保育所保育指針」第1章4（2）「幼児期の終わりまでに育ってほしい姿」としてあげられている10の姿（「健康な心と体」「自立心」「協同性」「道徳性・規範意識の芽生え」「社会生活との関わり」「思考力の芽生え」「自然との関わり・生命尊重」「数量や図形、標識や文字などへの関心・感覚」「言葉による伝え合い」「豊かな感性と表現」）。

充実感を得て、さまざまな能力を獲得していくのです。「保育所保育指針」「養護に関わるねらい及び内容」にも「一人一人の子どもが、周囲から主体として受け止められ、主体として育ち、自分を肯定する気持ちが育まれていくようにする*3」と書いてあります。

　「学ぶ」の語源は「真似ぶ」ともいわれています。子どもは身近にいる大好きな人たちに憧れをもち、真似をすることから始め、「遊び」のなかでさまざまに試行錯誤を重ねながら必要なことを自ら学んでいくというのが理想的です。

　子どもを自分たちの思い描いた人物像へと効率的に育てようとする大人たちにとっては、そうした過程（多くの場合「遊び」）は無駄なものとして扱われる傾向にあります。そうした、「子どもを効率的に導こう」とするような幼児教育であってはならないと思います。そうではなく、子どもが抱いた興味、関心からスタートし、子どもがやりたいことをやらせてもらえる環境、子どもが知りたいと思ったことについて安易に答えが与えられるのではなく、一緒に探求してもらえる、そうした子どもたちの「自ら育とうとする姿」を支援してもらえる環境こそが、子どもたちの本当の学びにつながっていくのではないかと考えます。

　「これからの長い人生を生きていくために必要な力を自分の意志で（やりたいと思って）身につけていくこと」こそ、幼児教育のあり方であると考えたいものです。

> **ワーク1**
> あなたのイメージする「保育」「教育」について考えてみましょう。

3　これからの日本の教育

　今、日本の教育が変わろうとしています。それは就学前の子どもの教育に限らず、小学校、中学校、高等学校、大学にもいえることです。新「小学校学習指導要領」は2020年4月1日から、新「中学校学習指導要領」は2021年4月1日から施行されます。2018年から新要領・指針が施行された保育所、幼稚園、認定こども園は、小学校以降の学校教育に先立って、「日本の教育（保育）を21世紀型に変える」大切な第一歩を担っているといえるでしょう。

　21世紀型の教育とは、これまでのような知識詰め込み型の教育（答えがすでに決まっているものをどう解くか）が中心の教育ではなく、答えがみつかっていない問いに対しても、情報を集め、人と意見を交換しながら斬新な考えを出せる知性、そしてそれを上手に発表し、協働できる能力を育む教育です。認知能力だけでなく、「非認知能力」と呼ばれるものが必要

参照　＊3　「保育所保育指針」第1章2（2）「養護に関わるねらい及び内容」イ

になってくるのです。

　「非認知能力」とは、これまで大事にされてきたIQ（知能指数）などで測ることができる認知能力以外の能力のことです。たとえば、目標に向かってやり遂げようとする力（忍耐力）や、ほかの人とうまくコミュニケーションをとる力（社会性、協同性）、自分の気持ちや感情をコントロールする力（自信、楽観性）など、「測ることの難しい力」です。この非認知能力は、まだ脳が柔らかい乳幼児期の方が伸びるといわれており、特に子どもが自ら夢中になって遊ぶなかで育つといわれています。それが、「保育所保育指針」等において「育みたい資質・能力」として表されています。「知識及び技能の基礎」「思考力、判断力、表現力の基礎」「学びに向かう力・人間性など」です。

　たとえば、このレッスンの冒頭の写真は、光る泥団子をつくっている写真ですが、この子どもたちは４歳児と５歳児です。保育者のつくったピカピカの泥団子を見て、「私たちもつくりたい」とつくり始めました。まず、これまでにつくったことのある子どもや保育者から、どうすれば光る泥団子がつくれるのか、ある程度の方法と順序を教わります。おおまかな泥団子のつくり方を「知識」として学びます。そして、保育者や友だちと一緒につくり始めます。水と砂を混ぜ、丸い形にしていきますが、水加減も重要ですし、できるだけ真ん丸に近づけるためにはある程度のコツ（技術、技能）も必要です。見たり聞いたり自分で試したりしながら団子の「核」になるものをつくります。そして、手の上で何度も砂をかけては、なでたり転がしたりを繰り返していきます。それこそ２〜３時間集中してやり続けることもあります。こんなときに子どもに「集中力」や「忍耐力」が育っていると考えられます。途中で疲れてしまったときには、「続きはまた今度する」とビニール袋に入れてどこか壊されないところに保管したりします。このときも、「どこに置けば小さい子に壊されたりしないだろうか」と小さい子の動きを予測し、安全な場所を探すことになります。こうして失敗も繰り返しながら何度か経験を積んでいくなかで、次にどうすればよいかを学んでいきます。たとえば、団子の表面に小石等が混ざっていたりすると後でそこだけ形がいびつになったり、ある程度固まったあとで小石を取り除こうとして、団子ごと壊してしまったりします。そうした経験から、固まる前に小石を取り除いておいたり、あらかじめふるいにかけて小石を取り除いた土をつかったりと工夫するようにもなります（思考力）。さらに、自分の経験だけでなく、保育者や友だちから「ここのサラ粉（乾いていて細かい砂）つかうとよく光るよ」などの情報を得て試したりもします（コミュニケーション、協同性）。かなりの時間、ひたすらサラ粉をかけては手の上でコロコロ転がしていると、今度は「磨けば光り出す」というタイミングがやってきます。初めのうちはなかなかそのタイミングがわからなかったりしますが、友だちや保育者にも相談しながら「そろそろ磨いていいかな」とタイミングをみて、磨き始めます（判断力）。

　もちろん、磨くタイミングが早すぎたり、遅すぎたりでうまくいかないこともありますし、途中で何らかのアクシデントで壊れてしまうこともあ

ります。すぐに立ち直って新しいのをつくり始める子もいれば、ショック
でしばらく泣き続ける子もいます。でも、それであきらめてしまう子はほ
とんどいません。やはり、根底には自分の手で光る泥団子をつくりたいと
いう思いがあるので、保育者や友だちから励まされ、気持ちを切り替えて
つくり始めます（感情のコントロール）。そうやって、いつしかぴかぴか
に光る泥団子が完成すると、「できた！」「ねえ、見て、見て〜」と園中に
見せに行ったりします（達成感、自己充実感）。そして、大事に家に持ち
帰ります。

　完成したことで満足する場合もありますが、「今度は色つきの泥団子を
つくってみたい」とか、「もっともっと大きい泥団子をつくってみたい」
などとより難しいことに挑戦し始めることもあります（探求心、向上心、
冒険心、学びに向かう力）。

　このように、泥団子をつくるという遊び一つをとっても、認知能力だけ
でなく、非認知能力が育まれる場面がたくさんあることに気づくと思いま
す。

　もちろん、ただ遊ばせておくのではなく、保育者（大人）によるサポー
トも必要です。たとえば、子どもが失敗したときには「残念だったね、
せっかくここまでできたのにね」と気持ちを受け止めつつも「今度はこう
してみたら？」とか「次はきっとうまくできるよ」とか、「○○くんにど
うやったらいいかきいてごらん」というように、友だちとつなぐような声
かけや、必要に応じた関わりを行います。

　このような経験をとおして、子どもたちはさまざまな能力を自ら身につ
けていくことになり、さらには、生きる力へとつながっていくのです。

　幼児の遊びのなかには、さまざまな「学び」が含まれているのです。

ワーク2

　子どもたちの遊びの場面を切り取って、子どもたちの言葉、表情、
しぐさなどから具体的にどんな力が育っているのか考えてみましょう。

---

3 ｜ 現代の子どもを取り巻く環境

1　生きていくことが大変な世の中

　現代の日本社会において、若い世代の自殺は深刻な状況にあり、10〜39
歳の各年代の死因の第1位は「自殺」です（表1−1）。

　厚生労働省によると、「こうした状況は国際的に見ても深刻であり、15
〜34歳の若い世代で死因の第1位が自殺となっているのは先進国（G7）
では日本のみであり、その死亡率も他の国に比べて高いものとなってい
る」とされています（表1−2）。

表1-1　死因順位別にみた年齢階級・死亡数・死亡率・構成割合

年齢階級	第1位				第2位				第3位			
	死因	死亡数	死亡率	割合(%)	死因	死亡数	死亡率	割合(%)	死因	死亡数	死亡率	割合(%)
10～14歳	自　殺	100	1.9	22.9	悪性新生物	99	1.8	22.7	不慮の事故	51	0.9	11.7
15～19歳	自　殺	460	7.8	39.6	不慮の事故	232	3.9	20.0	悪性新生物	125	2.1	10.8
20～24歳	自　殺	1,054	17.8	52.1	不慮の事故	335	5.7	16.6	悪性新生物	174	2.9	8.6
25～29歳	自　殺	1,049	17.5	46.1	不慮の事故	288	4.8	12.7	悪性新生物	269	4.5	11.8
30～34歳	自　殺	1,280	18.6	39.3	悪性新生物	616	9.0	18.9	不慮の事故	262	3.8	8.1
35～39歳	自　殺	1,366	17.8	28.8	悪性新生物	1,145	14.9	24.1	心疾患	429	5.6	9.0
40～44歳	悪性新生物	2,649	28.5	30.0	自　殺	1,628	17.5	18.5	心疾患	991	10.7	11.2
45～49歳	悪性新生物	4,764	51.2	34.0	自　殺	1,872	20.1	13.4	心疾患	1,769	19.0	12.6
50～54歳	悪性新生物	7,267	90.5	38.1	心疾患	2,393	29.8	12.6	自　殺	1,830	22.8	9.6
55～59歳	悪性新生物	12,211	162.7	44.4	心疾患	3,377	45.0	12.3	脳血管疾患	2,022	26.9	7.3
60～64歳	悪性新生物	21,238	274.5	47.3	心疾患	5,424	70.1	12.1	脳血管疾患	3,147	40.7	7.0

出典：厚生労働省『令和元年版自殺対策白書』2019年

表1-2　先進国の年齢階級別死亡者数および死亡率（15～34歳）

	日本 2015年			フランス 2014年			ドイツ 2015年			カナダ 2012年		
	死因	死亡数	死亡率	死因	死亡数	死亡率	死因	死亡数	死亡率	死因	死亡数	死亡率
第1位	自　殺	4,132	16.3	事故	1,985	12.9	事故	1,724	9.0	事故	1,868	19.6
第2位	事故	1,633	6.4	自殺	1,224	7.9	自殺	1,426	7.5	自殺	1,012	10.6
第3位	悪性新生物	1,300	5.1	R00-R99※	966	6.3	悪性新生物	1,033	5.4	悪性新生物	513	5.4

※ICD-10（疾病及び関連保健問題の国際統計分類の第10回修正版）の第18章「症状、徴候及び異常臨床所見・異常検査所見で他に分類されないもの」に該当するもの
出典：厚生労働省『令和元年版自殺対策白書』2019年

　在園中の園での生活だけでなく、社会にも目を向け、現代の子どもを取り巻く環境を知り、卒園してからの子どもたちが、まずは「こうした社会を力強く生き抜いていくためにどのように育っていってほしいか」を視野に入れて保育をする必要があるのではないでしょうか。

　何があっても「きっと大丈夫。なんとかなる」と思えるぐらいの自己肯定感が育まれるような生活、困ったときに頼ることのできる友だちづくり、信頼できる大人との関係づくりなども意識しておきたいものです。

▶2　子どもを取り巻く人的環境

　厚生労働省の集計によれば、2018年度中に、全国212か所の児童相談所が児童虐待相談として対応した件数は15万9,850件（速報値）で、過去最多となっています。身体的虐待、ネグレクト、性的虐待、心理的虐待など、年々増加傾向にあります（図1-2）。この数値はあくまで児童相談所が対応した件数ですので、氷山の一角にすぎないのかもしれません。

　それぞれの園でも、少し気になる親子が増えているということはないでしょうか。仕事が休みのはずなのに朝早く登園し、夜は遅くまでお迎えに来ない。あるいは、子どもに対しての言葉かけや態度が厳しい、冷たい親がみられます。子どもをモノのように扱ったり、失敗した子どもの姿を嘲笑したりするような家庭の子どもの姿は、荒れていたり、すぐにキレて友だちや保育士に暴言を吐いたりすることが多く、そうかと思えば、保育士に異常なほどべったりと甘えてくる子どももいます。根底には、愛着形成がうまくできていないという要因があると考えられ、近年そうした親子が増えているようです。愛着は、人が人として生きていく上でベースとなる

図1-2　児童相談所での児童虐待対応件数とその推移

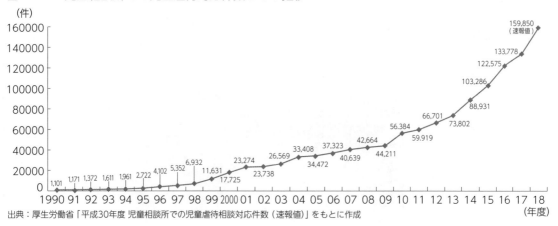

出典：厚生労働省「平成30年度 児童相談所での児童虐待相談対応件数（速報値）」をもとに作成

部分であり、それがしっかり育つように支援することも私たち保育者に求められる専門性の一つであると考えます。

> **ワーク3**
> それぞれが感じている幼児教育の現状と課題について話し合ってみましょう。

幼児教育の役割と機能

「大きくて、もちきれないよ〜」"たのしい！"がいっぱいの毎日を！

写真提供：河内からたち保育園

ポイント

1 最も重要なのは子どもたちに十分に愛されることの喜びを与えること。

2 保育者の働く環境の改善が結果的に子どもの最善の利益につながる。

3 言いつけを守る子ではなく、自分で考え、行動できる子どもを育てる。

1 | 幼児教育の役割と機能とは

　「保育所保育指針」の「保育の目標」には「保育所は、子どもが生涯にわたる人間形成にとって極めて重要な時期に、その生活時間の大半を過ごす場である。このため、保育所の保育は、<u>子どもが現在を最も良く生き、望ましい未来をつくり出す力の基礎を培うために</u>[*1]」（下線部は筆者による）と書いてあります。幼児教育の役割はまさにこの下線部分の言葉に表されているように思います。

　つまり、まず第一に「子どもが現在を最も良く生きられるような環境を整えること」です。第二に「子どもたちが将来、自分たちにとって望ましい未来を自分たちでつくり出していくための力の基礎を培うこと」です。今日では、子どもの貧困や幼児虐待が社会問題となっています。「日本国憲法」第25条において、「すべて国民は、健康で文化的な最低限度の生活

 参照 ＊1 「保育所保育指針」第1章1（2）「保育の目標」ア

を営む権利を有する」とあります。また、保育所は児童福祉施設ですから、「保育所保育指針」の「保育所の役割」にも書いてあるとおり、「入所する子ども」だけでなく、「入所する子どもの保護者に対する支援及び地域の子育て家庭に対する支援等を行う」という役割も担っています[*2]。まずはすべての親子が「健康で文化的な生活」を営むということを保障する必要があります。よって、自園に在園しているかどうかにかかわらず、地域の子育て家庭に対しても、できる限りの支援の手を差し伸べる必要があります。そのうえで、乳幼児期から、子どもが「ひとりの人間としての人権が認められた生活」「愛情に満ち溢れた生活」を送れるようにすることが、子どもたちの「生きる力」となり、「望ましい未来をつくり出す力の基礎を培う」ことにつながっていくはずです。乳幼児期はまさに、人としてのしっかりとした土台、基礎を築くときなのです。各保育園が地域の子育て家庭ともつながりをもち、交流、相談、支援ができる関係になっていけるとよいと思います。

　児童精神科医の佐々木正美は、人を建物にたとえて次のように述べています（佐々木、1998年、14-18頁より要約）。

> 　乳幼児期は基礎工事のときであり、その後の時期は、外装や内装工事、あるいはカーペットや家具のようなものです。後からやるものほど、やり直しがききます。「A大学を卒業した」「B大学に留学した」などというのは、ペルシャのじゅうたんや、スウェーデンの家具みたいなものであり、そんなものはいつでも取り換えが可能です。
> 　建物が出来上がった後に基礎工事に関心をもって床をめくってみようという人はいませんが、何かあったときに基礎工事がどれだけ建物の命運を決するかは周知のことです。建物であれば、再構築も可能ですが、人間はそうはいきません。歳をとってからでも高校や大学の学生になることはできますが、10歳とか30歳になってから保育園や幼稚園に入ることは絶対にできません。そこに勤めることはできても、園児になることは二度とできないのです。

　さらに、乳幼児期は「一人の人間の人格の基礎を決定するとても重要な時期」としたうえで、その乳幼児期の関わりとして大切なのは、「子どもの要求や期待にできるだけ十分にこたえること」であり、大人の側から伝えたいことは、いらだったり、叱ったりするのではなく「こうするんだよ、そうしちゃいけないんだよ」と、おだやかに何回も繰り返し伝えるだけでよく、そして「いつできるかな、いつからできるかな」と気長に待ってあげるぐらいがよいとしています。さらに、最も大事なことは「次の時代を生きる子どもたちに、十分に愛されることの喜びを与えること」であると

レッスン **2**　幼児教育の役割と機能

しています。

　まさにその通りだと思います。私たちも、ついついその子の将来を考えて（あるいは考えたつもりになって）、「今すぐこれをさせないと！」と半ば意地になって子どもを厳しく叱ってしまうことがあります。

　たとえば、食事のときに「苦手なものは配膳のときに減らしてもらうとか、自分の食べられる量を配膳してもらおうね」と言ってあったにもかかわらず、子どもが「やっぱり食べられない」と言ったらどうでしょう。「配膳のときに減らしてもらわなかったから残しちゃダメ」とか「全部食べないとデザートもらえないよ」などと言ってしまったりしていませんか。

　配膳のときには「これぐらい食べられる」と思って配膳してもらったのに、いざ食べ始めたら途中でお腹がいっぱいになってしまったという場合もあるでしょう。配膳されたものは全部食べるという「約束を守らせること」の方が保育者の最重要課題になってしまって、子どもの気持ちがみえなくなってしまうことが往々にしてあるように思います。

　今、無理矢理食べさせなくても、そのうちきっと自分の食べられる量の予測がついて、適量を配膳してもらえるようになると信じて、その場は「無理して食べなくてもいいよ」と声をかけてあげればよいのではないでしょうか。

　このように少し落ち着いて、「今すぐこれをさせることが本当にこの子に必要なのか」と考えてみましょう。「来年の今ごろ、もしくは卒園するぐらいまでにできるようになればいいか」と長い目でみると、細かいことであまりガミガミ注意しなくてもすむことがたくさんあるように思います。

　子どもは自ら学び、育つ力をもっていますが、その力を発揮するために、まずは生きていることに喜びを感じることができること、「自分には生きている価値があるんだ」と根っこの部分で感じることができることが重要です。そのために子どもが「自分は十分に愛されている」「生まれてきてよかった」という実感をもてるようにすることが大切です。そして、毎日の生活が楽しく、時に叱られたり友だちとけんかをしたりして辛いことがあったとしても、「明日はまた、きっと楽しい日になる」と希望をもつことができるような、そんな毎日を過ごせるようにする。それこそが、子どもたちの「生きていく力の源」になるのです。

　子どもへの愛情のかけ方もさまざまですが、なによりも、「あなたはあなたのままですてきな存在なんだ」と子どもが生きていることに大人が大きな喜びを感じ、無条件の愛情を注ぐことです。植物を育てるときを思い出してみてください。その植物の生育に適した土や環境を整え、季節に応じて種をまき、必要な水、養分を与えます。様子を見ながら日光に当てたり、風をよけ、寒さを防ぐなど、できる限りの世話をします。しかし、肝心の根を張り、芽を出し、成長していく力、花を咲かせ、実をつけるタイミングはその植物のなかにしかありません。いくらこちらががんばっても、いつ根を出すか、芽を出すか、花を咲かせるかはこちらで決めることはできないのです。同じように、私たち大人は子どもにできる限りの愛情を注ぎながら、子どもが「自分で成長しようとするとき」を「待つ」という姿

勢が大切なのです。

2 ｜ 「子どもが現在を最も良く生きる」ために

1 子どもの権利条約とはどういうものか

「子どもが現在を最も良く生きる」こととは先述のように、「ひとりの人間としての人権が認められた生活」、そして何よりも「愛情に満ち溢れた生活」を送れるようにすることです。

2019年は、「児童の権利に関する条約」（通称「子どもの権利条約」）が国連で採択されて30周年にあたります。日本は、批准25周年です。

「子どもの権利条約」のことは、普段の保育ではあまり気にしていないかもしれませんが、法的な位置づけとしては「日本国憲法」に次ぐものであり、「社会福祉法」や「教育基本法」といった法律より上位の規範です。つまり、「保育所保育指針」を定めている「児童福祉法」も「幼保連携型認定こども園教育・保育要領」を定めている「就学前の子どもに関する教育、保育等の総合的な提供の推進に関する法律」も、「幼稚園教育要領」を定めている「学校教育法」もすべて、「子どもの権利条約」を踏まえたうえで示されているのです。

ですから、「子どもの権利条約」にはどんなことが書かれているのかを保育者は知っておいた方がよいでしょう。ここでは「子どもの最善の利益」について書かれた第3条をみてみましょう。

第3条
1　児童に関するすべての措置をとるに当たっては、公的若しくは私的な社会福祉施設、裁判所、行政当局又は立法機関のいずれによって行われるものであっても、児童の最善の利益が主として考慮されるものとする。
2　締約国は、児童の父母、法定保護者又は児童について法的に責任を有する他の者の権利及び義務を考慮に入れて、児童の福祉に必要な保護及び養護を確保することを約束し、このため、すべての適当な立法上及び行政上の措置をとる。
3　締約国は、児童の養護又は保護のための施設、役務の提供及び設備が、特に安全及び健康の分野に関し並びにこれらの職員の数及び適格性並びに適正な監督に関し権限のある当局の設定した基準に適合することを確保する。

原文をそのまま読んで理解するのは難しいかもしれません。そこで、「むずかしい条約文を、子どもにもわかるように」と、当時中学2年生だった小口尚子さんと福岡鮎美さんが自分たちの言葉で翻訳した『子どもによる子どものための「子どもの権利条約」』から引用することにします

（小口・福岡、1995年、38-40頁）。

　第3条　子どもにいちばんの幸せを、ね。
　1　法律をつくるとき、
　　　法律に合わせて何かするとき、
　　　何が"いい"か"わるい"か決めるとき、
　　　そのほかいろいろあるけど、
　　　ぼくら子どもについて
　　　大人が何かするときは、
　　　ぼくら子どもにいちばんいいように、
　　　ということをまず考えてほしい。
　2　お父さんやお母さんやそれに代わる人、
　　　そのほか子どもに"しなきゃいけないこと"がある人、
　　　そんな人たちみーんなが力を合わせて、
　　　ぼくら子どもが幸せになるように、
　　　護ったり、育てたり、そのほかいろいろしてくれる。
　　　国はその人たちと協力して、
　　　ぼくらを護るためにできることは全部してほしい。
　3　ぼくらのために、保育園や学校や保健所や少年院とか、
　　　いろんなところや仕事がある。
　　　そこでぼくらがケガをしたり、病気になったりしないように、
　　　心と体が元気に育っていけるように、
　　　また、そこで働く人が少なすぎたり、
　　　子どものためになることをしてなかったり、
　　　ということがないように、国はちゃんと決められた基準（もとに
　　　するもの）を
　　　守ってほしい。

　「大人が何かをするときには、長い目でみて、その子にとって最も利益になることを中心に考えるように」と書かれているのです。本来、保育所は児童福祉施設ですから、子どもの最善の利益が追求されるべきです。ところが、実際はどうでしょう。近ごろ、保育所において子どもが保育者から虐待を受けていたというニュースをたびたび耳にし、胸が痛みます。その背景にあるものはなんでしょうか。

　保育者となる人の資質ももちろん重要ですが、働く環境はどうでしょうか。OECD加盟諸国と比べて、日本の3～5歳児の職員配置基準（4・5歳児30人に対し、保育士1人）は最低レベルです。OECD加盟国では、子どもが30人いたら保育士は2～3人（もしくはそれ以上）配置されていて当たり前なのです。配置基準を見直すだけでも、保育士1人当たりの仕事量は軽減され、子どもに対する接し方にもゆとりができるはずです。しかも、複数担任であれば、お互いに助け合ったり、行き過ぎた指導が起きそうなときでも、牽制し合うことができるでしょう。

また日本は保育時間が長いことも問題だといえます。今や11時間の保育が標準時間とされ、保育所は12時間前後の開所が当たり前になっています。保育士が働く時間以上に子どもたちは保育所で過ごしているのです。子どもたちが安心して楽しく過ごせるように園としても最大限の努力をしていますが、やはり家で過ごすのとは違い、長時間、家族以外の人たちと過ごすというのは、子どもにとっても、大人が思う以上にストレスがかかっていることと思います。

さらに、日本の保育者には子どもの様子や保育について、職員同士で振り返って話し合ったり、記録を書いたりする時間が十分には保障されていません。もともと人員に余裕がないため、働いている時間は、常に子どもを見ていなくてはならないからです。2019年に筆者が視察訪問したイタリアのトスカーナ地方では、保育士が子どもと関わる時間は週30時間と定められ、そして年間200時間を子どもと関わることなく、職員同士の話し合いや記録などの時間、いわゆるノン・コンタクトタイムとして与えられているとのことでした。質の高い保育を目指すのであれば、保育者同士の振り返り、記録の時間が欠かせません。

過酷な労働環境に加えて、保育士の賃金の低さも、全国的に保育士不足を招いている原因の一つです。厚生労働省の「賃金構造基本統計調査」によると、2017年の保育士の平均賃金は月22万9,900円で、全産業平均より10万3,900円低く、そのことが報道され話題にもなりました。保育士等処遇改善加算等の取り組みが行われてはいますが、まだまだ十分とはいえない状況です。

このようななかで全国の保育者はがんばっているのです。「保育者の働く環境の改善が、結果的に子どもの日々の幸せ、最善の利益につながっていく」ということも考えて、最低基準の見直し、保育者の処遇改善をもっと強く訴えていきたいものです。

■2■　生きる力を育むために
①どんな子どもに育ってほしい？

親としても、保育者としても、多くの大人は、①心身ともに健康で元気な子どもに育ってほしい、②思いやりのある優しい子どもに育ってほしい、③自主性、意欲、集中力、創造力、協調性、好奇心、探究心、向上心、社会性のある子どもに育ってほしい、そして欲をいえば、④勉強ができる子ども、スポーツができる子ども、○○ができる子どもに育ってほしいと思っていることでしょう。ところが、実際に子どもを育てるときには力の入れ方が逆転し、①②③については「自然に育ってくれたらいいなあ」くらいに考え、成果として目に見えやすい④ばかりに力を入れてこなかったでしょうか。もしくは、「勉強やスポーツがしっかりできるように育てていれば、心も一緒に育つ」と思ったりしてはいないでしょうか。

保育者の究極の願いとは、「その子自身が幸せな人生を送ることができるように、そして、できることなら人のため、世のために貢献できる人に育ってほしい」というものではないかと思います。

そのためには、「命を授かったときから愛情をたっぷり受けて育つ」→「自分のことを大切に思える」→「他人のことも大切に思えるようになる」→「人の喜びを自分の喜びにすることができる。人の悲しみを自分のことのようにわかってあげられる」といったよい流れで子どもが育つように、まずは子どもに愛情を注ぐことが必要です。

　こうした「愛情」という土台を築きながらの保育（いずれは学校教育）でなければ、いくら教える側の技術が優れていたとしても、子どもたちの内面を育てていくことはできないと思います。そこに、養護と教育が一体となった保育を行うことの意味があると考えます。

ワーク1

　あなたはなぜ「保育者になりたい」と思いましたか。その思いをほかの人と共有してみましょう。

　自分が子どもだったころの園の先生に憧れて保育者になったという人も多いと思います。その先生は、きっと優しくて、いつも笑顔が溢れる先生だったのでしょう。「教えるのが上手」とか、「いろいろなことを知っている」とも思ったかもしれませんが、それ以上に「人として尊敬できる」「人として大好きな先生」に憧れたのではないでしょうか。

事例　理想の関係

　母の日を前にして、年長児にそれぞれのお母さんの絵を描いてもらうことにしました。描き始める前に、それぞれの子どもたちにお母さんを具体的にイメージしてもらおうと、保育者は「皆ちょっと目をつぶって、お母さんの顔思い出してみて。お母さんは、どんな顔で、何て言ってる？」と尋ねてみました。

　すると、子どもたちから出てきた言葉は、

「"はやくご飯食べなさい！"って怒ってる」

「"はやく寝なさい！"って言ってる」

「"おかたづけしなさい！"って言ってる」

　はじめに言った子どもにつられて、少しふざけが入っていたとも取れますが、子どもたちには、お母さんに叱られたときの印象が強く残るものなのかもしれません。

　そんななか、一人、目をつぶったまま嬉しそうにニコニコしているケイタくんがいました。保育者が「ケイタくんのお母さんは、ケイタくんに何て言ってるの？」と尋ねると、ケイタくんはこう答えました。

「うふふ、"ケイちゃん、だいすき〜！"って言ってる」

　この話を聞いて、ケイタくんとお母さんのほのぼのとした温かい関係が目に浮かび、心が和みました。そしてまさに理想の関係だなあと思ったの

です。

ワーク2

目を閉じて「お母さん（お父さん）の顔」を思い浮かべてみてください。あなたのお母さん（お父さん）はどんな表情であなたに何と言っていますか。

もしも、今、皆さんが受け持っている子どもたちに同じように、「目をつぶって、○○先生（あなた）の顔思い出してみて。○○先生はどんな顔で何て言ってるかな？」と尋ねてみたら、子どもたちは何と答えるでしょうか。

「□□ちゃん大好き！」とニコニコしながら言っているあなたの顔を思い浮かべてもらえるくらいに、子どもたち一人ひとりのことを好きになってあげてください。そして、子どもたちからも「先生大好き！」と思ってもらえるように、原点に帰って、まずは「人として尊敬され、信頼される先生」になる努力をしてください。もちろん、さらなる知識を身につけ、経験をとおして技術を磨き、専門性を高めるための努力は、たとえ何年経験を積んだとしても必要だと思いますが、なんといっても保育は「人」が「人」を育てる営みですから、子どもたちから「こんな素敵な大人になりたいな」と思ってもらいたいものです。

②「良い子」ってどんな子？

「先生の言うことをよく聞いて良い子にしているんですよ」

よく耳にする言葉です。皆さんも普段から言っているかもしれません。ところで、「良い子」というのはどんな子のことをいうのでしょうか。「大人の言うことを聞く素直な子」のことなのでしょうか。

そうではないはずです。何でもかんでも大人の言うことを聞くのではなく、人の意見も聞きながら、自分で考え、自分で判断し、自分で行動できるようになっていくことこそ大切なことなのではないでしょうか。そもそも、「どうしても大人の言うことを聞いてもらう必要があるとき」とはどんなときなのか、ということを見失わないようにしたいものです。

子どもは、自分の話すことを聞いてくれる人の言うことはよく聞くものです。自分の言うことに耳を傾けてくれる人は信頼できると感じるからでしょう。さて、私たち大人は子どもの言うことにしっかり耳を傾けているでしょうか。子どもに自分の言うことを聞いてほしかったら、まずは子どもの声にしっかりと耳を傾けるという姿勢を大切にしましょう。

3 「望ましい未来をつくり出す力の基礎を培う」ために

1 生涯にわたる学習の基礎「後伸びする力」

　マイケル・ムーア監督の『世界侵略のススメ』という映画にフィンランドの教育についてのエピソードがあります。学力世界ナンバー1になったフィンランドの教育政策のポイントは、「宿題をなくす」ことにありました。その根底には「子どもはもっと遊ぶべきだ」「子どもは遊びをとおしてさまざまなことに興味を示す」という考え方があります。

　この話は、子どもの興味から出発することの大切さを感じさせます。映画に登場するフィンランドの教師たちはインタビューに対し、「問題意識をもって自分で考えるように教えている」「学校は子どもたちが幸せになる方法をみつける場所」「自分も他人も尊重できて（その後の人生を）幸せに生きる方法を教えている」と答えています。たとえ数学の教師であっても、数学がわかるようになることではなく、それが一番の願いだと答えているのです。

　テレビなどで、貧しい国の子どもたちが「学校に行きたい」「勉強をして家族や皆の役に立ちたい」とインタビューに答える場面をよく見ます。しかし、私たちのまわりを考えてみればわかるように、日本において「勉強が好き、勉強するのが楽しい、考えることが好き」という子どもに出会うことは残念ながらほとんどありません。むしろ、「学校に行きたくない」「勉強嫌い」という子がほとんどです。自分の興味のあることを追求することは本来楽しいはずなのにそう思ってしまう子が多いのは、やはり「させられる」ことが多すぎるからではないでしょうか。

2 考える力を育む『ちいさな哲学者たち』

　『ちいさな哲学者たち』という、フランスの幼稚園で行われる哲学の授業に2年間密着したドキュメンタリー映画があります。「リーダーとは？」「友だちとは？」「愛とは？」「死とは？」「自由とは？」「貧しさとは？」など、大人でも難しいと思える問いについて子どもたちなりに思考を重ね、思いを出し合います。自分の考えを言葉にして相手に伝える、相手の意見をしっかり聞いて、相手の意見を尊重しつつも、それに対する自分の感じた意見を言う。子どもたちに考える力を育てようとしているのです。

3 雪が溶けたら何になる？

　子どもたちに考える力を育むためには、時には大人も子どもから学ぶという姿勢が大切になります。

　ある小学校でのテストで「雪が溶けたら□□になる」という問題が出されたとき、双子の姉妹の一人は「水」という先生の期待通りの答えを書いて〇をもらったのに、もう一人は「春」と書いて×だったという話が新聞の投書欄に載っていたそうです。大田堯は、それについてテレビ番組のな

かで話したことを振り返り、こう述べています（大田、1990年、114-115頁）。

> 　私がこの番組の三分間で言いたかったことは、自分の期待する答えだけにマルをつける教師は、不幸であり生きがいをもちにくいのではないかということでした。「A子ちゃんの答え、とても面白いわね。皆そう思わない？　先生もちょっと思いつかなかったのよ」とでも言って、雪が溶けることが示す自然の変化についての、教師の予想をこえた答えを評価することで教師自身の考えも一段と広くなり、他の子どもたちもその発見によって刺戟をうける。このことは、単純なことのようですが、真理真実の奥行・間口をうんと広いものにする入り口になりうるのです。
> 　（中略）
> 　一人の子どもの新鮮な発想によって、みんなが気づかず、そこにいる一人ひとりの中でおおわれていた真実が引き出されて、みんなのものになったということでして、これこそが教育の成果というべきものなのです。

　これは小学校の事例ですが、保育においても似たようなことは多いと思います。保育者の予想を超えた子どもの発想、考えこそ大事にすべきだと思うのです。大人も時に子どもから学ぶ、ともに考え、ともに成長する存在でありたいものです。

　このように、幼児教育の役割は、生活のなかで周りの大人たちが、見返りを求めることなく子どもたちに愛情をたっぷりと注ぐことです。そして、子どもたちが「毎日が楽しい」と感じ、「生まれてきてよかった」という思いを抱けるようになることこそが、その後の未来を生きる力の源になっていくのではないでしょうか。何かができるように教え込むのではなく、子ども自らがもっている力を十分発揮しながら、意欲的に自ら学ぼうとする姿を大切に育み、支援していく。また、それを実践し、家庭や地域にそのことの大切さを伝えていくことができるのも幼児教育の現場なのです。

ワーク3

　これまでに出会った子どもたちから発せられた、保育者の予想を超える言動について出し合い、それにどう向き合ったかについて話し合ってみましょう。

「保育所保育指針」について

写真提供：杉水保育園

「知る」ことは「感じる」ことの半分も重要ではない（レイチェル・カーソン『センス・オブ・ワンダー』より）。

ポイント

1 新「保育所保育指針」では、乳児・1歳以上3歳未満児の保育に関する記載が充実した。
2 新「保育所保育指針」では、保育所保育における幼児教育の積極的な位置づけが明記された。
3 新「保育所保育指針」では、職員の資質・専門性の向上がこれまで以上に求められている。

1 | 「保育所保育指針」改定の背景

　このレッスンでは、2017年改定の「保育所保育指針」の主な変更点や重視されていることについて学びます。まずは、改定の背景にある社会の状況についてみていきましょう。

1 子どもの育ちや子育てに関わる社会の状況

　第二次世界大戦後の高度経済成長において、1950年代中ごろから1970年代の前半まで工業中心の政策がとられたため、20年近くにわたり高い経済成長が続き、日本の経済水準・国民の生活水準は急激に上昇しました。しかし、その反面**核家族化**、地域のつながりの希薄化、共働き世帯の増加

 核家族化
日本における世帯構造において、核家族世帯（夫婦のみの世帯、夫婦と未婚の子のみの世帯、ひとり親と未婚の子のみの世帯）が増加し続ける傾向のこと。1960年以降にみられる。

（図3-1）等を受け、子どもの育ちや子育てに関わる状況も大きく変化し、さまざまな課題が拡大、顕在化してきました。これについて、「保育所保育指針解説」の「改定の背景及び経緯[*1]」の記載をまとめると、次のようになります。

・子どもが地域の中で人々に見守られながら群れて遊ぶという自生的な育ちが困難となった。
・乳幼児と触れ合う経験が乏しいまま親になる人も増えてきている。
・身近な人々から子育てに対する協力や助言を得られにくい状況に置かれている家庭も多い。

「子どもが地域の中で人々に見守られながら群れて遊ぶという自生的な育ちが困難になった」ということは、地域において子どもが育つうえで、また子育てを行ううえで必要な人的・物的環境が失われたということであり、そのことがほかのさまざまな課題にも大きな影響を及ぼしています。

図3-1　共働き世帯の推移

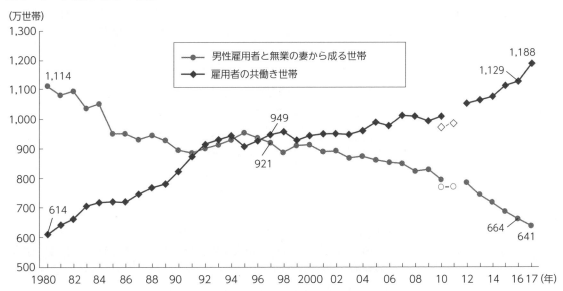

（万世帯）

凡例：
男性雇用者と無業の妻から成る世帯
雇用者の共働き世帯

（備考）1. 1980年から2001年までは総務庁「労働力調査特別調査」（各年2月。ただし、1980年から1982年は各年3月）、2002年以降は総務省「労働力調査（詳細集計）」より作成。「労働力調査特別調査」と「労働力調査（詳細集計）」とでは、調査方法、調査月等が相違することから、時系列比較には注意を要する。
　　　　2. 「男性雇用者と無業の妻から成る世帯」とは、夫が非農林業雇用者で、妻が非就業者（非労働力人口及び完全失業者）の世帯。
　　　　3. 「雇用者の共働き世帯」とは、夫婦共に非農林業雇用者（非正規の職員・従業員を含む）の世帯。
　　　　4. 2010年及び2011年の値（白抜き表示）は、岩手県、宮城県及び福島県を除く全国の結果。
出典：内閣府男女共同参画局『男女共同参画白書　平成30年版』2018年をもとに作成

 参照　＊1　「保育所保育指針解説」序章3「改定の背景及び経緯」

2 子どもを取り巻く家庭環境の変化

①「鍵っ子」と呼ばれた子どもたち

　核家族化が進んでいくなかで、同居世帯が減ると同時に共働き世帯が増えたことで、1960年代後半には「鍵っ子」と呼ばれる子どもがでてきました。当時の教育雑誌に、「鍵っ子の願い」というテーマで次のような作文が紹介されています[*2]。

> おかあさんへの願いは会社から早くかえってきてほしいことです。
> あまりにおそいと、おなかがすくしさみしいからです。

　「鍵っ子」については、「精神的に孤立する」「犯罪に巻き込まれる危険性がある」などといわれ、社会問題にもなりました。これまでの生活が急激に変化していくなかで、子どもを取り巻く環境が「変化」したことは代えようのない事実です。しかし、ここで、一つ気をつけなければならないことがあります。上記のような「子どもの願い」や世論にふれると、「母親は家庭にいるべきだ」「子どもがかわいそう」といった声が聞こえてきますが、そのような見解はとても危険です。環境の変化により子どもがさみしい思いをしていることは事実ですが、その責任を母親のみが負わなければならないわけではありませんし、女性の社会進出が制限されることも望ましくありません。

②「子どもを生み育てることに夢を持てる社会」

　1997年10月、人口問題審議会が少子化という問題について初めて正面から取り上げ、その影響、要因と背景について総合的な分析を行いました。『厚生白書（平成10年版）』では、「少子化の影響への対応とともに、『少子化の要因への対応をする必要がある』との考え方を打ち出し」たことを受け、序章において、「20世紀後半、日本は豊かさを目指して走り続けてきた。（中略）しかし、その間、**出生率**は下がり続けた。気付いてみれば、日本は、結婚や子育てに『夢』を持てない社会になっているのではないだろうか」と、その要因や対応についての報告を行っています。

　同白書の最終章では、「個人が家族を得たいという欲求と仕事や学習、地域参加など様々な活動をしたいという個人としての欲求の実現が両立できるためには、家族内の個人が自立し、それぞれの生き方を尊重しつつ、

 ＊2 「シリーズ東京五輪今昔物語『鍵っ子』言葉は消えても」『NHK生活情報ブログ』
2017年11月21日　https://www.nhk.or.jp/seikatsu-blog/200/284681.html#more（最終アクセス：2020年3月12日）

 少子化
人口学研究会編『現代人口辞典』（原書房、2010年）における定義では、少子化とは、出生率が人口置換水準を持続的に下回っている状態を指し、合計特殊出生率が約2.1を下回る水準に相当するとされる。

出生率（合計特殊出生率）
現在「出生率」と呼ばれているものは、「合計特殊出生率」を示すことが多い。「合計特殊出生率」とは、15～49歳までの女性の年齢別出生率を合計したもので、近年は約2.1を下回る「少子化」が続いている。

お互いを支え合えるような家族が求められていくであろう」「そして、家庭における男女共同参画が進み、そのような家族が形成される中で、母親のみに子育て負担が集中するような状況が改まれば、家族はその構成する全ての人にとって潤いの感じられるものとなり、男女が共に子育てに責任を果たしつつ、その喜びを感じることのできるものになっていくのではないだろうか」（下線部は筆者による。以下同様）とその解決の糸口を示唆しています。

　鍵っ子だった女性は、「かぜをひいてもお母さんが休めなかったり運動会に来られなかったりして寂しかった思い出があります」と"寂しかった"という思いを述べつつも、以下のように言っています[*3]。

> 　母になったいま、あの時、母がどんなにつらい思いだったか、わかるんです。寂しい思いもしましたが、働いていた母は私にとって頼れる、そしてたくましい存在でした。

　ただ現在は、激動の昭和から平成〜令和へと時代は移り変わり、ワークライフバランスや働き方改革の名のもと、プライベートや家庭を犠牲にしすぎることは見直す時期にきています。男女ともに自分や子ども、家庭を犠牲にする（しすぎる）働き方や社会進出ではなく、積極的な労働時間の調整や十分な育児休業期間による心身の「ゆとり」が必要です。そのためには、社会全体にも個人が充実した人生を送り、一人ひとりが心のゆとりをもつ必要があります。そのような社会をベースとし、「未来を担う子どもたちを育成する」ということの意味や意義を念頭においた「子育て世帯への理解や支援」を、今一度見つめ直す時期にきているのではないでしょうか。

■ 3 遊び環境の変化

　次に、子どもの遊び環境の変化について仙田満（2018年）によりつつみていきましょう。

　戦前から戦後15年（〜1950年代）にかけての子どもたちの遊び場は、「空き地や原っぱ、路地と呼ばれる空間で、多様な年齢の者同士で行う集団遊びをはじめ、採集等の自然あそびや、運動あそびや、竹や木材を加工し、船や車の工作あそび等に明け暮れていた」と述べられているように、空き地と空き地を結ぶ道路でした。ところが、1960年代に入ると「車とテレビにより外あそびと内あそびが逆転」し、遊び空間の量に大きな変化が起こります。その量は、大都市では20分の1、地方都市でも10分の1に減少したとされています。

　また、テレビの普及、さらにはゲーム機の普及は現代においても子どもの成長に深刻な影響を与えていますが、1953年のテレビ放映開始以降、

参照　＊3　＊2に同じ

右欄（縦書き）：
レッスン **3**
「保育所保育指針」について

1965年には90％の家庭にテレビが入り、その年を境に外で遊ぶ時間よりも家で遊ぶ時間のほうが長くなっていった、ともされています。

さらに同著では、若年世代の死因第1位が自殺であることにもふれ、「なぜこどもや若者が命を絶たねばならないのか。これを国全体で考えるべきである。その要因の一つに閉鎖的なコミュニティをつくりがちな、物理的に周囲から分断された環境があるのではないかと筆者は考えている」と、遊び環境の減少により子どもや若者が犠牲になっている現状を国全体で考えるべきであると訴えています。

2 主な変更点

このような環境の変化において私たちが失いかけているもの、「ヒト」が「人」へと育っていく発達の過程において必要なものとは何でしょうか。2017年改定の「保育所保育指針」において、乳児・1歳以上3歳未満児の保育に関する記載が充実しましたが、なぜそうする必要があったのかをみていきたいと思います。

1 乳児・1歳以上3歳未満児の保育に関する記載の充実

2017年改定の「保育所保育指針」では、発達過程の最も初期に当たる乳児期、また短期間のうちに著しい発達がみられる1歳以上3歳未満児の「保育に関するねらい及び内容」がそれぞれに記載されるとともに内容も充実し、それらの保育の意義がより明確化されました。「保育所保育指針解説」における「生涯の学びの出発点＊4」という言葉からもうかがえるように、「人生のはじまりを豊かに」（田熊、2017年）することが、その後の人生を豊かにする土台となっていきます。

ただし、ここにおける「豊かさ」に関して、"何をもって豊かとするのか"には十分に留意する必要があります。価値観が多様化するなか、正解はどこにもありませんが、ややもすると、表面上の"できる・できない"といった力に重きが置かれることも少なくありません。シカゴ大学のジェームズ・J・ヘックマンが『幼児教育の経済学』（2015年）において、「人生で成功するには学力以上のものが必要だ」（41頁）と述べ、認知的スキル以上に非認知的スキルの役割の重要性を強調していますが、「となりの芝生は青い」という言葉があるように、となりの子（となりのクラスの子）が○○できるのにわが子（自分のクラスの子）は○○できないといった場合、保護者や保育者は大きな不安に襲われてしまいがちです。経験を積んだ保育者でさえ、そのような可能性を含んでいるのですから、保護者がそのような不安に襲われてしまうのも無理はありません。私たちはその

 参照　＊4 「保育所保育指針解説」序章4「改定の方向性」（1）

ことを十分に踏まえ、保護者の思いに寄り添いつつも、乳幼児期の発達や子どもの視点にも目を配って「現在を最も良く生き、望ましい未来をつくり出す力*5」を育む「豊かさ」を求めていかなければなりません。

「保育所保育指針解説」の「改定の方向性*6」では、以下の視点を踏まえ保育内容を示しており、乳児期の保育が充実するとはどういうことなのかを明記しています。

・健やかに伸び伸びと育つ
・身近な人と気持ちが通じ合う
・身近なものと関わり感性が育つ

「ヒト」が「人」へと育っていく過程において、諸感覚や人への基本的信頼感が育つ乳児期は、「生涯にわたる人間形成」にとって極めて重要な「幼児期」の、さらに土台となる時期です。人が人らしく生き、人生を豊かにするために重要な五感は、生後11か月が臨界期（感受性期）といわれています。また人と関わる力の根幹をなす基本的信頼感は、特定の大人との愛着形成が基盤となっています。しかしながら、社会の変化により、乳児期の育ちが十分に保障されない状況のなか、現代の中高生にみられる「自己肯定感」「自己有用感」の低下はもとより、ひきこもり、陰湿ないじめ、児童虐待、少年犯罪、無差別殺人などのさまざまな社会問題、犯罪など、私たちは大きな課題に直面しています。このような背景を踏まえ、今回の改定において乳児期の保育を充実させることは、さまざまな課題を解決していくうえで必要不可欠であったといえるのではないでしょうか。

ワーク1

「非認知能力」の大切さを感じつつも、親としては「認知的な能力」が気になるものです。しかし、私たち保育者は「認知的な能力」だけでは望ましい未来を切り拓くことは難しいことを承知しています。

次のように悩みを打ち明ける保護者に対し、保育者としてどのような言葉をかけたらよいか、話し合ってみましょう。

「私、"比べ病"なんです。友だちの子どもとつい比べてしまうし、うちの子だけ何もできていないように見えるんです」

2　養護に関する基本的事項

今回の改定では、「養護に関する基本的事項*7」が「**総則**」に明記されたことも重要なポイントです。保育所は、生涯にわたる人間形成にとって

 参照　＊5　「保育所保育指針」第1章1（2）「保育の目標」ア
　　＊6　＊4に同じ
　　＊7　「保育所保育指針」第1章2「養護に関する基本的事項」

極めて重要な乳幼児期の生活時間の大半を過ごす場であり、かけがえのない命を守るための「生命の保持」と心から安心して過ごすための「情緒の安定」、このどちらもしっかりと理解し、大切にしてほしいという思いが込められています。また、これまでみてきたように地域社会や家庭において、乳幼児期の子どもが極めて大切な時期を「安心して過ごす」という養護的側面が保障されにくいケースも増えており、保育所における養護的な関わりがより一層重要性を増していることも念頭に置かなければなりません。

　このような背景に鑑みると、「保育所保育指針」の「保育の目標*8」にあるように、以下のような視点が備わっていることが大切となってきます。

・十分に養護の行き届いた環境が保障されているか
・子どもを取り巻く環境がくつろいだ雰囲気であるか
・子どものさまざまな欲求が満たされるか

　「生活の場」としての役割も大きい保育所において、子どもが一人の主体として尊重され、安心して自分の思いや力を発揮できているかどうかは、とても重要なことです。ヒトを人たらしめる脳の前頭前野は、「安心」している状態のときに育つといわれています。家庭における**アタッチメント**に加え、保育者が「子どもの心の安全基地」として、受容的で応答的に関わることで、子どもは安心感や信頼感を得、それが自分に対する自信や自己肯定感につながっていきます。「家庭」が子どもにとっての心の安全基地になっていない場合は、なおさら私たち乳幼児期の専門家が養護的な観点をもって子どもの育ちを保障する必要があります。「保育所保育指針」の「養護に関わるねらい及び内容」には、「保育士等との信頼関係を基盤に、一人一人の子どもが主体的に活動し、自発性や探索意欲などを高めるとともに、自分への自信をもつことができるよう成長の過程を見守り、適切に働きかける*9」と記されています。

 参照　*8　「保育所保育指針」第1章1（2）「保育の目標」ア（ア）
　　　　*9　「保育所保育指針」第1章2（2）「養護に関わるねらい及び内容」イ

 用語　**総則**
　　　全体に共通して適用される原則のこと。
　　　アタッチメント
　　　「愛着」と訳される。ジョン・ボウルビィ（John Bowlby）が提唱した愛着理論。「子ども（あるいはおとな）は、特定の人物に接近と接触を求める強い傾向がある」とし、子どもが健康で、幸福で、自立した人間に育つうえで、欠くことができないものだとされている。

事例1　せんせい、見てて！

　鉄棒に興味はあるものの苦手意識が強いマイちゃん（4歳4か月）は、最初の1歩を踏み出せずにいました。鉄棒で遊ぶ子どもを見守る保育者のそばで、前回りに果敢に挑戦する友だちを控えめに見つめています。

　そんなある日、給食の準備のため友だちが保育室に戻り鉄棒には誰もいなくなりました。普段はマイちゃんも友だちと一緒に保育室に向かうのですが、この日は違いました。保育室に戻ろうとする保育者の手をつかみ、「せんせい、見てて！」と力強く言い放ち、鉄棒を握りました。地面を蹴り鉄棒を押しますがバランスを崩しなかなかうまくいきません。何度挑戦してもうまくいきませんが歯を食いしばって地面を蹴る姿に、保育者が「これまで鉄棒してなかったけど、自分で頑張ろうとしててとってもすごいね！」と声をかけると、「うん！」と言ってその後も数回挑戦していました。この日は、惜しいところまでいくものの鉄棒を手で押し切ることはできませんでしたが、マイちゃんの満足そうな表情に大きな1歩を踏み出した達成感がうかがえました。

　保育の現場では、このように一人ひとりがさまざまな思いや願いをもち、自分のタイミングで何かに挑戦する場面がちりばめられています。このような心の動きを保育者が敏感に感じ取り、その思いや願いを受け止めることで、日々の生活のなかで主体性や生きることへの意欲を育んでいくことが大切です。

3 ｜ 育みたい資質・能力について

1 幼児教育を行う施設として共有すべき事項

　レッスン1でも説明したとおり、今回の改定（改訂）において、保育所が幼児教育を行う施設として初めて正式に法的な文書で記載されました。そもそも保育とは養護と教育を一体的に行うものですので、これまでの保育においても教育的な関わりや育ちがあったことは疑う余地のないものですが、社会のさまざまな変化やテクノロジーの進歩により、「教育」のあり方も今一度見直していく時期にきています。

　「幼児教育」というと、やはりどうしても「ひらがなが書ける」「計算ができる」「○○を知っている」というような**見える学力**の数値が高いことがよしとされ、その数値をあげることが目的になってしまうことがあります。「見える学力を求めてはいけない」ということではなく、それ自体が目的となってしまうことで、多くの――本来苦しまなくていいはずの

用語　見える学力
　国語や算数などの、数値化することのできる学力のこと。

──子どもたちが苦しんでいる現状は、教育の本来の目的から大きくそれてしまっているといわざるをえないということです。

　苫野一徳は、『「学校」をつくり直す』（2019年）で「どんな親も先生も、子どもたちには幸せな学校生活を送ってほしいと願っているはずです。でも、どういうわけだか、子どもたちが幸せそうじゃない。そう感じている人は、少なくないんじゃないかと思います」（3頁）と述べ、現在の学校システムが限界に達しており、変わっていかなければならないことを繰り返し論じています。また、**公教育**の本質を「すべての子どもが『自由』に、つまり『生きたいように生きられる』ための“力”を育むことにあります」（85頁）とし、『教育の力』（2014年）では「それゆえ、公教育によって育まれるべき〈教養＝能力〉は、読み書き計算をはじめとするいわゆる『学力』だけではありません」（25頁）と述べています。

　ここで、「自由」ということが、「なんでも思うがままに好き放題すること」ではないことをあえて確認したいと思います。苫野は、自分が「自由」に、つまり「生きたいように生きる」ためにも、他者の「自由」もまた認め尊重することを「自由の相互承認」と呼び、教育が、「すべての子どもに『自由の相互承認』の感度を育むことを土台に、すべての子どもが『自由』に生きられるための力を育むためにある」（苫野、2019年、86頁）と述べています。さらには、「子どもたちは、未来の市民社会の担い手、作り手」であり、子どもと学校の先生が「社会を共に作るとはどういうことかということを、学校をともに作り合う経験を通して学ぶ必要があります」としています（220頁）。このように考えると、「学力」というたった一つの評価軸において「できる」と「できない」という分断が生まれ、過度の優越感や劣等感を生じさせてしまう教育のあり方は、本来の目的を果たすよりむしろ逆の作用を及ぼしてしまいかねないといえるでしょう。また、多様な価値観のもと、それぞれが「自由の相互承認」の感度をもち、よりよい社会をつくる担い手になるためには、「皆で同じことを、同じペースで、同じようなやり方で」といった過度にスタンダード化された授業では、主体性や豊かな対話、深い学びなどは、とうてい実現できません。

　また、AI（人工知能）技術の進歩により、私たちを取り巻く環境はこれまで以上に大きな変化をもたらすことが予想されます。ある会社のAIは、1秒間に80兆回計算し、3秒で200万頁の本や書類をスキャンすることができるといわれています。より正確に、より速くといった点においては、人間はAIにはとうていかないません。これからは、AIに任せられる仕事ではAIがどんどん台頭してくるでしょう。そのような未来を生きていく子どもたちにとっての「望ましい未来をつくり出す力の基礎」とは何

 用語　公教育
ここでいう「公教育」とは、富国強兵のために明治政府が取り入れたものを意味するのではなく、「すべての子どもに、〈自由〉に生きるための“力”を育むことを保障するものであると同時に、社会における〈自由の相互承認〉の土台となる」（苫野、2014年）ものとしての公教育一般を指す。

なのか。「皆で同じことを、同じペースで、同じようなやり方で」といった教育でこれからの社会に必要な「生きる力」は育まれるのか——。私たち保育者も社会の動向に目を向け、「生涯にわたる人間形成」という視点で教育を意識していく必要があるのではないでしょうか。

2 育みたい資質・能力

『教科の本質から迫るコンピテンシー・ベイスの授業づくり』（奈須・江間編、2015年）において、ハーバード大学で動機づけを研究していた心理学者のロバート・ホワイトが、「人間は生まれながらにして環境内のひと・もの・ことに能動的に関わろうとする傾向を有しており、この傾向性がもたらす環境との相互作用を通して、次第にそれぞれの対象に適合した関わりの能力を獲得していく」（10頁）と論じたとし、人間は生まれながらに学びに向かう資質・能力を有していることを述べています。また、このように領域を超えて機能する汎用性の高い「資質・能力」（コンピテンシー）の萌芽自体、すべての子どもが所有しているのであるから、「『コンピテンシーを育成する』といった表現すら適切ではなく、『コンピテンシーの顕在化を支援する』『コンピテンシーの拡充・洗練を促すべく学習環境を整える』と言うべきなのかもしれない」（13頁）と述べています。「何を知っているか」から「どのような問題解決を現に成し遂げるか」という力こそが、これからの社会において「望ましい未来をつくり出す」ための重要なポイントとなっていくため、「保育所保育指針解説」においても、「育みたい資質・能力」という項目が新たに追加されています。

次の事例2では、保育所保育において育みたい資質・能力、すなわち「知識及び技能の基礎」「思考力、判断力、表現力等の基礎」「学びに向かう力、人間性等」は、個別に取り出して指導するものではなく、遊びをとおした総合的な指導のなかで一体的に育まれていくものであることを示す様子をお伝えしたいと思います。

事例2　ツマグロヒョウモンの飼育をとおして

初夏のある日、いつものように水やりに行ったコウヘイくんが黒い幼虫をもち帰ってきました。「何の幼虫だろう？」と皆興味津々。「図鑑で調べてみよう！」本好きのヒロトくんが図鑑をもってきました。幼虫は、ツマグロヒョウモンという蝶の幼虫であること、パンジーやヴィオラなどスミレ科の草を食べることなどがわかり、保育室で飼育することになりました。数匹飼うことになり、一番大きな幼虫には「ボス」という名前がつきました。数日後、割りばしにぶら下がる形でさなぎになったボスを見て、サキちゃんが「はらぺこあおむしみたいにさなぎになったよ」と、小さいころからふれ親しんできた絵本の一場面と重ねました。「もうそろそろ蝶になるかもしれないね。そしたら、このケースじゃ狭くないかな？」とコウヘイくんが心配すると、ヒロトくんが「割りばしごと外に出しておこうか」と提案し、外の靴箱の上に移動することになりました。翌日のお昼前、ボスが羽

化しかけています。ボスの下には、真っ赤な液体が垂れていることに気づいたヒカリちゃんが、「ボスから血がでてる！」と叫びました。保育者とこの液体について調べ、血ではなく「羽化液」だということがわかりました。1時間後、ボスは無事に飛び立ち、裏の林に飛んでいきました。ボスの成長に嬉しいやら寂しいやらといった複雑な子どもたちでしたが、その日の夕方、ツマグロヒョウモンが保育室に飛んできたのを見て、コウヘイくんが「ボスだ！　ボスがさようならを言いに来たんだ！」と叫ぶと、ヒロトくんやヒカリちゃんをはじめ、ほかの子どもたちもテラスに出てきて、「ボス、ばいば〜い！　元気でね〜！」とそれぞれにお別れを告げました。

　この事例のように、遊びや体験などの保育活動全体をとおして、感じることや不思議に思うこと、気づいたりわかったりすること、考えたり表現したりすることで、心情・意欲・態度が育まれ、学びに向かう力や人間性などが育まれていきます。

図3−2　育成を目指す資質・能力の三つの柱

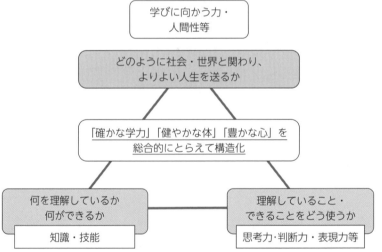

出典：中央教育審議会「幼稚園、小学校、中学校、高等学校及び特別支援学校の学習指導要領等の改善及び必要な方策等について」（答申）2016年12月21日をもとに作成

3　幼児期の終わりまでに育ってほしい姿

　今回の改定では、乳幼児期の育ちを小学校教師と共有するための手がかりとして、五領域を土台とした「幼児期の終わりまでに育ってほしい姿*10」10項目が新しく記載されました。保育所保育と小学校教育の円滑な接続を図ることを目的としたこの項目を詳しくみていきたいと思います。

参照　*10　「保育所保育指針」第1章4（2）「幼児期の終わりまでに育ってほしい姿」

①到達目標ではないことを踏まえる

　「幼児期の終わりまでに育ってほしい姿」、すなわち「小学校就学時の具体的な姿」は、決して到達すべき目標ではないことや、個別に取り出されて指導されるものではないことに十分留意する必要があります。育たなければならない姿ではなく、保育者や友だちとの信頼関係のもと安心して過ごすなかで、自発的な活動や遊びをとおして、一人ひとりの発達の特性に応じて「育っていくもの」であることに留意することが大切です。

　また、「幼児期の終わりまでに育ってほしい姿」は、五領域（健康・人間関係・環境・言葉・表現）を土台として作成されたものですが、（イ）〜（エ）は人間関係に関わる項目となっています。もちろん、人間関係のみで育まれるものではありませんが、人間関係に関する項目が充実したものとなっていること（充実させる必要があったこと）は、留意すべきところです。

②乳幼児期に大切にしてきた「育ち」という視点を共有する

　保育所と小学校では子どもの教育方法が異なることも多いため、同じ文言でも、抱いているイメージが違っていることが多々あります。また、保育所保育関係者以外に子どもの育ちを伝える際も、子どものどの育ちをどういった表現で伝えるかにおいて、共有できる文言が少ないという課題がありました。そこで、今回の改定では、「幼児期の終わりまでに育ってほしい姿」とし、保育所保育をとおした子どもの成長をわかりやすく伝えることに資するものとして五領域をさらに具体的な表現で記載しています。しかしながら繰り返しお伝えしたいことは、この10の姿は小学校生活に照準を合わせたものではなく、乳幼児期の育ちが積み重なるその過程において育まれた育ちゆく姿そのものであり、小学校生活においてもその「育ち」が断ち切られることなくなめらかにつながっていくことで、一人ひとりの子どもが、環境が変わっても安心して過ごし、自己を発揮できる教育環境が保障されることがより大切だということです。

③「主体的・対話的で深い学び」をつなぐ

　学力的側面に焦点を当て続けてきた「学校の教育方法」自体も過渡期を迎えています。教育の本来の目的「教育は、人格の完成を目指し、平和で民主的な国家及び社会の形成者として必要な資質を備えた心身ともに健康な国民の育成を期して行わなければならない」（「教育基本法」第1章第1条）を達成するべく、「主体的・対話的で深い学び」の実現に向けた授業の改善を行わなければならないことも、2017年3月告示の「学習指導要領」の総則には明記されました。「主体的・対話的で深い学び」とは、小学校入学時から始まるものではなく、乳幼児期からすでに始まっているものです。また、この「主体的・対話的で深い学び」を実践するためには、前項で述べた養護的な関わりが不可欠です。安全で安心できる環境において、私たちは自分の思いを安心して表現することができますし、信頼関係があるからこそ、対話ができます。

　保育園生活で育まれた、もしくは育まれつつある「幼児期の終わりまでに育ってほしい姿」を小学校期へとつなぎ、なめらかな接続を保障するた

レッスン

3

「保育所保育指針」について

めにも、保育士等と小学校教諭が、教育の目的を再度確認しながら子ども
の育ちを共有することが大切です。

▶4◀ 職員の資質・専門性の向上

　社会の変化にともない、保育所に求められる保育や期待される役割は実
に多様化してきています。そのような役割を果たすべく、保育所職員の資
質・専門性の向上についてみていきましょう。

　「保育所保育指針解説」の「保育所職員に求められる専門性」では、次
のように書かれています[*11]。

> 　子どもの最善の利益を考慮し、人権に配慮した保育を行うためには、
> 職員一人一人の倫理観、人間性並びに保育所職員としての職務及び責
> 任の理解と自覚が基盤となる。

　AI技術の進化により10年後なくなる仕事と残る仕事というものが話題
になりましたが、保育士は、人工知能やロボット等による代替可能性が低
い100種の職業に選ばれています（「日本の労働人口の49％が人工知能やロ
ボット等で代替可能に」野村総合研究所　ニュースリリース、2015年12月
2日）。掃除や簡単な作業の部分ではAIの力を活用することもあるかもし
れませんが、保育業務のほとんどが「人」が行う必要のあるものです。介
護における入浴の介助において機械を活用しているイメージで、「オムツ
替えのような作業であればAIが行うことができる」という発言を耳にし
たことがありますが、オムツ替えさえも「作業」ではなく教育的な要素を
存分に含んだ「保育」であることを自覚し子どもに向かわなければなりま
せん。「気持ち悪かったね」「おしりをきれいにしようね」といった温かい
言葉かけやふれあいが乳児の心の安心感、人への基本的信頼感や言語習得
の基礎につながっていきます。「保育所保育指針解説」の「保育所職員に
求められる専門性」にも、次のように書かれています[*12]。

> 　保育所の職員は、その言動が子どもあるいは保護者に大きな影響を
> 与える存在であることから、特に高い倫理観が求められる。一人一人
> の職員が備えるべき知識、技能、判断力、対応力及び人間性は、時間
> や場所、対象を限定して発揮されるものではなく、日頃の保育におけ
> る言動全てを通して自然と表れるものである。これらが高い倫理観に
> 裏付けられたものであって初めて、子どもや保護者に対する援助は十
> 分な意味や働きをもつといえる。

 参照　*11　「保育所保育指針解説」第5章1（1）「保育所職員に求められる専門性」
　　　　*12　同上

コラム マニュアルではなく、心からの笑顔を

　よく「笑顔の素敵なひと」「笑顔がいいね」といった表現を耳にしますが、そもそも「笑顔」とはどういったものでしょう。笑顔とは、嬉しさ、喜び、楽しさなどの感情を抱いたときに表される顔の表情である側面と、他者との関わりにおいて、その関係性を良好なものにしたいという願いが込められる際の表現としての側面をもっています。

　コミュニケーションの第一歩であるあいさつをする際も、おそらく「笑顔であいさつをしましょう」という指導を受けたことがあるのではないでしょうか。確かに、不満気にあいさつをされるよりは、笑顔であいさつされた方がその後の関係性にはよい影響を与えます。ただ、一つ気をつけなければならないのは、「『笑顔であいさつをしなさい』と言われたから笑顔をつくってみた」というような「思い」のない笑顔は、大人にも子どもにもどこかで見ぬかれ、「あの人の笑顔、ウソっぽい」「裏表のある性格なんじゃないかしら」と、マイナスの作用を及ぼす危険性も大いにあります。

　日々、刻々と状況が変わり、「臨機応変」な対応を迫られる保育者ですが、「子を育む仕事」に携わっているということを念頭におき、「なぜ笑顔がいいのか」「どのような気持ちで接すれば、心からの笑顔になれるのか」といった自分の資質・能力にも目を向け、技術のみならず人として信用される存在となっていきたいものです。

ワーク2

　次の課題のなかから1つを選び、小グループに分かれて話し合ってみましょう。

①乳幼児期は、諸感覚や運動機能が著しく成長したり、人への基本的信頼感が育まれたりする大切な時期です。皆さんが日ごろ乳児保育で大切にしていることを出し合いましょう。

②地域や遊び環境といった身近な環境に関して、自分が小さかったころと現在を比べ、子どもの育ちにどんな影響が出ているか考えてみましょう。

③保育士としての資質・専門性を、「非認知能力」の視点を踏まえながら出し合ってみましょう。

幼児教育と児童福祉の関連性

子どもも保護者もありのままの自分でよい、安心できる場が児童福祉施設としての役割。

写真提供：ひまわり保育園

ポイント

1 児童福祉施設としての保育所は、法整備の歩みとともに確立していった。

2 子育て環境の厳しさが、多様な家族関係や親の価値観の相違を生んでいる。

3 心が育つうえで、受け止め寄り添ってくれる人の存在は重要である。

1 児童福祉の時代背景に沿った歩み

1 児童福祉に関する法の制定について

　皆さんが勤務する施設は、児童福祉施設としてどのような歴史を刻んできましたか。

　第二次世界大戦以前の日本では、子どもも生活するために必要な労働力であり、個人の権利や保護についてはとても消極的でした。

　戦後、日本には孤児や、浮浪児等があふれ混乱を極めていました。そのようななか、1947年に「児童福祉法」が制定され、すべての子どもの健全育成を国民の責務とし、国や地方公共団体も同時に責任をもつと定めたのです。1960年代から70年代にかけて、子ども家庭福祉の基盤となる児童福祉6法体制（「児童福祉法」「児童扶養手当法」「特別児童扶養手当等の支給に関する法律」「母子福祉法」「母子保健法」「児童手当法」）が整いました。経済成長とともに歩んできた法整備でしたが、1963年、保育所は「保育に欠ける児童」を対象とするもの、幼稚園は「学校教育」を行うものという見解が国より出され、のちの「幼保二元化」につながりました。

　1980年代以降、女性の社会進出が進み、少子化、児童虐待件数の増加等、今までの福祉では対処できない問題点が多々出てきました。2000年以降は、子育てニーズの変化や働き方の変化を加味した「次世代育成支援対策推進法」の制定、そして2010年の「子ども・子育てビジョン」、2012年の「子ども・子育て関連3法」の成立は、子ども子育ての支援と、社会全体で子どもを育てていくことが児童福祉の基本となることを示したのです。そのなかで幼保連携型認定こども園などの施設ができ、保護者とその子どもにとって多くの選択肢が生まれました。

　2017年に「保育所保育指針」が改定されていますが、その基本原理については変わらず、「保育所の役割」では「子どもの最善の利益」を大切にすることをうたっています＊1。

> 　保育所は、児童福祉法（昭和22年法律第164号）第39条の規定に基づき、保育を必要とする子どもの保育を行い、その健全な心身の発達を図ることを目的とする児童福祉施設であり、入所する子どもの最善の利益を考慮し、その福祉を積極的に増進することに最もふさわしい生活の場でなければならない。

▶ 2 　A保育園の歩み

　地方のA保育園は、1952年、敗戦後の厳しい社会状況のなか、公共職業安定所に乳幼児を連れて働く所を探しに来る母親のために手を差し伸べた人々とともにつくられました。ムシロ（わらなどを編んでつくった敷き物）1枚から生まれた託児所が1956年認可され、働く母親と子どもたちの希望の家として保育所ができたのです。当初、登園時に米5勺（約90mL）、おやつ代5円を徴収し、全園児に完全給食を実施しました。自宅に風呂がなく入っていない子も多かったので、夏は廃材で五右衛門風呂（かまどの上に鉄釜を置き、木の桶を据えて沸かす風呂）を沸かして子どもたちを入れていたそうです。

■ ワーク1

　自分の勤務する保育所の児童福祉施設としての成り立ちや役割などを、職員皆で話し合ってみましょう。園の理念、保育観を皆で確認し合うよい機会です。

参照　＊1　「保育所保育指針」第1章1（1）「保育所の役割」ア

1 子育てを取り巻く厳しい現状

　現代は少子化社会といわれています。2016年に生まれた子どもの数は97万6,978人で、合計特殊出生率（26頁参照）は1.44でした（図4-1）。なぜ少子化が起こっているのでしょうか。

　まずは就労不安があげられます。現代は、男女平等社会の論理が諸事情を抱えた誰のうえにも厳しい労働条件を課す社会です。正規、非正規の問題だけでなく、長時間・休日労働等で心も体も疲れ、そのような状態で結婚し、生活していくことへの不安、さらに子どもを産み、育てていくことの不安です（図4-2）。「育児でいらいらすることは多いですか」という問いに「はい」と答えた母親が1980年では1歳半で10.8％、3歳半で16.5％であったのに対し、2003年には1歳半で31.8％、3歳で42.8％となっています。また「子育てを大変と感じますか」という質問に対しても「はい」と答えた母親は1歳半で64.4％、3歳で63.3％と多くの母親が育児ストレスを感じていることがわかります。一般的な仕事のように段取りよく、見通しをもって進めることができないのが子育てです。子どもは成長とともに自我が芽生え、自分の思いをはっきり表すようになり、言葉での主張もできるようになっていきます。わが子が思いどおりにならない怒り、誰にも相談できない孤独感や子育てに自信がないことを周りに言ってよいのかどうかという葛藤など、保護者は一人で抱えるには大きすぎる負

図4-1　出生数および合計特殊出生率の年次推移

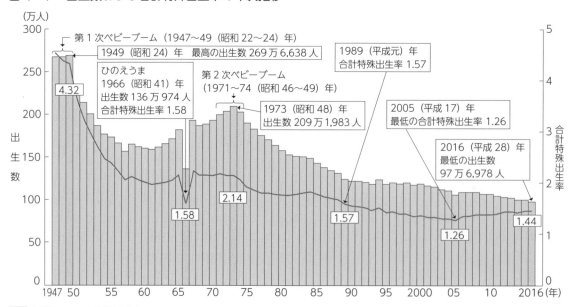

出典：厚生労働省「平成29年 人口動態統計（確定数）の概況」2017年をもとに作成

図4-2　母親が感じる「子育ての負担感」

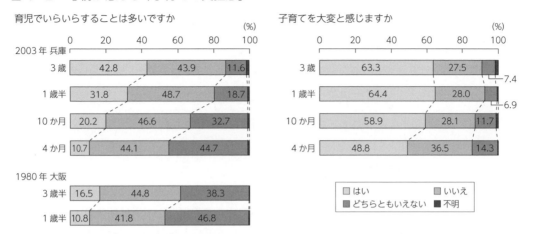

出典：原田正文『子育ての変貌と次世代育成支援』名古屋大学出版会、2006年、212頁を一部改変

の感情を抱えている場合があるのです。

　子育ては両親がいる場合、2人で行っていくものですが、母親の負担が大きいのが一般的です。保育者として子どもを預かる際、「仕事を終え保育所に迎えに行き、帰宅後は息つく暇もなくご飯を食べさせ、お風呂に入れて寝かせることで精いっぱい。気がつけばうとうとしていて持ち帰りの仕事を夜中にしました」と朝から疲れた顔で報告する母親に、「行ってらっしゃい、がんばって」と精一杯の笑顔で送り出すこともたびたびあります。

　そのほかにもシングルペアレント（このうち8割が母子家庭）や貧困、虐待、障がい等、家庭によってさまざまな背景があり、これらが子育てをますます困難なものにしています。

コラム1　「命」めぐり揺れた11年

　2007年5月10日、熊本県熊本市の慈恵病院は「こうのとりのゆりかご」（赤ちゃんポスト）を設置しました。親が育てられない赤ちゃんを匿名でも預かる全国唯一の施設です。「虐待から赤ちゃんを救う」「安易な子捨てを助長する」など、設置された当初から匿名性の是非やその存在意義をめぐって議論がなされてきました。

　2018年9月14日付『熊本日日新聞』によると、初年度の預け入れは17名。「年1回程度」とされた予想を大きく上回りました。17年度末までの預け入れは新生児を中心に計137人。「それだけの命が救われた。生活苦や不倫、離婚……。社会にひずみがある。『ゆりかご』は必要」。病院の理事長はこのように揺らがない思いを述べています。

　「ゆりかご」に預けられた子どもは児童相談所（以下、児相）に送られ、乳児院や児童養護施設に預けられます。親を探すのは主に児相の役割と相談課長は言います。「仮に肉体的な命は助かったとしても、心は殺される。遺棄であり、虐待でしかない。『ゆりかご』は大人の都合で使われる」。

　また、「ゆりかご」の赤ちゃんが預けられる施設の一つ、熊本乳児院の院

レッスン**4**　幼児教育と児童福祉の関連性

長は問いかけます。「普通の家族って、何なのでしょうか」。「養育者にしっかりとした愛情があれば、子どもにとってはどこでも『家庭』。人は安心できる存在だよ、と赤ちゃんに伝えられる社会でありたい」と。

　子どもにとってどんな自分でもよいんだと感じられる、受け止めてくれる、一緒に笑い合える、この人ならと思える人がそばにいることは、とても大切なことです。人はいろいろな人とふれ合いながら育っていきます。そのときに感じる不安や寂しさに寄り添う人がいて安心や信頼が育まれていくのです。その一番大きな存在が親なのです。

■2　虐待をめぐる状況

　厚生労働省は、2016年度中に全国で起きた虐待死（心中を含む）は67件で、77人が亡くなっており、その主な原因として身体的虐待が27人、十分な食事を与えない等のネグレクトが19人、無理心中が28人と発表しました（厚生労働省「子ども虐待による死亡事例等の検証結果等について」[第14次報告]）。

　虐待は特別な人が特別な状況のときに起こすものではありません。日常的な生活を送るなかにも虐待の可能性は潜んでおり、誰でもちょっとしたことがきっかけで、負の気持ちがある一線を越えたときに起こり得ることだと思います。

> ### 事例1　お母さんも苦しい
>
> 　親だからといって、いつも子どもが愛おしく、子育てに前向きに取り組めるとは限りません。普通に子育てをしている親も悩み、苦しみ、虐待をしてしまう可能性を抱えながら生活しています。
> 　3歳児のアユムくんはお母さんが大好きです。でもお母さんは、アユムくんが「ねぇねぇ、お母さん聞いて」と話しかけたり、ふざけて抱き付いたりすることがときどきうっとうしくなってしまいます。お母さんは、そんなとき、トイレに一人こもって耳をふさいでいるのです。
> 　夜アユムくんと一緒に寝るときも、アユムくんの手がふれると自分自身が眠れないので払いのけてしまいます。するといつまでもアユムくんが寝ないので、お母さんはいらいらしてどなってしまうのです。
> 　忙しいお父さんもよく協力してくれます。お父さんの言うことは聞くのにお母さんの言うことを聞かないアユムくんに、お母さんはなめられているのかなと思ってしまうのです。

　事例1のような場合、まずは母親の気持ちをしっかり聞き受け止めることが大事です。面談を行うときに気をつけなければならないのは、個人情報の保持と対応を誰が行うかということです。このような場合、1対1での対応は必ず避けることが重要です。了解を得たうえで、担任だけでなく、主任保育士や園長も同席し、状況を確認しながら母親への声かけや定期的な面談を行います。常時対応している担任以外の第三者が立会い、客観的な傾聴を行います。

　また、母親はインターネットなどで情報収集を行い、外部の相談機関の支援や診療を受けていることもあります。その場合、自分自身の判断基準や思いがあるので、慎重な対応が求められます。

　園は専門機関と連携を取り、情報交換をしながら、内外から見守りを続けます。子どもを守り、親を見守りながら外部ともつながる一番身近な機関として、保育所は大事な役割があります。

コラム2　結愛ちゃん事件「もうおねがいゆるして　ゆるして　ください　おねがいします」

　2018年3月東京都目黒区で、船戸結愛ちゃん（当時5歳）が両親から虐待を受け死亡した事件について、まだ記憶に新しい人が多いことでしょう。香川県から東京へと転居の際に児童相談所同士の十分な引継ぎが行われなかったこと、緊急性が高いケースとの認識が不足していたことが事件を防げなかった原因とされています。

3　親の価値観の変化

　一日のほとんどを過ごす保育所ですが、保育者は基本的には家庭で過ごす時間も含めた1日24時間のその子の姿を考えます。

　家庭での親の関わりも、当然、子どもの発達にとって重要な要素です。たとえば、3歳児以上の発達の姿として、自分で朝起きる、排泄する、ご飯を食べるなど、日常生活を過ごすうえで基本的なことはほぼできるようになりますが、最近では子どもが自分でしようとしなかったり、できなかったりすることがあります。排泄後の後始末や自分ではしやスプーンを使って食べる、しっかりかんで食べるなどができないのです。ちょうど自立する時期には、親が見守りながらていねいに教えますが、一度できてしまえばできて当たり前となってしまい、親が関心を払わなくなるために定着しないのでしょう。そして、できないと親は「なんでできないのだろう」と思うのです。

　一方で、習いごとにはとても熱心であることが多いのです。水泳、英語、体操など日替わりで習っている子もいます。特に英語は、小学校教育に組み込まれたことで、ますます必要だと感じているのかもしれません。学校で習う年齢になる前に先取りして準備することで安心するのでしょう。

　西川由紀子は、次のように述べています（西川、2017年、51頁）。

　「子どもに幸せになってもらいたい」ということは、とてもシンプルでみんなに共通の願いだと思います。だからこそ、「よりよい教育をうけたい」ということも、親の願いなのだと思います。（中略）教育は子ども側からみると、学ぶことです。ゼロ歳という発達の初期から、保育目標にしたがって整えられた時間・空間を同年代の子どもとともに過ごすことによって学びが随所に展開されるのが、保育園という場の特徴だということができます。

今、教育界では、小学校から大学まで「アクティブラーニング」が
ブームになっています。一方的に、受け身に教えられる学習ではなく、
子どもが能動的になることが学ぶ意欲を高め、効果的な学びになると
いうのです。乳幼児教育では、一方的に教えるということが困難なの
で、従来「アクティブラーニング」が展開されています。

0歳児のころから保育者や友だちと出会い、ともに生活するなかで、自
分の気持ちを主張することで相手と激しくぶつかります。ぶつかるなかで
相手の気持ちを知り、自ら気持ちを切り替えていく経験をします。友だち
との違いを知り「なぜ」と考えたり、認められる喜びを知ったり、認める
楽しさを知ったりし、協力し合う経験を積み重ねていくのです。

その子の行動やいつもの様子のみで、その子のことを「このような子」
と決めつけていませんか。なぜ、そのような行動をとるのか、その子の思
いやその子の求めているものは何なのか、ちょっと立ち止まって考えてみ
ることが大事だと思います。

3 │ 受け止め寄り添ってくれる人の存在

きれいな澄んだ瞳でじっと見つめてくる0歳児の赤ちゃんには、思わず
声をかけずにはいられません。話しかけると足をばたつかせて大喜びする
姿にこちらも思わずニコニコしてしまいます。このように場面場面で思い
を汲みとってもらいながら「おなかすいたね。ミルク飲もうね」と自然な
タイミングで気持ちを受け止められ、言葉をかけられて気持ちが安定して
育った場合、愛着関係がしっかりと結ばれています。自分のことを「好
き」と思ってくれる人がいると感じることで、周りの大人を信頼し、周り
の大人や子どもを「好き」と思う気持ちが生まれていくのです。そしてあ
りのままの自分でよいという自信や、認めてもらえるという自己肯定感に
つながります。

このことが「保育所保育指針」の「幼児期の終わりまでに育ってほしい
姿」の「保育所の生活の中で、充実感をもって自分のやりたいことに向
かって心と体を十分に働かせ、見通しをもって行動し、自ら健康で安全な
生活をつくり出すようになる＊2」につながっていくと考えています。

一方、その過程には保育者の配慮が欠かせません。単純にほめたり、無
理にさせようとしたりするのではなく、子どもたちに寄り添いながら子ど
もたちの思いをキャッチしそのときに心を返す保育の積み重ねが必要なの
です。

「保育所保育指針」の「保育の環境」では、次のように述べられていま

 ＊2 「保育所保育指針」第1章4（2）「幼児期の終わりまでに育ってほしい姿」ア

す*3。

> 子ども自らが環境に関わり、自発的に活動し、様々な経験を積んで
> いくことができるよう配慮すること。

事例2　「先生たちいなくてもやれるよ、まかせて」

　11月のある日、2～5歳児の異年齢クラスで食事の準備について、「先生たちいなくても、自分たちでやれるよ」と子どもたちが言い出しました。特に4歳児のタロウくんと5歳児のカンタくんを中心に男の子が言っていたので、任せてみることにしました。保育者は「本当にいいの？　大丈夫？」と念を押しますが、子どもたちは「大丈夫。大丈夫」と自信満々です。大人は口出ししないように見守ることにしました。

　様子を見ていると女の子たちはすぐに準備を始め、手際よく配ったり、ほかの子に指示を出したりして進めています。一方男の子たちは「やるぞ！」という気合だけは十分ですが、何となくうろうろしている様子に見えました。そのようななか、座って待っている2歳児は、タロウくんやカンタくんが配るたびに「ありがとう！」「ありがとう！」とお礼を言うのです。2歳児の言葉ににっこりしながら準備を進める男の子たち。5歳児や4歳児のような動きはできない2歳児は座って待ちながら、ちゃんと2歳児の方法でしっかり言葉で参加していると感じました。女の子たちは、全員が動いてごちゃごちゃしてしまわないよう、ある程度配ってしまったら男の子たちにバトンタッチして座って待っている様子です。が、タロウくんやカンタくんたちにはそれはわからないようで「俺たちばっかりして女の子はさぼっとった」と文句を言っています。それぞれの視点の違いがわかり、子どもたちから少し離れて、客観的に見る立場になるのもよいと思いました。

　子どもたちと保育者のなかにしっかりとした信頼関係が育ってきた時期、子どもたちには自分の力で自分たちのことをやりたいという思いが生まれてきます。大人に強制されていないからこそ、やりたいのです。子ども一人ひとりの思いを生かし尊重した参加の仕方を取り入れながら、自分たち自身で調整してやろうとするその姿に担任はハラハラしながらも、心の成長を感じます。全体の情報を取り入れながら自分をみる力はまだ差がありますが、やろうと思う意欲は生活のさまざまな場面にみられるようになるのです。

参照　＊3　「保育所保育指針」第1章1（4）「保育の環境」ア

次の課題のなかから1つを選び、小グループに分かれて話し合ってみましょう。

①命の尊さなどについて保育のなかで伝えていますか。保育所の理念や日ごろの保育活動のなかで大事にしていることも含めて話してみましょう。

②気になる保護者への対応はどうしていますか。対応の仕方、対応者のことも含めて話し合いましょう。また、事例1のような場合、日常の保育のなかでどのようなことを心がければよいと思いますか。

③人との関わりの場面で、年度当初と比較して変化してきた場面はどのようなものがありますか。

コラム3 「命を救えば終わり」ではない

コラム1でご紹介した熊本県熊本市の慈恵病院による「こうのとりのゆりかご」（赤ちゃんポスト）について、熊本市でもその運用をめぐって検証が続けられてきました。2019年5月12日付『熊本日日新聞』では、市の専門部会による取り組みが報じられています。

ゆりかごが抱える大きな課題として専門部会があげているのは、遠方から来た母親が医療的運用介助のないまま危険な出産をするといったケースを防ぐ「孤立出産の防止」と、自分の親がわからずに悩む子どもを生み出さないようにする「出自を知る権利の担保」の2点です。

このような課題を解消するため、専門部会では2017年9月に内密出産の制度化を国に提言しました。内密出産とは、妊娠に悩む女性が相談機関に実名を明かし、医療機関では匿名で出産するもので、ドイツなどではすでに運用されています。

慈恵病院でも内密出産について独自案を求めて市と協議するほか、2019年5月には「ゆりかごのシステムを議論するため、預けられた子の現状調査をして欲しい」と行政側に求めています。

私たちは、この事実にもっと関心を持たなくてはいけません。そして、「こうのとりのゆりかご」が果たす役割を理解し、議論し合い、なぜこのシステムが広がらないのか、命を救った先に何が必要なのか具体的に考えていく必要があると思うのです。

社会の一員として救われた命だからこそ、「生まれてきてよかった」と思ってほしいと願います。人生を歩むうえでの支えをどのように構築していくか、今できることを考えましょう。

第 2 章

幼児が育つ環境

生活様式の多様化など変化の激しい時代にあって、子どもと親を取り巻く環境も大きな影響を受けています。なかでもインターネットの普及に伴い、テレビやパソコンだけでなく、屋外でも小型ゲーム機やスマートフォンといった電子機器に囲まれ、大人も子どもも日々メディア漬けの生活を送るようになっています。また、価値観の多様化とともに自己中心的な大人も増え、子育て環境はますます孤立化し、愛着関係がうまく築けないまま虐待にまで発展してしまう親子も増加しています。さらに、事故や犯罪に巻き込まれる不安から、子どもたちだけでは自由に外で遊ぶこともできません。そのような社会で暮らしている家庭の子どもたちが、私たちの園に通ってきて1日の大半を過ごすのです。私たちは、どんな環境を用意し、どんな保育を展開すべきなのでしょうか。

環境をとおしての保育

子どもは日々、さまざまな出会いを成長の糧にしています。

写真提供：河内からたち保育園

ポイント

1 子どもを取り巻く環境は、予想以上に深刻な問題を抱えている。
2 脅しでは信頼関係は築けないことを肝に銘じておく。
3 自ら体験して学んでいくことが大切。

1 ┃ 幼児を取り巻く環境

1 環境をとおして保育を行うとはどういうことか

　子どもたちは日々、どんな景色を見て、どんな音を聞き、どんな匂いを嗅いで、どんなものと関わっているか、そして、そこから何を感じ、どんな思いを巡らせているのか。子どもの視点になって考え、一緒になって感じてみたことはありますか。

　「保育所保育指針」「幼稚園教育要領」「幼保連携型認定こども園教育・保育要領」のすべてにおいて、環境をとおして保育・教育を行うことが基本である旨が書かれています。環境には、当然「人的環境」としての保育者も含まれますから、日ごろの保育において、保育者の関わりがとても大切なことはいうまでもありません。しかし、子どもたちは人との関わりだけで育つわけではありません。

　物的環境、人的環境、そして、自然や社会の事象、人と人との間やものが関わりあって醸しだされる雰囲気、時間、空間など、子どもは常に周りの環境から影響を受け、また、自らさまざまな環境に関わりながら成長し

ていきます。

　保育者はそのことを踏まえ、子どもたちに経験させたい活動を考え、保育を展開しやすいように意図的に環境（主に園の室内環境や園庭等の環境）を構成します。あるいはもともとある環境（園内外の自然環境や公園、博物館など）に子どもたちを連れて行くことによって、子どもたちはさまざまな環境と出会い、自発的に環境に関わって学んでいくことができます。

　「保育の基本は環境を通して行う」ということは、保育者から子どもへの直接的な関わりだけでなく、いわば間接的な関わりを重視するということです。つまり、「子どもたちが自発的に環境に関わっていく姿」を大切に考え、そのために「子どもが出会う環境をしっかり考える」ことを保育の基本にするということなのです。

　環境をとおして行う保育、子どもの学びを支える環境構成などについて、巻末の引用文献・参考文献としてあげている本も参考になりますので、ぜひそれらもあわせて読んで自園の環境を見直してみてください。

▶2 園の外にも子どもたちが出会う環境はある

　すでに述べたように園内の環境は、保育者が子どものことを考えて構成します。一方で、子どもたちが出会う環境は、「保育者が何らかの意図をもって、子どもたちに出会わせた環境だけではない」ということも頭に入れておかなくてはなりません。

　子どもたちが普段生活するなかで出会う環境（主に家庭や地域）において、子どもたちはどのようにそれらの環境に出会い、関わり、よいことであれ、よくないことであれ、どんなことを学んでいるのかにも目を向ける必要があるように思います。むしろ、今は、そうした園生活以外の環境にこそ、保育者が目を向けなければならない時代になっています。

　以下ではこうした問題意識に立ち、現代の子どもを取り巻く環境について考えてみたいと思います。

2 ｜ 子どもを取り巻くメディア環境

▶1 メディアが子どもに与える影響

①子どものからだのおかしさ

　保育現場において、障がい児ではないのに、「表情が乏しい」「視線が合わない」「会話、コミュニケーションが成り立たない」「突然大声や奇声を発する」「落ち着きがない」「いつもいらいらして乱暴が目立つ」などといった、いわゆる「気になる子ども」の姿が多数報告されるようになって久しくなります。

　NHK特集で『警告!!　子どものからだは蝕まれている!』という番組が放送されたのは1978年のことでした。日本体育大学体育研究所所長の正木健雄教授（当時）らの調査により、このときすでに、「背中ぐにゃ」「朝

礼でバタン」や、体温調節などの自律神経系機能の不調などの「子どもの
からだのおかしさ」が指摘されていました。

②メディア漬けの影響

　それから25年後に出版された清川輝基『人間になれない子どもたち』
（2003年）では、1978年の調査以降、子どもたちの置かれている状況がさ
らに厳しくなっていることが示されていました。

　背筋力の低下、視力の低下などあらゆる体力の低下だけでなく、意欲、
創造力、想像力、我慢する力、道徳規範の認識などの人間らしい心をつか
さどる前頭葉機能等の発達不全などが顕著だというのです。

　それらを招いた原因として、子どもたちの遊び環境、特に外遊びが激減
したこと、そして、テレビ、ビデオ、ゲーム、パソコン、携帯電話と多様
化してきた電子メディアへの接触の長時間化、いわゆる「メディア漬け」
になっていることの影響が大きいのではと警告していました。

　さらにそれ以降も、子どもの体力は向上するどころか、「下げ止まり」
といわれるレベルにまで達したのではないかというラインでほとんど停滞
しています。おまけに、スマートフォン、タブレット、各種ゲーム機など
のインターネットに接続できる電子機器は、あっという間に一般家庭に
も普及し、乳幼児でさえ、頻繁に手にするようになっています。近年では、
赤ちゃん向けのアプリなどもつくられています。

　こうした状況は、日本だけではありません。2018年6月には、スマート
フォンなどのゲームのやり過ぎで日常生活にまで支障を及ぼしているゲー
ム依存症を「ゲーム障害」としてWHO（世界保健機関）が国際的に疾患
として認めるほどになりました。

③死んだ人間が生き返る？

　こんなデータもあります。2004年に小学6年生の女子児童が同級生の女
児にカッターナイフで切り付けられて死亡した事件がありました。その後
の長崎教育委員会の調査で「死んだ人間が生き返ると思いますか？」とい
う問いに対し、小中学生全体の15.4%が「生き返る」と回答していたので
す。なかでも「生き返る」と答えた率が最も高かったのは中学生（18.5%）
で、5、6人に1人の割合でした。その理由として、表5-1のようなも
のがあります。

　現代社会において、生命の誕生や死を間近で経験する機会はめったにな
くなってしまいました。ほとんどは病院内での出来事になっています。ま
た、犬、猫などのペットやカブトムシなどの虫ですら、お店で買う時代
です。生命の誕生や、大切に育てた命が失われるという経験が希薄なま

表5-1　「生き返る」と答えた児童生徒の理由

・テレビや映画で見たことがある（32.0%）
・テレビ、本、人からそういう話を聞いたことがある（46.3%）
・ゲームでリセットできるから（6.3%）
・その他（15.4%）

注：回答者中学2年生、1,174人
出典：長崎県教育委員会「児童生徒の『生と死』のイメージに関する意識調査」2004年

ま、テレビゲームなどの仮想世界において、多くの残虐行為、死を仮想体験しています。特撮技術も進み、より刺激を求める視聴者に応えるように現実と区別がつかないようなリアリティのある残虐で生々しい映像が次々とつくられています。さらにはゲームの世界において生死を自分の手で操るようにもなりました。シューティングゲームなどでも敵を攻撃して破壊したり、殺すこと自体を楽しむようなゲームが非常に多いように感じます。ゲームの世界では、リセットボタン一つで死んだ人間を生き返らせることができますし、インターネットなどでも本当か嘘か見分けがつかないような情報が出回っています。

こうした映像やゲーム、インターネットの世界に浸っている子どもたちがどんどん増えていることを考えると、「死んだ人間が生き返る」と思ってしまう子どもがかなりの数いるとしてもおかしくないのかもしれません。

２ メディアをめぐる状況

①いつでもどこでも好きなものを見ることができる時代

メディアの形態そのものが、かつてとは違ってきています。番組の放送時間にテレビにかじりついて見ていた時代から、ビデオに撮って繰り返し見る時代になり、そして、今やスマートフォン、タブレットをもち歩き、出かけているときでもインターネットを介して好きなものを見ることができる時代となっています。

スマートフォン、タブレットなど電子メディア機器から発せられる「光刺激」「音刺激」には、たばこ、酒、薬物と同様に依存性があり、次第に感覚が麻痺していき、より刺激の強いものを求めるようになっていくともいわれています。こうしたものは動画サイト運営側でも対策が始まっているようですが、イタチごっこのようで、対策は追いついていないようです。

②規制がないに等しい日本

日本のアニメーションは海外でも人気です。ですが、同じアニメーションの場面でもアメリカで放送されているものには、子どもが見るものに対して厳しく規制がかかっています。たとえば、主人公がたばこを吸っているシーンでは、たばこが棒付きキャンディに変えられていたり、銃は水鉄砲や違うものに変えられていたり、お酒はジュースになり、女性の胸が強調されているような場面では、露出を少なくしたり、胸が強調されないように線が消されていたり、流血するシーンでは血が描かれていなかったりなど、日本とまったく同じ映像では放送されていません。保育者養成校の学生とそうした画像を見比べてみると「なんか海外のものは迫力がない」という学生もいます。しかし、「（こうした現実を）知らなかった」「当たり前のように小さいときから見ていたので、知らず知らずに暴力シーンやお色気シーンに麻痺してきている自分に気づいた」と感想を述べる学生も多くいます。

年齢制限のついた番組、映画などもありますが、テレビ、ビデオ、パソコン、スマートフォン、タブレットなどの操作さえできれば小さな子どもでも見ることができてしまいます。少し年上のお兄ちゃん、お姉ちゃんな

どが興味本位で見ているのを、一緒に見てしまうケースも多いようです。

　岡田尊司は、子どもが暴力シーンにふれる機会がどれほど多いかということについて、次のように指摘しています（岡田、2008年、51頁）。

> 　ある調査では、小学校を終える段階で、子どもたちは八千件の殺人と十万件の暴力行為を「目撃」していると言われる。平均的なアメリカ人の子どもは、十八歳になるまでに、少なくとも暴力的なシーンを二十万回、殺人を四万回目撃するという。

　このような状況が子どもの育ちにどのような影響を与えるか、考えなければなりません。

③刺激の強いコンテンツ

　若者の間で刺激の強いコンテンツが流行することがあります。たとえば、子どもが見てみようかなと思うような、かわいらしいキャラクターに陽気な音楽のついているアニメーションでも、キャラクターが突然傷つけられるといった残酷な要素が含まれているものがあります。

　それだけではなく、動画サイトなどには明らかに悪意のもとにつくられたコンテンツもあります。子ども向けの人気キャラクターの動画を装い、子どもがショックを受けるような不適切な内容を含む動画を集めたものです。有名なキャラクターの排泄行為や、正義のヒーローが子どもへ暴力をふるったり、虐待するような場面、セクシーすぎるキャラクター、ほかにもキャラクターの顔にぶつぶつが出てきたり、クレイ（粘土）アニメーションながら目をえぐられたり、流血したりといった残虐なシーンがあったりもします。

　こうした動画の見本画像には「子どものビデオ」というタイトルがついていたり、説明文に "education"（教育）・"learn colors"（色を学ぶ）・"nursery rhymes"（童謡）などの単語が含まれていたりすることもあるため、大人が知らずに見せてしまったり、自分で操作できる子どもがつい見てしまうことがあります。そうして何気なく見始めた動画が刺激的で、ついついそのまま見続けてしまうといった可能性もあります。

　このように、子どもを取り巻くメディア環境は子どもたちの心や体に少なからぬ影響を与えています。こうした現状を踏まえ、園ではもちろん、家庭においても子どもだけでスマートフォンやタブレットを使わせることの危険性を伝えるなどの啓発活動も必要となってくることでしょう。

　メディア機器そのものが悪いわけではありません。使い方、使わせ方の問題です。インターネットを介して、さまざまな情報を得られることは素晴らしいことですが、一方で、好ましくない情報も入ってきてしまう。また、悪意のある人によって大人だけでなく、子どもたちも犯罪に巻き込まれてしまうケースもあるのだということを、私たち大人もしっかり学んでおかなければならないでしょう。

3 | 子どもを取り巻く人的環境

1 人的環境としての保育者

　環境のなかには、人的環境としての保育者も含まれます。保育者というのは、学校の先生のように教えるべきものが決まっていてそれを教えるのとは違い、保育者と子どもが一緒に生活することによって保育者の人間性や価値観がそのまま子どもに伝わっていくようなものです。ですから、子どもたちにとっては、保育者のもっている知識や保育の技術云々よりも、保育者自身の人格、人間性といったものが非常に重要な位置を占めているといっても過言ではないでしょう。そのことをぜひとも自覚しておく必要がありそうです。では、子どもと、日ごろそばにいる人的環境としての大人たちとの関係性はどのようなものが望ましいのでしょうか。

2 子どもと大人の信頼関係

①「脅し」では信頼関係は築けない

　メディアの使い方とも関連しますが、「しつけに有効」として一時期流行した絵本やスマートフォンのアプリがあります。「これを使ったら子どもが良い子になった！」「なんでも言うことを聞く素直な子になった！」と育児漫画やSNSなどで拡散され、全国的に広がったようです。一般家庭のみならず、園で保育者が使用しているケースもあると聞きましたが、これらを使うことで子どもと大人の信頼関係を築けるかどうかよく考えなければなりません。

　たとえば、『地獄』（1980年）という絵本には、大人でも怖いようなおどろおどろしい絵が描かれており、これが「悪いことをすると地獄に送られる」と子どもを脅すために読まれています。もともとこの絵本は、少年による自殺が社会問題になっていた1980年ごろに少年たちの自殺を抑止するために制作された絵本でしたが、現代では「子どもが良い子になる絵本」として、本来の意図とは異なる読まれ方をしているのです。

　また、実際にスマートフォンを使って鬼に電話をかけたように見せかけ、鬼と会話をさせるというアプリがあります。「言うことを聞かないと食べちゃうぞ！」と鬼が子どもに言います。そのシリーズには「寝ないとき」「ご飯をたべないとき」「片づけをしないとき」のようにさまざまなバージョンがあり、どれもおばけや妖怪に実際に電話をかけたように見せかけて子どもを脅して言うことを聞かせるのです。

　脅すことで、そのときは子どもは言うことを聞くかもしれません。しかし、それで本当にその子が「良い子」になったといえるのでしょうか。それが子どものためによいことだとは、到底思えません。「脅しでは信頼関係は築けない」ということを肝に銘じておいてほしいと思います。

②子どもに寄り添う関わり方を

　脅すもののほかにも、赤ちゃんが泣き止む動画やアプリなども人気です。

ミルクをあげても、オムツを替えても、抱っこしてあやしても、何をしても泣き止まず、どうしても泣き止んでほしいというときなどに試してみるというのならわからなくもないのですが、泣いたからといって、安易にこうした動画やアプリなどに頼って泣き止ませるのはどうかと思います。

　自分に置き換えてみてください。もし自分が、悲しくて、悔しくて、泣いて誰かに話を聞いてほしいと思って相談しているのに、相談した相手から突然関係のない動画を見せられたとしたら、あなたは「この人は一生懸命自分のことをわかろうとしてくれている」と思えるでしょうか。むしろ逆ではないでしょうか。そのような人には二度と相談したくなくなるはずです。「相手は子どもだから」と軽んじるのではなく、「子どもだからこそ」しっかりと気持ちに寄り添ってあげたいものです。そう考えたら、子どもが泣いているからといって安易に動画やスマホアプリを使ったりはしないはずです。

　繰り返しになりますが、大人の言うことを聞く素直な子が「良い子」ではないはずです。「人の意見も聞き、自分で考え、自らの意志で行動できる子ども」を育てたいものです。

■3■　現代における愛着形成の問題

①愛着形成不全（愛着障害）の親子が増えている

　TBS『人間とは何だ!?Ⅱ』（1999年11月放送）で放送された「成長を止めた子供〜ある5歳児の記録」で紹介された5歳2か月の男児は、生まれてからずっと外の小屋で食事以外の一切の世話をされずに育てられたそうです。彼が発見されたときの身長はなんと80cm、体重は8kgと1歳児とほぼ同じレベルでした。しかも、一人で立って歩くこともできずにハイハイで過ごしていたのだそうです。体格だけでなく、言語能力、社会性、運動能力なども1歳児レベルで停滞していたそうです。

　保護されてすぐに乳児院に送られ、親身な世話をしてもらえるようになると途端に体は爆発的に成長をはじめ、10代後半には平均と呼べるぐらいまでに成長したということです。

　しかし、心の方は、体のようには成長していきませんでした。まず、発見された当初は人見知りをすることがまったくなく、親身に世話をしてくれる保育者に対しても、愛着行動を示すことがなかったそうです。担当する保育者が代わって、次第にその保育者に懐き始めるとようやく保育者を独り占めしようとしたり、保育者がいなくなると不安になったりと愛着行動を示すようになりました。保育者への愛着が芽生えると他児への関心も芽生え、爆発的に言葉の数も増えていったそうです。

　「親身な世話が受けられず、心の交流がないと、子どもは体も心も成長できない」という典型的な例でした。

②愛着障害と問題行動

　2014年6月に広島で16歳の少女が中心となって集団で元同級生を暴行、殺害した事件がありました。事件はその凶悪性から、家庭裁判所で行われる少年審判ではなく、成人と同じ刑事事件として扱われました。しかし、

判決は、求刑よりも 2 年短い懲役13年というものでした。NHK『クロー
ズアップ現代　少年犯罪・加害者の心に何が〜「愛着障害」と子ども達〜』
（2015年 2 月 9 日放送）によれば、減刑された理由の一つに、愛着障害が
ありました。少女が「幼少期に虐待を受け続けた」ために「怒りをコント
ロールできなかった」とされ、精神鑑定で指摘されていた愛着障害の影響
が認められたとのことです。

　友田明美は、身体的虐待、性的虐待だけでなく、ネグレクト、心理的虐
待など「不適切な養育」が、子どもの脳を萎縮させることを明らかにして
います。また、愛着障害についても、他人に無関心であるとか、常にいら
いらと落ち着きがなく注意を持続できないなど、ADHD（注意欠如・多
動性障害）などの発達障害によく似た症状を示すことがあると述べていま
す（友田・藤澤、2018年）。愛着障害の子どもの多くは「褒めても叱って
も響かない」、つまりやる気を出すのがとても難しいということがわかっ
てきているそうです。

　非行に走る少年・少女たちには、幼いころから身体的虐待、心理的虐待、
性的虐待・ネグレクト（育児放棄・放任）などの虐待を受けてきたケース
が多いといわれています。犯罪に至らないまでも、愛着形成不全（愛着障
害）に起因すると考えられる問題行動が多数あると思われます。

　そうしたことを考えると、園で保育者が子どもたちへ、できうる限り
の愛情を注ぐことはもちろん大事ですが、そのうえで「親子の愛着形成が
しっかりできるように支援すること」にも力を注いでいく必要があります。

▶4 多様性のなかの子どもの育ち

　近年、街で外国人を見かける機会が増えました。今後、日本にやってく
る外国人はますます増えていくことでしょう。肌の色、髪の色、目の色、
宗教や食べ物、習慣など多くの違いを目にする機会も増えるはずです。

　性別の違い、思想信条の違い、趣味、仕事、障がいの有無など、さまざ
まな違いを抱えた人がいる世のなかで、本来、「人は違って当たり前、誰
一人同じ人はいない」ということが経験を通じて感じられるように育てた
いものです。相手が、誰であれ、たとえどんなに小さな子ども、弱い存在
であっても、一人の人権をもった市民として、大切にされる集団（社会）
にしていきたいと考えています。

　今日では、積極的に異年齢保育を行う園も増えてきたようです。同年齢
保育に比べて異年齢保育の方がよいと一概にいうことはできませんが、一
般的に同年齢の集団では、競争原理が働きやすく、異質なものを仲間外れ
にしようとする傾向があるようです。条件的に異年齢保育にせざるを得な
い状況から異年齢保育を始めた筆者の園での経験からしても、異年齢保育
を始めてからの園の子どもたちの様子には、安心感があり、相手を思いや
り親切にする姿がよく見られるようになりました。待つ力、我慢する力、
折り合う、譲るといった人とうまく関わる力が育ちやすいと感じています。

　もともと人間は遺伝子学的には皆狩猟採集民であり、農耕社会が出現し
たのはわずか 1 万年前なので、人類の歴史を100万年とすると、その99％

は狩猟採集民として過ごしてきました。狩猟採集民の生活では、子どもたちは異年齢の遊びのなかで、自分の置かれた環境で生きていくために必要なスキルや価値観を身につけていったと考えられます。近代以降の例でも、1968年に創設されたアメリカのサドベリー・バレー・スクールなどは、完全に異年齢の集団で構成されており、カリキュラムさえも存在しません。「大人は子どもの教育をコントロールしない。子どもは自分自身を教育する」ということを理念として掲げているのです。また、オランダのイエナプラン教育においても、学級は、異年齢のグループで構成され自主的に学び合うことが中心となっており、学級担任は、教師というよりグループ・リーダーとして、あくまで子どもをサポートするスタッフという立場で存在するのだということです。これらのような学校が成果をあげていることは注目に値するでしょう。

▌4 子どもを取り巻く遊び環境

▶1 安全すぎる遊び場

　空き地や原っぱ、森のなか、あるいは路地裏など、かつての子どもたちが自由に遊んでいたような空間は、全国的に減少しています。整備された公園はあっても、野球ダメ、サッカーダメ、自転車ダメ、木登りダメ、あれもダメ、これもダメと禁止事項が並んでいます。大型遊具も事故が起これば撤去されます。山や川、海も「子どもだけで行ってはいけない」と多くの学校で禁止されています。不審者の心配もあり、就学前の子どもが子どもだけで安心して遊べる場所はそうそうありません。

　園においても、子どもがけがをするのを恐れて、過保護なまでの安全対策がなされていたりすることが数多く見受けられます。大けがは防がなくてはなりませんが、ある程度は子どものチャレンジする姿を見守り、かすり傷程度はむしろよい経験ととらえながら、経験をとおして危険を回避する術を学んでいってほしいと思います。

▶2 リスクとハザード

　危険には2種類あることを覚えておきましょう。

　一つは「リスク」と呼ばれる危険で、高いところに登ったら落ちるかもしれないなど、「ある程度予測ができる危険」のことをいいます。

　もう一つは「ハザード」と呼ばれる危険で、高いところに登るためのはしごの木の内部が腐っていたり、釘が出ていたりといった「予測不能な危険、遠ざけなければならない危険」をいいます。

　ハザードは取り除かなくてはなりませんが、リスクは多少あった方が、子どもはチャレンジしてみたくなり、できたときの達成感やおもしろさにもつながります。子どもを一生危険から遠ざけておくことはできないので、知識だけでなく、経験をとおして危険から身を護る術を身につけさせてい

く必要があります。「小さなけがが大きなけがを防ぐ」ともいえます。

　子どもは「自ら学ぶ存在」です。今の自分にはできないことでも、いつかできるようになりたいと思っています。自分の世界を広げたいと本能的に思っているのです。だから、子どもは今の自分を超えようと挑戦したがり、努力するのです。しかし、それは時として「危険」と隣り合わせでもあり、場合によってはけがをしてしまうこともあります。

　私たち大人は、子どもが自分の限界を超えようとする努力を、できることなら止めたくありません。むしろ、大事にし、応援したいと思います。命に関わるような大けがは絶対に避けなければなりませんが、ある程度のけがは「やむを得ないこと」と考えることも必要です。その意味で、大人にも覚悟が必要なのです。

　けがをすると、本人は痛いし、周りの大人も辛い気持ちになってしまいます。しかし、そのときは痛い思いをして辛いかもしれませんが、次に挑戦しようとするときには、今回よりも慎重になるはずです。もっとうまくやろうと考え、工夫するはずです。そうやって子どもは自分の能力を高めていくことができるのです。そして、そうやって得た力は、必ず、その後の自分の身を護る力につながっていくはずです。

　こうしたことを保育者もしっかりと認識したうえで、保護者にも事前に伝えて理解してもらうことも必要でしょう。

▌3▐　挑戦も安心も大切に

　子どもたちが挑戦しようとする姿を大切にしながら、一方で見守る保育者もやはり「安心して」見守ることができるようにしたいものです。

　全国を飛び回り、現場の保育者たちと園内研修をとおして対話し、園庭や室内の環境を考え、実際に保育者や保護者等も巻き込んで自分たちで環境整備を行っている木村歩美・井上寿による『子どもが自ら育つ園庭整備』には園庭整備の視点としての 5 つの環境が紹介されています（木村・井上、2018年、60-61頁）。

> ①挑戦できる環境　②存分に試すことができる・変化を感じることができる環境　③かかわり合ってつくりだせる環境　④力を出しきれる・発散できる環境　⑤ほっとできる・一息つける環境

　ぜひ、本書も参考のうえ、「子どもが自ら遊びを選び、自ら育っていくことのできる環境づくり」の視点から自分の園での実践や理論化の手がかり、議論の素材としてみましょう。

> **ワーク**
>
> 　子どもを取り巻く環境について、各自気になっていることを出し合い、その対応について話し合ってみましょう。

遊びってなんだろう

写真提供：河内からたち保育園

あと少し。怖いけど絶対向こうまで渡ってやる！

ポイント

1 子どもが主体的に遊ぶ、そのこと自体が豊かな学びである。
2 子どもは夢中になって遊ぶことで、さまざまな力を身につけていく。
3 後伸びする子どもに育てるには、「やればできる」と思える意欲を育む。

1 │ 遊びをどのようにとらえるか

1 遊びに対するイメージ

　私たち保育関係者の間では、「遊びは子どもにとって大切なもので、保育に欠かせないもの」という認識はすでにあり、日々の保育においても大切にされていることと思います。

　しかし、世間一般においては、まだまだ「遊び」に対するイメージが「勉強や仕事に相反するもの」という場合も多く、「"息抜き"として時には必要だけれど遊んでばっかりはダメ」などというような、どちらかといえばマイナスのイメージが多いようにも感じます。

　「幼稚園ではお勉強をさせてくれるけれど、保育所では遊んでばっかり」保護者からのそんな声すらも聞こえてきそうですが、今回の指針の改定（改訂）で、保育所も公に日本の幼児教育施設と認められ（→レッスン1を参照）、保育所、幼稚園、認定こども園、どこに行っても基本的に同等の幼児教育が提供されることとなりました。

　今の時代に求められていることは「子どもが主体的に学ぶ」ということ

であり、そのためには「遊びをとおした学び」が大切だということを、まずは私たち保育者が再認識する必要があります。そのうえで、世間一般の人々が抱いている子どもの遊びに対するイメージを少しでも変えていけるような説明ができるようになるとよいでしょう。

■2　おもしろさの中身

さて、「遊び」は、子どもたちにとって「楽しい」「おもしろい」もののはずです。私たち保育者は、子どもたちが楽しそうに遊ぶ姿を見て、その「楽しい」「おもしろい」の中身について考えてみることが大切です。子どもは「してもらって」「やってもらって」「見ているだけで」楽しい、おもしろいと感じていることもあるでしょう。あるいは、「自分で実際にやってみて」楽しいと感じているのかもしれません。つまり、そのおもしろさの中身が「受け身」の楽しさなのか、あるいは「主体的に関わること」の楽しさなのかを注意深くみることが大切だということです。

たとえば、テレビを見続ける、遊園地やテーマパークで乗り物等に乗るなどは、どちらかといえば受け身で楽しんでいるといえるでしょう。ただ、そのときは受け身であっても、それがのちに自らの創作意欲につながるとか、何かしら主体的に関わろうとする意欲につながることもあるでしょうから、一概に「受け身の遊びはマイナス」としてとらえることはしない方がよいでしょう。ですが、子どもが楽しんでいるからといって受け身のままでは、限られた範囲のなかでしか楽しめないということになりかねませんので注意が必要です。

子どもたちが主体的に関わって楽しんでいる遊びでは、主体的に関わるからこそ、自ら学ぶことも多く、それが発達の原動力になり得ます。自ら遊びに必要なものを探したり、組み合わせてつくったり、考えたり、工夫したり、相談したりと、遊びをとおしてさまざまなことにつながっていきます。子どもたちが主体的であればあるほど、その範囲は無限に広がる可能性を秘めているのです。

ですから、「遊び」と名のつくものが重要なのではなく、子どもにとって、その活動が「楽しい」「おもしろい」「好き」と感じられることが重要なのです。だからこそ、子どもが主体的に関わって楽しいと思える活動を大切にしましょう。よく、保育者が準備した「音楽遊び」「体育遊び」「造形遊び」などの活動を行ったあとに、子どもたちから「先生、もう遊んできていい?」と尋ねられるという場面に出会います。それまでの「○○遊び」が子どもたちにとっては「自分たちの遊びよりも楽しいもの」ではなかったということでしょう。その主な原因は、その活動が子どもたちにとって「受け身」であったからだと思われます。ですが、もしもその活動自体が楽しめたのなら、その後受け身ではなくて自ら「もう一回やりたい!」と主体的に遊ぶ姿も見られるようになるかもしれません。ぜひ、子どもたちが主体的に関われる内容を意識して活動を考えるようにしてみてください。

遊びの中身と同様に、子どもがどんな思いで参加しているかを考えることも大切です。

たとえば、「鬼ごっこ」と聞けば、誰でも「遊び」だと思うでしょう。ところがある子どもが、「昨日の続きで今日も積み木を使って大きなお城をつくろう！」とはりきって登園してきたとします。その日に限って、保育者から「今日は天気がよいから、外に行って皆で鬼ごっこしましょう！」と半ば無理矢理、外に連れ出されてしまったという場合はどうでしょうか。その子が鬼ごっこしている間ずっと、「今日はお城をつくりたかったのに」と思って鬼ごっこが楽しめないでいたとしたら、その日、そのときの「鬼ごっこ」は、子どもにとって「遊び」とはいえません。「鬼ごっこ」というのは、遊びの名前、遊び方でしかありません。ましてや、そんなときに保育者が「この子は皆といっしょに遊べない」などと評価してしまうことのないようにしなければなりません。

おもしろくなければ「遊び」ではありません。さらに遊びは自主的自発的でなければなりません。こうした「遊びとは何か」を、整理して要点を押さえておく必要があります。

2 | 遊びの本質

勅使千鶴は『子どもの発達とあそびの指導』（1999年）のなかで、遊びの本質について次のようにまとめています（29-44頁より要約）。

> ①あそびは子どもの年齢に応じて楽しむことができ、そのうえおもしろさを追い求める活動です。
>
> 　子どもは、あそびを通して「おもしろさ」を追求しているときは、たとえ苦しくても遊び続けます。あそびに熱中する子ども、真に楽しくおもしろく遊べる子どもは概して物ごとに積極的で、行動も意欲的です。あそびのなかで形成されていく積極性、意欲、創意性は、のちの学習にとりくむ姿勢へも受け継がれていきます。

園での子どもたちの遊ぶ様子を思い出してみると、想像がつくでしょう。鬼ごっこしているとき、楽しんでいる子ほど、息せき切って汗を流し、きつくても走り続けます。あまりにも疲れて、「ちょっとタイム！」ということはあっても、またすぐに再開し、走り続けます。あるいは、転んでも落ちても繰り返し竹馬に乗ろうとするとき、木に登ろうとするとき、木と木につないだロープ渡りのようなちょっと難しいことに挑戦しようとしているときなどを思い出してみてください。最後まではできないのにはじめのところだけ何度も繰り返しチャレンジする姿が思い浮かぶのではないでしょうか。やっぱり途中で怖くなって、そこからどうしても先へ進めず途

中でやめてしまう子どもも、しばらくすると、また挑戦してみようという気になってやり始めます。そんなことを繰り返しながら、少しずつ恐怖を克服し、できるようになっていくのです。人から言われてではなく、自ら挑戦する姿を応援したいものです。

　往々にして、よく遊ぶ子ほど、さまざまなものに対する好奇心も旺盛で、興味をもって探求しようとする姿が見られるということを、私たち保育者は経験をとおして知っているのではないでしょうか。

---

②あそびは本来自主的・自発的で自由な活動です。

　あそびは子どもたちが自発的に始めるものであり、外部から強制されて行なうものではありません。ルールや約束事においても、子どもたち自身で決めて進めていくことができるものがあそびです。自分たちで決めたルールや約束ごとを守ることによって、あそびがさらにおもしろくなっていくことを経験し、ルールや約束を守ることの大切さを学んでいきます。そして、そうしたなかから本当の自由を意識し、自主的・自発的な行動様式を学びとっていくのです。

　子ども同士で遊んでいるときに、誰かがルールを守らなかったりすると、「○○くんがズルした！」とトラブルになり、「やーめた！」と遊びから抜けていく子が続出することがあります。このようなことを経験しながら、子どもたちは「皆が楽しく遊ぶためにはルールを守ることが大切だ」ということに気づいていきます。

　さらに皆が楽しく遊べるようにと考え、ルールを変更した方がよいことに気づくこともあります。たとえば、高鬼のときに高いところにいてもよい時間を「10数えるまでにしよう」とか、「年下の子は10じゃなくて、もっと長くてもいいことにしよう」というように、ルールに従うだけでなく、自分たちに合わせたルールを自らつくり出していくということも大切な経験です。

---

③あそびは身体的機能、諸能力の発達をうながす活動です。

　あそびを通して、手や足、全身を使うことによって、結果的に子どもの感覚的諸能力、大小の筋肉群の筋力とこれらを統制する能力、心臓、肺などの内臓諸器官の機能、寒暑や雑菌に対する抵抗力などの発達をうながすことになります。

　鬼ごっこなどでハアハア言いながら激しく走り回ったり、高いところによじ登ったり、飛び下りたりする子どもたちは、楽しいからやっているのであって、体を鍛える目的でやっているわけではありません。しかし、このように日々楽しく体を動かして遊んでいたら、結果として、健康になり、またさまざまな力も身についていたということにつながっていくのです。

　杉原隆・河邉貴子による調査において、「運動指導を行っている園と運動指導を行っていない園を比較したところ、運動能力が高かったのは運動

指導を行っていない園の方だった」というデータや「一斉保育中心の園より自由遊びを多く取り入れている園の方が運動能力が高い」といったデータ（杉原・河邉編著、2014年）が示され、「自由遊びの重要性」が再認識されたのも記憶に新しいところです。

> ④あそびは知的諸能力を発達させます。
> 　子どもたちはあそびのなかで、あるいはあそびを通して、人や物、自然や社会についての知識と、それらの相互関係について認識する力や、それらを総合して使う力を発達させていきます。また、抽象したり想像したりする能力を発達させ、さらにあそびのなかで伝達をしたり、考えたり、行動を統制するなどして言語の力を発達させていきます。
> 　特にごっこあそびのなかで、よく子どもたちは今の自分よりも少し背伸びをします。この背伸びによって発達がうながされるのです。

　これも保育者ならば、経験としてなんとなくわかることかと思いますが、科学的な根拠も示されています。

　心理学者の内田伸子らは、子ども中心の保育で自由遊びの時間が長い幼稚園、保育所の子どもの方が、系統的な文字学習に取り組む「一斉保育」の幼稚園に比べて、「書く力」や「語彙力」が高いことを明らかにしています（内田・浜野、2012年）。

　子ども中心の保育実践をしている園では、保育者は文字や計算などは教えず、子どもに質問されたときにだけ短く答えます。子どもたちはお店屋さんごっこやレストランごっこといった遊びに、ごく自然に文字の読み書き経験を持ち込み、看板をつくったり、お釣りの計算をしたり、メニューをつくってお客さんから注文をとったりします。このように読み書き計算等が、子どもの自発的な必要性から遊びに持ち込まれ、遊びをとおして子どもたちは自然に読み書きや計算の意味、意義を獲得していくとされています。

> ⑤あそびは人と人とを結ぶ活動です。
> 　あそびのおもしろさがわかるにつれて、複数の友だち、仲間（＝子ども集団）を求めて遊ぶようになり、あそびのなかで、いじめたり、いじめられたり、ケンカをしたり、仲直りをしたりといったトラブルも経験しながら、子どもは友だちと交わる力や人間関係の距離のとりかたを獲得していきます。我慢や自己主張をしながら自己を形成していくとともに、仲間のなかでの自分の位置がわかるようにもなり、仲間のそれぞれの個性を知るようにもなっていきます。

　子どもは、「何をして遊ぶか」が大事だった時期を経て、徐々に「誰と遊ぶか」を重視するようになってきます。何をするにも「○○ちゃんと一緒がいい！」と主張し、さらに、クラスの仲間としての意識が芽生える

ようになってくると、グループをつくるようになっていきます。一方で、グループから外れがちな子のことも気にとめて、「○○ちゃんがいないよ。呼んできてあげよう」という姿も見られるようになってきます。

　保育者は子ども同士の関係性をよく見ておき、トラブルが起きたときなどでも、安易に保育者が解決方法を示すのではなく子どもたちに考えさせ、子どもたちが自分たちで仲間関係を築いていくことができるような、援助、配慮を心がけたいものです。

> 　これらの 5 つの項目をバラバラに羅列してとらえてはいけません。いずれかを色濃く持っていることはあるとしても、全体としては 5 つのことを総合的に含んで持っていて、それぞれが相互に作用しているからです。
> 　もう一つ、これら 5 つの力は遊びの「結果」として形成されたり、遊びながら随伴的につくものです。特に知的、身体的な力は遊びの目的としてではなく、あくまで、遊びを通して随伴的にあるいは並行的に獲得され、形成されるものです。

　あくまでも、遊びは何かの目的のために遊ぶのではなく、子どもたちが自発的に楽しく行うものです。「おもしろさを追求し、真に楽しく夢中になって遊んでいたら、いつのまにかいろいろな力が身についていた」というのが理想なのです。

3 ｜ 遊びにおいて大切にしたいこと

■1 失敗は失敗ではない

　遊びのなかでは、「失敗が許される」ということも大事にしたい点です。むしろ、「失敗がおもしろい」こともあります。昔からお笑いの要素に、転ぶ、コケる、間違える、落っこちるといった「失敗」があります。「失敗を笑いに変える」というのは、もしかすると人間の知恵なのかもしれません。人をけなすような笑いは、たとえ対象が自分でなくても受け入れ難く、見ていて好ましいとは思えませんが、叱るほどでもないミスを笑って済ませたり、自分の失敗を「やっちゃった！」と笑いに変えることで、周りの場を和ませたりすることができます。また、そこまで関係の深くない人でも気を許すきっかけになったりもします。

　「失敗しても受け入れられる安心感がベースにある」ということは、「できないかもしれないことへ挑戦することのハードルを下げてくれる」ことにもつながります。「失敗してもいいからやってみよう」「むしろ簡単にクリアできることはおもしろくない！」そう思えることの方が意欲的に取り組めますし、やりがいを感じることができるからです。子どもたちにとってみれば、遊びのなかでの失敗は、失敗ではなく、「うまくいかない方法

63

をみつけた！」という新たな発見の喜びを感じているときなのかもしれません。

　子どもは、そもそも最初から自分で綿密な計画を立てたりすることがないからかもしれませんが、当初の計画どおりにいかないことでもそれを楽しんでしまう力をもっていると思います。虫探しをするつもりで散歩に出かけたのに、途中の工事現場でショベルカーやクレーン車にくぎづけになってしまって、虫探しはどうでもよくなってしまうなんていうこともしばしばあります。砂場で川をつくっていざ水を流したら、あちこちから水があふれてしまったというときでも、それをむしろ喜んでもっともっと水をあふれさせて楽しんでしまうなど、展開が予測を超えることをおもしろがる傾向にあります。

　きっと、子どもたちは遊びのなかでは、大人の期待する目標や目的を気にしなくてもよいので、「今起きていること」をとことん楽しむことができるのでしょう。

　遊び方に「正しい・間違い」はないのです。だからこそ、単におもしろさを追求していくなかで、大人の思いもよらない方へ遊びが発展することもあるのです。遊びのなかで、仲間同士で自由な発想で考え、意見を出し合うことができます。おもしろそうであれば採用されるし、そうでなければ採用されない。だから、次々に、「じゃあこうしたらもっとおもしろいんじゃない？」と大人からの評価抜きにいろいろなことを考えることができるのです。

　遊びがおもしろくなければいつでもやめることができるし、またやりたくなったら加わることもできる。つまり、自分のペースで参加できるのです。こうした遊びの特性が先述のデータのように、結果として子どもたちのさまざまな能力を伸ばすことにつながっていくと考えられます。

　先述の杉原は「子どもの自発性に任せてばかりいると、嗜好によって活動に偏りが生まれる」として、「子どもたちに未経験の活動のおもしろさに気づかせるためにはクラス全体の子どもを対象とした一斉の活動も有効である」としています。子どもの様子を見ながら、不足している経験、保育者が子どもたちに体験させたい活動を意図的に保育に入れていくというのも大切なことなのです。それがおもしろければ、子どもはそれを主体的に取り入れようとします。ただし、やはり重要なのは、子どもが「おもしろい」と感じることです。

▶2　子どもたちが憧れをもてるように

　コマ、けん玉、お手玉、あやとりといった伝承遊びや、ギター、ピアノなどの楽器、サッカー、野球、水泳、スケートなどのスポーツなど、保育者が得意なことをぜひ子どもたちの前でやってみせてあげるとよいでしょう。担任に限らず、園にはいろいろな特技をもっている人がいることでしょう。また園内だけでなく、保護者や地域の人々など、身近な大人のかっこいい姿をぜひ子どもたちに見せたいものです。きっと子どもは憧れをもちます。遊びに限らず、ダンプカーやごみ収集車、消防車、パトカー

といった車、それらを運転する人、大工さんや工事の人、お医者さんなど、子どもたちから見ると、自分にできないことができる大人はかっこよく見えるのです。「憧れ」をもつことができれば、それは子どもが自分で育っていく力になります。

■3■ 遊びの環境づくり

　保育者も人的環境ですので、環境に含まれますが、子どもが興味をもって何かを始めようとするきっかけになるような物的環境を構成することも大切です。

　できれば、遊び方の限定された遊具だけでなく、さまざまな素材を用意し、子どもたちがそうした素材にどのような興味を示し、どのように関わるのかをよく観察してみるとよいでしょう。素材を叩いてみて音の違いに気づくかもしれません。もしも、そうやって子どもたちが「音」に興味を示したら、さらに、柔らかいもの、硬いもの、小さいもの、大きいもの長いもの、短いものなどを用意して、子どもたちが音の違いを楽しめるようにするのもよいかもしれません。糸などを引っ張る力の強さや息を吹き入れる強さ、筒の長さといった条件次第で音が変わることや、さらには目を閉じて何の音か当てっこをする、音を形にしたらどんな形か想像して絵を描いてみたり、廃材などを使って形にしてみたりする、いろいろな音を色にしたら、それぞれどんな色なのか考えてみるなど、子どもたちの興味に応じて、遊びながらいろいろな「音」について興味を深めていくことができるかもしれません。

■4■ なりたい自分になる

　男の子たちによく見られる遊びに、ヒーローものになりきっての戦いごっこがあります。これは保育者によっては、「あまりしてほしくない」と思っている遊びの一つかもしれません。「戦い」を遊びにすることへの懸念もあるでしょう。家にいるときだけでなく、外出先や園の送迎時にまで繰り返しヒーローものの映像を見ていて、所かまわずヒーローになりきっているという事例もよく耳にします。「ハッ！　トゥーッ‼」と友だちに戦いを挑み、調子に乗って友だちを強く叩きすぎてしまうこともあります。そこでハッとわれに返るのであればまだよいのですが、相手が泣いているにもかかわらず、その相手を見ることもなくヒーローのポーズを決めて空想の世界で自分に酔いしれているという姿を見かけることもあります。そんな姿を見ると、やはり心配になります。もちろん、そうした場合には保育者が間に入り、ヒーローになりきっている子に泣いている子の表情をしっかりと見せて、「○○くん泣いてるね。今のパンチ痛かったんじゃないかな」と現実の世界で起きていることをきちんと認識させるなど、それなりの対応が必要となります。こうしたトラブルが続くようだと、子どもたちにヒーローごっこをやめさせたくなる気持ちもわかります。

　しかし、視点を変えてみると、戦いごっこを好む子というのは、好奇心が旺盛で、なにごとにも積極的な子が多いように思います。

夢や憧れが強い子ほど、ちょっとしたことであきらめたりせず、粘り強くコツコツとがんばる力を秘めています。夢をもつこと、そして、その夢を叶えようと努力する力を育てることの大切さを思うと、その原動力にもなっている遊びを一方的にやめさせてしまうのはもったいない気がします。

　本能としてもっている攻撃性が表に出てきたとも考えられますので、抑え込むよりも違う形で発散させることが望ましいでしょう。そもそも子どもたちがヒーローものに憧れるその根底には、自分もそのヒーローのように強くなりたい、かっこよくなりたい、皆に尊敬される人になりたい、という憧れがあり、それが、その子自身を発達させる力の源にもなっているのです。子どもたちはヒーローになりきることで、そのヒーローがどういう存在なのか、どんな行動をし、どんな言葉を発するのかを観察し、自分に取り込み、強い自分、かっこいい自分へと変えていこうとしているのです。

　ですから保育者は、そうした遊びを「ヒーローに変身して戦いを繰り返すだけの遊び」で終わらせてはなりません。その原動力をもとにして、「本当の強さってなんだろうね」と子どもたちに考えさせる機会につなげていくことが大切なのです。テレビのキャラクターではない、きちんとしたストーリーのある絵本や物語をとおして、あるいはごっこ遊びや劇遊びをとおして、子どもたちをファンタジーの世界に誘いながら、真のヒーローは、単に変身して怪獣をやっつけるだけの存在ではないことに気づかせていきます。闘ったり、困難に立ち向かったりするのは自分のためだけでなく、弱いものを守るため、あるいは自分たちの誇りを守るため、正義のためであり、これらのためには相手が強大な敵であっても立ち向かわなければならないこと。仲間と力を合わせたり、たとえ一人であったとしても知恵や勇気、そして思いやりの心を力に変えたりして、どんな困難をも乗り越えていく。そうしたストーリーにふれることで、真の強さの根底には、優しさや思いやりの心があること、時には仲間との信頼や協力が必要なこと、そして知恵や工夫も強大な力になり得るのだということに気づいてほしいのです。変身して現実の自分とは違う「ヒーローになったつもり」で終わらせず、「こんな人間になりたい」という自分の理想像を現実の自分の心のなかにしっかりと思い描いてほしいのです。

4 ｜ 後伸びする力

■1■ 後伸びするためには心のあり方が重要

　アメリカの心理学者キャロル・S・ドゥエックは、『マインドセット——「やればできる！」の研究』（2016年）で、人間の信念には大きく2通りの心のあり方（マインドセット）があるとしています。

　一つは「人間の能力は生まれつき決まっていて変えることはできないと信じている『硬直マインドセット（fixed mindset）』」、もう一つは「人間

の基本的資質は努力しだいで伸ばすことができるというしなやかな心の持ち方『しなやかマインドセット（growth mindset)』」です。ドゥエックは次のような例を紹介しています（25頁）。

> 　4歳児に次のように尋ねてみる。「簡単なジグソーパズルをもう一度やる？　それとも難しいのに挑戦してみる？」すると、まだこんなに幼くてもマインドセットがこちこちの子——能力は変わらないと信じている子——は、安心してできる簡単な方を選んだ。そして、「かしこい子はまちがったりしないんだよ」とも言った。マインドセットがしなやかな子——もっと賢くなれると信じている子——はそうは考えない。「なんでそんなこと聞くの、先生。同じパズルを何度もやりたい子なんているわけないでしょ」。そして次々と難しいパズルに挑戦していった。「あぁ、もっとやりたいなぁ！」幼い女の子が嬉しそうな声をあげた。ある中学1年の女の子はこう語った。「頭がいいかどうかは初めから決まっているんじゃなくて、頭が良くなるように勉強するんだと思うな。……ほとんどの子は、答えに自信がないと手を挙げて答えようとはしないけれど、私は進んで手を挙げることにしているの。間違っていたら直してもらえるから。手を挙げて『どうやって解けばいいんですか』とか『私にはわかりません、ヒントをください』と言うこともあります。そうやって、頭を良くしていくの」。

　これらは、失敗したとき、困難な課題や解決方法がわからない事態に直面したときの、それぞれの心のあり方を示しています。

　成績や結果にこだわり、できたことは自慢するけれど、できないことには敢えて挑戦しようとしない「硬直マインドセット」と、「努力すれば、自分にもできるようになる！」と難しい問題に敢えてチャレンジする「しなやかマインドセット」、どちらの心構えの子どもがその後の学びと成長の機会をつかむことができるかは一目瞭然です。

■2　「やればできる！」と思える子どもを育てるために

　子どもにスキルや知識を身につけさせ、「できるようになること」だけを求めるのでなく、子ども自身が「やればできる！」と思えるようになること、つまり「やろうとする意欲」を子どもの心に育てておくことの方が大切なのです。

　ドゥエックは実験で、「能力をほめると生徒の知能が下がり、努力をほめると生徒の知能が上がる」ということも明らかにしています。

　ほぼ同じ成績の子どもたちを2グループに分け、片方のグループは「8問正解よ、よくできたわ。頭がいいわね」と"能力"をほめ、もう片方のグループは「8問正解よ、よくできたわ。がんばったわね」と"努力"をほめるようにしました。その結果、能力をほめられた子たちは、新しい問題に取り組むことを避けるようになっていき、努力をほめられた子どもたちは積極的に新しい問題に取り組むようになっていったそうです。そし

レッスン **6**　遊びってなんだろう

て、次に全員になかなか解けない難問を出すと、能力をほめられた子たち
は、「自分は頭がよくない」と思うようになり、努力をほめられた子たち
は「もっとがんばらなくては」と思うようになったとのことです。しか
も、解けないことを失敗とも思わず、自分の頭が悪いからとも考えなかっ
たそうです。さらに、能力をほめられた子たちは、難しい問題を解くこと
を「おもしろくない」と答える子が多かったのに対し、努力をほめられた
子たちは、「むしろ難しい問題の方がおもしろい」と答える子が多かった
のだそうです。その後、能力をほめられた子たちは著しく成績が落ち、や
さしい問題が出されても回復しなかったのに対し、努力をほめられた子た
ちの成績はどんどんよくなり、再びやさしい問題が出されたときにはすら
すら解けるようになっていたのだそうです。

　このように、ほめ方によっては意欲のある子に育つどころか逆効果に
なってしまうこともあるので注意が必要です。子どもの意欲を育てるため
には、成績や結果、能力に目を向けるのではなく、その子の行ってきたプ
ロセスや努力に目を向けることの方が重要であることがわかります。

　遊びのなかでは「あれができるようになりたい！」「もっとうまくなり
たい」「これなんだろう？」「おもしろい！」「くやしい！　よし、こんど
は負けないぞ」など、いろいろなことを感じ、挑戦する機会がたくさんあ
ります。もっとうまくなりたいと思い、自分の意志で粘り強くがんばって、
できるようになっていく。こうした体験を多くもっている子どもほど「や
ればできる」という意欲をもった子どもになります。大人はそうしたがん
ばっている姿や努力を認めてあげましょう。

　小学校へ入学したときに、少しでも有利なスタート地点に立つことがで
きるようにと、就学前から塾に通わせたり、文字教育や算数教室など、い
わゆる「早期教育」的なことをさせたがる風潮が社会には渦巻いています。
しかし、学校へ上がってからしばらくの間は優位に立てたとしても、学び
続ける意欲がなければ、結局後が続きません。ちょっとの困難にぶつかっ
て挫折してしまうようでは、「後伸び」は期待できません。

　就学前の「今」は、「思いっきり遊び込むこと」が大切です。いろいろ
なことに興味を示し、チャレンジし、粘り強くがんばる。そうすることで、
「困難に立ち向かう力」「工夫する力」「先へ進もうとする意欲」など、「僕
はやればできる力をもっている！」と思えるしなやかな心構えが育つので
す。

３　後伸びする力を見守る姿勢

　「集中しなさい」などと言わなくても、子どもたちは「やってみたい」
「できるようになりたい」「おもしろい」と感じていれば、放っておいても
集中してやり続けます。周りの大人は、必要に応じて支援しながら、それ
を温かく見守ってあげればよいのです。

　いわば、この時期の子どもたちにとっては「遊び」そのものが「学び」
なのです。しっかり遊び込める子どもほど、勉強に限らず、あらゆる面で
「後伸び」する子へと育つはずです。

　問いを与えられたときや、あるいは何かしらの壁にぶつかったとき、目の前にあるものに対して、自分の意志とは関係なく「やらなければならない」「乗り越えなければならない」こととして、受け身で考えてしまうとつまらないし、やる気も起こりません。当然、意欲的に取り組むことはできません。しかし、「よ～し、解いてやろう」「なんとか乗り越えてやるぞ」と遊び感覚で楽しみながら取り組むことができたとしたら、その方が人生は楽しいだろうと思うのです。「何にでも意欲的に取り組もうとする構え」は、幼いときから本気で遊ぶこと、そして、周りの大人の寛容的な態度、温かな見守りによって身についていくのだといえます。

> ### ワーク
>
> 　「幼児期の遊びの大切さ」を保護者に説明するとしたら、どのように説明しますか。それぞれ保護者役、保育者役に分かれてお互いに質問、説明し合ってみましょう。

レッスン **6**

遊びってなんだろう

夢中になって遊ぶことの意味

「あ〜、楽しかった」
「また、一緒に遊ぼうね」

写真提供：ひまわり保育園

ポイント

1 遊びの主人公はあくまでも子どもである。
2 うまくいかないときに遊びはおもしろくなる。
3 遊びは大人も含めた環境が大事である。

1 │ 遊びの主人公は誰なのか

　子どもが遊んでいる場面を見ていると、そのなかにたくさんの大切な要素が含まれていることに気づかされます。

事例1　子どもたち同士でルールを考える

　「ねぇねぇ、鬼ごっこしようよ」。園庭に出た子どもたちから声が上がりました。「先生も入って」「鬼ごっこするもの、この指とまれ、は〜やくしないと電気の球がき〜れる、指切った！」。子どもたちは歓声を上げながら走り回り、保育者も入って一生懸命に走っています。園庭にいた2歳児は遊びには入っていないけれど、鬼の子の目の前に出て行ったりしながら、さも入っているような顔をして走り回っています。
　転んでしまった4歳児のタロウくんは「バリア」と言ってタッチされないようにしました。それまでもつかまりそうになると「バリア」と言っていたタロウくんは、鬼になっている子から「ずるい、いつもつかまりそう

になったらバリアと言ってつかまらないじゃん」と批判されています。「だって、だって俺ばっかりつかまえようとするもん、いやだもん」。

　鬼ごっこはしばし休戦です。すると鬼ごっこに参加していた子どもたちが集まってきました。タロウくんと鬼の子の話を聞いた子どもたちは「え～ずるい、おもしろくない」「あたしやめようかな」「でもいつもつかまるのは嫌だ」「ちょっとバリアは1回だけにしようよ、だっていつもバリアじゃつかまらないよ」と次々に意見を言います。ここで保育者が「鬼を2人にしたら？」と提案すると、いろいろな反応が返ってきます。

　「いやだ、すぐにつかまる」「小さい子はどうする？　つかまったら泣くよ」「つかまえないでおく？」「でも走ってるよ」「そしたらここにお家（タッチされないところ）をつくって、ここに入って休めるようにするとか」などいろいろなアイデアが出てきました。園庭にいる2歳から5歳までが混じっての鬼ごっこなので、どの子も楽しめるように知恵を絞っているようです。

　この事例の様子から、遊びが楽しくなる要素がいくつか見えてきます。

①大人主導ではない

　遊びには、「自由」が保障されています。特に、遊びが本来のやり方とは違う、思いもかけない予想しなかった方向に進んだときなどにとてもおもしろくなり、夢中になります。

　大人はルールを決めるとき、安全や平等を意識するため、もめることのない、大人が見ていて安心できるものにしてしまいがちです。そうすると、遊びではなくなり、課題になってしまいます。すると子どもはできるだけ早く終わらせようとするのです。そして「先生、終わったら遊んでいいですか？」と聞かれることになるのです。

②ルールも皆で考えてつくることができる

　自分の考えとは違った考えを聞いて、おもしろいと思ったらいろいろやってみてもよいのです。ただし、ルールは一人では決められません。その遊びに参加している皆に意見を聞いて調整しなくてはならないのです。

③1人より2人、仲間がいる

　目を見かわし、「楽しい」と感じ合えたとき、もっともっと遊びたいと思います。一緒に楽しいと感じ、失敗してもずっこけて「あはは」と笑ってくれる相手がいることがより楽しさを生みます。

④工夫したり、発見したりする余地がある方がよい

　大人は子どもの年齢によって、この年齢はこのぐらいの力があるから、この遊びがふさわしいと判断して子どもに提案します。ですが、子どもはそのとおりにしたくないことが多いのです。遊びが限定的だったり、縛りがあったりすることがわかると途端におもしろさを感じなくなるのです。自分で決めて挑戦した場合、失敗してもあきらめません。ほかの人の様子を見たり、うまくいった人に聞いたりして自分がなぜうまくいかなかったのか、考えるのです。

2 うまくいかないときに知恵を絞る

1 遊びにみられる年齢ごとの発達

　2～3歳は一人前意識をもち、できていなくても自分はできていると自信満々な時代です。でも行動はまだまだ思いについていっていません。プライドはあるので皆と同じようにできている、できると信じています。

> #### 事例2　「ほら見て、サッちゃんもできるよ」
>
> 　4歳、5歳の子どもたちが縄跳びに挑戦している横でじっと見ていたサッちゃん（3歳児）。ある日「ほら、見て。サッちゃんもできるよ」と言いながら、4歳、5歳の子どもたちが使っていた縄の端を右手でもってぶんぶん振り回しながらピョンピョンと跳ねています。「先生、数えて」と汗びっしょりになって、跳ねていました。その後も4歳、5歳の子が跳び始めると、自分もいそいそと縄をもってきて振り回しながら跳ねていました。

　身近にモデルがいる場合、その姿が自分の姿なのです。年齢の違いは気にしません。大まかな自分なりの解釈をもとに見よう見まねで行ったことが、身近な友だちや大人に「いいね」「すごいね」と認められることで、もっとやりたい、楽しい、おもしろいという気持ちにつながるのでしょう。やり方が違っていても、まずは挑戦して「楽しかった」を経験することが大事です。

> #### 事例3　一人ではつまらない
>
> 　散歩先で拾ってきた松ぼっくりを見て、4歳児のタケルくんが「松ぼっくり釣りをしたい」と言いました。早速、割りばしに輪ゴムをつけて竿をつくって始めると、ほかの子もやりたいと集まってきます。「チームに分かれよう。チーム別に輪ゴムの色を変えるといいんじゃない？」とタケルくんが言って、チーム対抗松ぼっくり釣りが始まります。
>
> 　しかし、何回しても釣るのがうまいタケルくんが圧勝します。そのうち人がどんどん減って、ユウくんと2人だけになってしまいました。ユウくんはまったく釣れません。おもしろくないからやめてしまうかなと思いながら見ていると、タケルくんが「ユウくん、真ん中らへんにゴムをやるからつれないんだよ。松ぼっくりの上の方に引っかけたらいいよ。それがコツ！」とアドバイスしました。その後、コツを教えてもらったユウくんは格段に松ぼっくり釣りが上達し、僅差の勝負ができるようになりました。2人で「釣れた！」と歓声を上げながら繰り返し遊びました。
>
> 　一番が大好きなタケルくんでしたが、釣れるか釣れないかのわくわく感を相手と競ってこそ楽しいことに気づいたのでしょう。相手が気づいていない大事なポイントを教えることで、対戦相手のレベルを上げて遊びをおもしろくしたいと考えたのだと思います。きっと教えるのは誰でもよいわ

けではなかったと思います。同じクラスの気心が知れているユウくんだったからだと思うのです。

4～5歳になると周りの状況をみたり、自分とほかの人との力関係をはかったりするようになってきます。人よりも優位に立つことに喜びを見出す子もいますが、遊びの楽しさは自分本位な状況からは生まれないことがわかってきます。先が読めなくてハラハラ、ドキドキしたり、一生懸命考えたり、悩んだり、気持ちが大きく動くことが大事なのです。

事例4 試行錯誤の末に

「海賊になろう」をテーマに、日々、園庭や保育室で宝探しをしたり、海賊の隠れ家をつくって遊んでいる海のクラスの子どもたち。

6月に入り、水に浮かべて遊べるものをつくりたいと子どもたちが言いました。早速図書館に行って調べてみると、いかだを見つけました。竹が手に入ったのでどうやってつくるか、話し合います。「糊でくっつけよう」「いや、両面テープがいいんじゃない？」「ガムテープがいいよ」「ひもで結ぼう」とさまざまな意見が出ました。

一つずつ試してみることにしますが、糊と両面テープはすぐにはずれてしまいます。「デコボコしているからくっつかないね」。ガムテープも保育者はすぐにはずれるだろうと予想していたのですが、「ガムテープを長くしてぐるぐる巻きにしよう」「裏側もしっかり貼ろう」など意見を出し合って頑丈に貼り、はずれないものができあがりました。プールに浮かべても大丈夫で、ガムテープを提案した子どもたちは大満足でした。

しばらくすると、テープが劣化しはがれてしまいます。「はがれちゃったね」「水につけるとこうなるんだ」「どうする？」と話し合いの末、「じゃあ、紐でしばろうか」ということになり、最終的に紐で固定することになりました。その後、江津湖（熊本市）にいかだをもって行き、保護者も誘って水遊びを楽しみました。

今、社会全体が便利で短時間で考えなくても簡単にできること、失敗しないで誰でも同じようにできることがよいこととととらえられている気がします。大人が子どもたちと接するときも、失敗しないように、悩んだり困ったりしないようについ先回りして準備し、アドバイスしてしまうのです。でも子どもはうまくいかないとき、「なんで？」「○○したときはうまくいったのに、どうして今度はうまくいかないの？」と必死で考えます。そして大人に尋ねたり、ちょっと整理してもらったり見守られながら、いろいろ試してみて考えるのです。うまくいくことも大事ですが、この頭をひねっている過程で発見したことや、挑戦してみてダメだったことはわくわくの連続で、夢中になる要素なのです。

汐見稔幸（2012年）は「子どもはもともと、失敗しても大丈夫だよ、見ていてあげるからねという『期待環境（心理的環境）』があれば、できないことにもどんどん挑んでいく存在です。自分がいま、乗り越えられる可

能性のあることを目ざとく見つけ、それに挑んでいくのが子どもなのです」と述べています。さらに「子どもは自分で自分を育てていきます。そのプロセスを私たちは冒険、いたずらと呼び、それはうまくいくまでのある意味で懲りない失敗の過程のことをさしています。失敗の多さが子どもの心身のスケールを決める、それほどに試行錯誤と挑戦、そして失敗は大事なのです」と述べています。

2 遊びは流動的であり、子ども自身のタイミングで始まり終わる

遊びは時間とともに変化していきます。繰り返し同じことをしているように見えても夢中になればなるほど、子どもの心のなかで感じるものが1回ごとに違うのです。

> **事例5** 「こっちは広いけどこっちは狭い。大丈夫かも、いける！」
>
> 今日は森の遠足です。森のなかに、大きな長方形の石を並べて、丸いサークルがつくってありました。石と石の間が離れているのですが、何人かの子どもたちは勢いをつけてピョンピョンと飛んで渡っています。
> 5歳児のテルミさんは、ゆっくりと飛び始めました。けれど、一か所石の間が広いところがあり、どうしても怖くて立ち止まってしまいます。「あー、ちょっと広いから怖いな、おっこちちゃう」とつぶやくテルミさんに、保育者が「本当だね、広いね」と言いつつ、一緒に石に登って見てみました。上から見ると余計広く見えます。けれど「あれ、なんか違うよ」と保育者は言うと、テルミさんを石の左端と右端に連れて行きました。するとじっと見ていたテルミさん、「あ〜、こっちは広いけれど、こっちは狭い。大丈夫かも、いける！　よーし」と言って、1回目は立ち止まったものの、2回目は勢いよく走ってくると思い切って飛んだのです。「本当だね、私も飛ぶね」と後から飛んだ保育者と一緒に「やった、飛べたよ」ととてもうれしそうでした。その後もテルミさんは、その場所に来るたびに「大丈夫！」と言いながら、何回も繰り返しサークルの上を飛んでいました。

事例5の場合、保育者は「大丈夫、飛べるよ」「飛んでごらん」と励まし、年長児の力を引き出し挑戦させようとしがちです。でも、飛ぶか飛ばないか、大丈夫か大丈夫でないか、決めるのはその子自身、その子のタイミングです。保育者が一緒に見守りながら、石の間隔が場所によって微妙に違うことに気づかせたことは、挑戦の後押しになっています。しかし、ハラハラしながら飛んだ「やった」という自分自身で感じた達成感が、落ちてしまうかもしれない石の間を飛ぶという、ちょっと危険だけれど単純な遊びのやめられないおもしろさになっていると思うのです。

3 | 夢中になって遊ぶ

1　心の変化

　遊びには「環境」は欠かせない要素です。環境には人的環境と物的環境があり、その物的環境のなかでも、「自然」はとても魅力的な環境要因の一つです。土、水、石、虫などルールも縛りもないものとふれ合うとき、子どもたちはいつまでも遊びたいと思うのです。

事例6　「とる」遊びが大好き

　春、園庭に出た子どもたちは、必死になってあちこちの石をひっくり返しては、汗だくになってダンゴムシ探しをします。大きな石を子どもたち同士で力を合わせてひっくり返して探すのです。「ムシ名人」と呼ばれるムシ好きな子の「あそこの石の下にはたくさんいるぞ」という情報を聞いて、園庭の隅の石をひっくり返すので、頭にくもの巣がかかっています。そんなに集めてどうするのだろうというほど集めます。園庭では、せっせと汲み出した水を砂場に流し込んでいます。たまたまできた小さな流れのなかにそのダンゴムシを入れて観察します。そして、砂に埋めてみます。泥水のなかから救いだしたダンゴムシを今度は腕に這わせたり、触って丸めたり繰り返し試すのです。

　そのまなざしは真剣です。ダンゴムシに夢中になりすぎて失敗したこともありました。小さな祠のある公園でダンゴムシを採ったのですが、夢中になってひっくり返した石を元どおりにするのをすっかり忘れてしまったのです。そのため、公園の管理人から注意を受けました。

　ときどき、見つかる大きなイモムシに子どもたちは歓声を上げます。毒々しいほどの緑色に黄色の角、黒い縞模様は子どもたちをひきつけてやみません。棒でつつくと体を右に左にくねらせるその動きも魅力的です。周りを取り囲んだ子どもたちにさんざん棒でつつかれやがて死んでしまうのです。「このイモムシ、チャボ食べるかな」「やってみよう」と今度はチャボ小屋に餌として入れます。びっくりしたチャボはけたたましく鳴きます。「あれ、チャボ食べないね」、そのうち、アリが集まってきて「どこに運んでいくのだろう」とアリの行列についていくのです。

　小さな園庭のなかで、「そろそろ片づけよう」と保育者が声をかけても子どもたちは「もう少し……」といいながら、熱中して遊んでいるのです。

　小山逸子（2012年）は「きれいなものに目を奪われるのは自然な心で、特に自然界の中のきれいなものを感じ取り欲しくなる気持ちはとても大事なように思われます。同じように虫などの生き物もそのものが持っている美しさや不思議さに気を奪われるからこそ、捕まえたくなり欲しくなるのではないかと思います。その心は、本物を見たり触ったりしてこそ動く心であり、絵や画像からは伝わってこないものがあるからこそ、夢中になり虜になるのかと思います」と述べています。そして、子どもたちがムシや

木の実、石等を集めずにはいられない自然のなかでの「とる」遊びの魅力、そのなかで得るものの大きさを述べています。

▶2 大人の役割

　子どもは熱心に友だちと遊んでいるようにみえても、意外に相手の様子や遊びの内容をきちんと理解せずに遊んでいることが多いものです。

　3歳児になると、遊びにこだわりやこうしたいという簡単なルールが入ってきます。単純ではないけれどそこまで複雑でもない、自分たちで発見したおもしろさが加わったものに遊びが変わると夢中になって遊ぶのです。

　丸尾ふさは、3歳児が2人でぬいぐるみのウサギを抱えて机の上から飛ぶ様子をていねいに観察し、以下のように記録しています（丸尾・加藤、1993年、98〜101頁）。

恭子　「ネエ、佳子チャン。コンドハコウヤッテトボウヨ」
佳子　「ウン」
恭子　「ネエネエ、コウヤルンダヨ。コノ子（ぬいぐるみ）一人デトンデ（と先に下に放る）ソレデ…（と言って自分がとびおりる）ネ、イイ？」
佳子　「ウン」

　しかし、次に飛んだ佳子は恭子のやり方を見て返事をしていたにもかかわらず、すましてぬいぐるみを抱えたまま飛び下ります。丸尾は「この二人、お互いに提案もし、意向も確かめている」が、その行動に注目すると全く了解し合っておらず、平行的であること、そしてお互いに本当に相手が自分の言ったようにしたかどうかも気にしていないことに気づきます。そして月齢の高い2人なら相手の言い分に気づくのではないか、こういう場合の働きかけというのはまずさらりと問題を投げかけてみて、その出方によって個々に変えていかなくてはと考えます。そして2人に飛び方のポイントを意識した聞き方をし、「ああ、二人とも同じだったの」とさらっと言うのです。この後、恭子の飛ぶ様子を見る佳子の表情が変わります。真剣なまなざしで見て真似て飛ぶのです。繰り返し飛ぶうちに意気投合の気分が2人を包み、お互いに飛び方を提案して結構長い間飛んでいました。ここで丸尾は「うっかりよく遊んでいるなと大雑把にみていると、何となく気が合って同じようなことをしていても、こんな風には本当に関わり合っていないことがある」とていねいな観察を促しています。

　その子の遊ぶ様子を観察しながら時期に合った必要な働きかけを保育者は行うこと、そのことで遊びへの子ども自身の積極的な気持ちが生まれ、子ども自身がおもしろさをつくることができることを気づかせてくれています。夢中になって遊ぶ子どもたちを目にしたとき、何が原因で夢中になれたのかを、保育者は気づくことが大事です。

ワーク

　次の課題のなかから1つを選び、小グループに分かれて話し合ってみましょう。
①夢中になって遊ぶ要素
②育つもの
③大人の役割・大事なこと

たくさんの人に見守られて育つ ：他職種との協働

写真提供：ひまわり保育園

「見て見て」
いろいろな人が自分を見ていてくれる。

> **ポイント**
>
> **1** 子どもは多くの人と出会い、心のなかに"大好きな人"を増やしていく。
> **2** 大人は立場を越えて連携を取り、それぞれの方法で子どもを見守っている。
> **3** 子どもは卒園と同時に、社会の一員として飛び立つ世界の入り口に立つ。

1 子ども理解

1 大好きな大人がいるなかでコミュニケーションの基礎が育つ

　保育所等に入園した子どもたちは、園内にいるたくさんの大人と毎日を過ごします。自分の保育室以外にもたくさん部屋がありそこにも先生がいること、朝早くや夕方遅くなど時間帯や曜日によっても違う先生がいること、室内だけでなく園庭を掃除していたり、バスを運転していたり、毎日いるけれど保育室とは違った場所にも先生がいることなど、毎日園で過ごし繰り返し出会うなかで自然と知っていきます。

　まずは、保育所のなかに安心できる基地となる人をみつけます。それは必ずしも担任とは限りません。

　保育所では、家庭で保護者らと過ごすよりも長い時間をいろいろな人とともに過ごすことになります。その人たちと毎日ふれあい、いつも見守られていることを知り、「あなたが好き」というメッセージをたくさんの人からもらうなかで、「人が好き」というコミュニケーションの基礎となる

気持ちを育てていくのです。

▋2▐　子どもとさまざまな職員との関わり

　保育は、直接保育にあたる職員のみならず、園全体の職員で行うものです。そのため、子どもに関わる職員が普段どのように子どもと関わるのかが大事になるのです。「保育所保育指針」の「養護の理念」でも以下のように述べられています[*1]。

> 　保育における養護とは、子どもの生命の保持及び情緒の安定を図るために保育士等が行う援助や関わりであり、保育所における保育は、養護及び教育を一体的に行うことをその特性とするものである。保育所における保育全体を通じて、養護に関するねらい及び内容を踏まえた保育が展開されなければならない。

　以下の 3 つの事例で、子どもとさまざまな職員との関わりを紹介します。

▋事例 1 ▐　もやもやした気持ちに黙って付き合って

　ケイちゃん（4 歳児）に弟ができました。そのため、4 月からお母さんは育児休業になりました。ケイちゃんは、家にいるお母さんとずっと遊びたいと思いましたが、お母さんは赤ちゃんの世話に追われています。ケイちゃんは朝から保育園に行かなくてはならないと思うけれど、お母さんと赤ちゃんが家にいるのがわかっているのでとても複雑です。

　毎朝ケイちゃんはお母さんと別れるとき、事務所の主任のヒトミ先生に「ヒトミさん、お願いしま～す」と声をかけます。それはケイちゃんが「ヒトミ先生と一緒に行ってらっしゃいをしたい」と頼んだからです。ヒトミ先生は「わかりました」とにっこり笑ってケイちゃんのリクエストに応えます。ケイちゃんを抱っこし、入り口の横の柵の隙間から手を出してお母さんとタッチをさせます。その後大急ぎで 2 階に上がり、お母さんの車が曲がり角を曲がっていくまで見送るのです。この朝の儀式は、担任ではなく、主任の先生に頼むとケイちゃんは決めているのです。

　自分のクラスの子のことは自分が一番よくわかっているから自分がなんでもしなくてはいけないと、保育者は思いがちです。でも案外子どもは場面場面で、「こういうときはこの人」と心を寄せる人を決めていたりするものです。そして、子ども自身で気持ちの切り替え方やタイミングなど模索しつつ、自分に合った心の落ち着き方を感じているのです。実際、お母さんと別れるときは大泣きするけれど、姿が見えなくなったら気持ちを切り替えてニコニコ遊び始めることも多いのです。

　園全体の職員にその子の様子を伝えて、見守りやお手伝いをお願いしましょう。1 対 1 の対応より 1 対20の見方の方が手立ての数がぐんと増えま

す。日ごろのこまめな声かけや情報交換など連携が大事です。

事例2　決めつけた解釈をしていませんか？

　カズオくん（3歳児）は園庭でつまずいて転んでしまいました。
　「あーあー、また転んで。足元をちゃんと見ていなかったんでしょ。いつもだもんね。じゃあ、看護師の先生にけがをしたところを見てもらおうね」と担任の先生に連れられて、赤ちゃんの部屋に行きました。「痛いよ」と大泣きしていたカズオくんでしたが、「痛かったねぇ、見てみようね。どれどれ」とゆっくりとした口調で話しかけられているうちに、泣き止みました。いつもはなかなか泣き止まないカズオくんですが、看護師の先生からていねいにけがの箇所を見て消毒をしてもらううちにホッとしたのでしょう。「あのね、カズちゃんね、イクオくんと遊ぼうと走っていたの。そしたらね、どーんとこけたの」とにっこりして話し始めました。
　保育者、特に担任はどうしても自分の経験からの見方、考え方にとらわれがちです。また、同じことを繰り返す子どもに対しては、「もう3歳児なんだから」「いつも足元を見ていないでしょ。だから転んだのよ」というように「いつもこの子は○○だ」などと決めつけた解釈をしてしまいがちです。そのようなとき、ちょっと違うクラスや違う職種の大人に関わってもらうことで「いつも」ではない見方に出会い、その子の新しい魅力に気づかせてもらうことがあります。

事例3　僕の内緒のリクエスト

　大好きな煮込みハンバーグが給食の献立に出ました。シンちゃん（4歳児）は、給食室にこっそり出かけていくと「先生、耳貸して！」「恥ずかしいから、こっそり聞いてね」「僕、ハンバーグ大好き。とてもおいしかったよ。絶対、今度の誕生日につくってね」とお願いしたのです。
　給食は子どもたちにとってとても重要なものです。そして自分の大好きなものをつくってくれる大好きな人として、給食の先生は特別な人です。
　「今日のお魚のから揚げおいしかった」という給食の感想から、「あのね、今度お家建てるの」「お父さんが怒った」「お母さんが怒って、もういい加減にしなさいって言った」など自分が見聞きした情報を教えてくれます。シンちゃんにとって給食室は、願いを叶えてくれ、話を聞いてくれ、時にはけんかの仲裁までしてくれる「よろず相談所」なのです。

2 ┃ 職員相互の理解

■1 職員相互の理解

　保育施設では、園長以下、さまざまな役割をもった職種の人たちが働い

ています。子ども一人ひとりが違うように、大人も一人ひとり違います。個性が違っている以上、ふれ合う場面はその人によって違ったものになることが多くなります。

　一方で、基本的保育方針や理念等、大事にするものはその園の職員として共通してもっているはずです。

　では、一人ひとり違っている職員がお互いを尊重し、園が大事にするものを共有して働くということをどのように理解すればよいのでしょうか。日常の保育のなかで子どもとふれ合う場面で、理念等はどのように表現されるのでしょうか。

①職員同士の言葉かけ

　たとえば、職員同士の関わりという身近な問題一つとっても、簡単ではないことが多いはずです。ともに働く仲間ですが、相手の気持ちを理解したり、歩み寄ろうとしたりするためにゆっくり話す時間はなかなかありません。多くの保育士は時間に追われており、緊張感のともなう勤務時間中や保護者への対応等をこなしていくなかで、心がホッとする時間はとても限られています。

　そのようなとき、主任保育士が「なんか疲れているね、どうしたの。話を聞くよ」と言葉をかけることで、経験の浅い保育士が涙を流しながら悩みを打ち明けることがあります。「子どもたちの様子から自分の対応はこれでよかったのか悩んでいたけれど、職員皆が忙しそうで誰にも聞けなかった」と話しました。悩みに気づき声をかけてくれる人がいる、普段はなかなか言えない気持ちを話し、思いを共有してもらう人がいると感じることは大きな安心になります。時間に追われるなかで働いているからこそ、職員同士のちょっとした言葉かけがとても重要なのです。

②不測の事態におけるチームワーク

　保育所では、天気がよければ毎日散歩に出かけています。2歳児から5歳児まで一緒に40分ぐらいかけて歩いていくこともあり、行った先からよく連絡が入ります。「ついつい遊び過ぎて帰るのが遅くなりました。いつものごはんの時間には間に合いません」や「大変！　帰る間際にカヨちゃん、うんこがしたくなってトイレでしゃがんでいます」などです。

　こんな連絡が入ったら、まず給食室と事務所と手の空いている職員で情報を共有します。給食室は「よし、わかった。食べ始めが遅くなるから終わりも遅くなるね」、そして手の空いている職員は、食事の準備をして帰ってきたらすぐに食べられるようにセッティングします。主任保育士は、電話をもう一度して、状況確認後、必要ならば途中まで迎えに行くのです。

　そのうち、「ただいま」と満足そうな子どもたちとともに「すみません。遅くなりました」と担任が帰ってきます。細かなことは言わなくても了解済み。「こんなこともあるよね」といろいろなことに臨機応変に皆で対処していくのです。

2　園内研修の意味

　今、筆者の園が大事にしていることの一つに「園内研修の位置づけ」が

あります。長年続けている自分のクラスの事例を場面で切り取り検討し合う検討会や、各種安全・保健等のガイドラインに沿った対応の確認などの機会を設けて学びます。そのなかでは、①互いが考えや思いを言うこと、②「皆が違う」という前提に立ち、その違いを知ることを大事にしています。

　経験年数十年以上というベテラン職員が多い状況のなかでは、どうしても若い職員や経験が浅い職員は発言しにくい雰囲気があります。経験者はたくさんのアイデアや考えの引き出しをもっています。つい先が見えるので、アドバイスをしたり失敗しないように意見を言ったりするのです。また、その経験者のアドバイスなどを聞いた人は、そうするのが一番よい方法なのか、正解なのかと思ってしまい、そこで「自分ならばこうする」と考えることをやめてしまいがちです。そういうことを避けるために、グループ討議にしたり、アンケートを事前にとってそれをもとに話し合ったり、発言しやすい雰囲気づくりを目指しています。

　また、研修の際の自分の意見は冷静に考えたうえで出したものですが、日常保育のなかでの対応は、じっくり考えている暇はありません。その瞬間に目の前にいる子どもの様子や表情、言葉などから判断して対応するので、その人の保育観や人間性、考え方の癖などが出てしまいます。保育者によって対応が違う場合も多く、だからこそ、その違いを知ることが大事なのです。

　また、研修などの際に発言したことと実際の行動が違っていた場合、本人はとても恥ずかしいと感じることでしょう。しかし、なぜそのような行動をとったのか、そのときの気持ちや考えをきちんと皆で考えることにより、感情に流されて行動するだけでなく、「これでいいのか」「この子はなぜ、このような行動をするのか」と疑問を感じ立ち止まるべきポイントがわかってくるかもしれません。

　研修は、一つの見方だけではなく、いろいろな考え方があるということを学べる機会です。職員皆で保育の質を上げるのです。また、そこでの職員同士の関係性が保育の専門性を高めることへとつながると考えています。

　田代康子（1999年）は、「『今』を生きる幼児を相手にする場合、瞬時に判断し、即対応する必要がある。『瞬時の判断』のためには可能性の豊富なストックがあり、それへの反応にも何通りもの可能性のストックがあるからできるのだと思う。一つの実践をもとにいろいろな感じ方とさまざまな反応をする人達と話し合うことで、自分自身の『瞬時の判断』の際の可能性のストックを豊かにできるのだと思う」と述べています。

　「保育所保育指針」の「保育所職員に求められる専門性」では、質の高い保育を展開するための職員の資質について次のように記されています*2。

 参照　＊2　「保育所保育指針」第5章1（1）「保育所職員に求められる専門性」

> 子どもの最善の利益を考慮し、人権に配慮した保育を行うためには、職員一人一人の倫理観、人間性並びに保育所職員としての職務及び責任の理解と自覚が基盤となる。

3 人を知り、生かされる

働き方も年齢もさまざまな人が集まっている保育所は、赤ちゃんから高齢者までいる大家族のようです。生きてきた時間も経験してきたものも違うからこそ、話し、知ることが大事です。「そんな考えもあるんだね」「そう思っていたんだ」と知れば、表情や言葉からは読み取れない部分が少しでもわかると思うのです。子どもと同じように、大人も自分の思いを受け止めてもらうことで落ち着きます。

今日、保育時間はどんどん長くなり、提出すべき書類も多くなったので、ゆっくり保育と関係のない話をしている時間はほとんどないかもしれません。ですが、縁あって同じ保育園に勤務し、子どもたちと接し、未来に関わる仕事をする仲間となったからこそ、コミュニケーションをとりつつ力を合わせて保育を行っていきたいと思うのです。

子どもたちは、大人の姿を見ています。顔を見合わせ、話し合う姿、笑い合う姿。コミュニケーションはこうしてとるのだと学んでいくことでしょう。

4 子どもを取り巻く地域社会との連携

子どもたちを見守る存在同士の連携は大事です。保育所内での職員、保育所と保護者、そして保護者同士ですが、それ以上に保育所と地域の連携はさらに大事です。

そのことは、「幼児期の終わりまでに育ってほしい10の姿」の1つである「社会生活との関わり」のなかにあげられています[*3]。

> 地域の身近な人と触れ合う中で、人との様々な関わり方に気付き、相手の気持ちを考えて関わり、自分が役に立つ喜びを感じ、地域に親しみをもつようになる。また、保育所内外の様々な環境に関わる中で、遊びや生活に必要な情報を取り入れ、情報に基づき判断したり、情報を伝え合ったり、活用したりするなど、情報を役立てながら活動するようになるとともに、公共の施設を大切に利用するなどして、社会とのつながりなどを意識するようになる。

しかし、今、地域によっては保育所等の子どもたちの声や音に対して「うるさい」「騒いでいる」といった苦情の声があがることもあります。さまざまな生活形態の人がおり、周りへの心遣いが必要になっているのです。

 ＊3　「保育所保育指針」第1章4（2）「幼児期の終わりまでに育ってほしい姿」オ

皆さんの保育所等でも、運動会など大きな行事の前には、あらかじめ近隣の人々に知らせて、ご理解ご協力のお願いをしていることでしょう。

　子どもたちには自分とは違う立場や考えがあること、そのための配慮が必要なときもあることを生活するなかから経験し、学んでほしいと考えています。

事例4　電車に乗って

　今日は、ほしのクラスで電車に乗って出かけます。少し遠い図書館に行くのです。初めて電車に乗る子もいます。皆目をきらきらさせて、電車が来るのを今か今かと待っています。

　駅に着くと電車に乗るときに気をつけることを保育者が話します。扉が開いたら降りる人の邪魔にならないよう端で待っていること、順番に静かに乗ること、席はまずお年よりの人から座ってもらうこと。

　電車に乗ると、うれしくてついつい大きな声で話したくなりますが、皆で「しー」と言い合って神妙な顔で座っていました。

事例5　日常的なふれあいを積み重ねて

　天気がよければ、できるだけ戸外に出かけます。その際に、なじみの魚屋さんに挨拶をします。すると「今日はカンパチがはいっているよ」と丸々一匹見せてくれました。立派なカンパチに「おお、でかい。目が光っている」とびっくりしています。近くの自動車整備工場では、車のお腹が見えるように上の方まで上げて工場の人が作業をしているのを眺めて、番犬にあいさつをします。

　今日は、給食の先生から頼まれてスーパーへおやつのバナナを買いに行きました。途中で、道路工事をしている人や大学生、花屋さん、交通整理をしている警察官など、いろいろな人に出会います。恥ずかしそうにしながらもそれぞれが「おはようございます」「俺、5歳」「あのね、私たち今からスーパーにお買い物行くの」「バナナを頼まれて買いに行くの」と答えています。出会った老若男女に、子どもたち一人ひとりの方法でふれ合っていました。

　クリスマス近くのころ、散歩に行った公園で遊んでいたら、高い木の枝に投げたボールが引っかかってしまいました。困っていると、近くの建設会社の人がすぐに高い棒をもってきて叩き落としてくれました。ていねいにお礼を言って帰った後、皆でつくったクリスマスリースを持って後日あらためてお礼に行きました。

　このように日常の自然な地域とのふれ合いのなかで、「自分たちの周りにはいろいろな仕事をもち働く大人がいる」「周りの大人は困っていたら助けてくれる心強い応援団である」と感じてほしいと願っています。

3 ｜ 飛び立つ世界の入り口に

　一人の子どもの長い人生のなかで、保育所で過ごす時間は本当に短いものです。しかし、だからこそ保育士が「乱暴な子」「いろいろなことに挑戦しない子」のように子どものことを決めつけ、その子の人生の始まりに大きなマイナスイメージを残すようなことがあってはならないと思います。

　そうしたことを避けるためには、前述したように、担任一人だけではなく「園全体で子どもを見守る」という視点をもつことが大切です。そして子どもは、さまざまな職員と関わり、また職員同士の関わりをみながら育っていきます。

　もちろん楽しいことばかりではなく、いろいろと悩んだりすることもつらいこともあるでしょう。でも、そのなかで大人も含めた仲間がいた、自分を温かく包む存在だったと感じてほしいのです。

事例6　心に残る先生

　卒園生のアツオくんが中学生になって保育園を訪ねてきました。
　保育室をゆっくり見て回りながら「僕は毎朝一番に登園していた。0歳児で入園し、物心ついたときには給食の田中先生がいつも抱っこしてくれていた。大きくなっても絵本を読んだり、話を聞いてもらったり、毎朝、自分と田中先生との時間がとてもうれしかった。先生はいつもニコニコしていて『アッちゃん、おはよう』と言いながらぎゅっと抱きしめると膝の上に抱き上げてくれた。ふんわりして田中先生のにおいがした。そしてとても温かった。毎朝、僕を包み込んでくれる先生がとても好きだった」と話してくれました。
　朝一番に登園し、夕方も最後、居残りでいたアツオくん。長時間保育園で過ごすということは、自分のクラスで過ごす以外の時間も長いということです。赤ちゃんのころから、毎朝登園時にやさしく抱っこしてくれ受け入れてくれた給食の先生は、もう一人のお母さんだったのかもしれません。担任とは別の心のよりどころだったのだと思いました。

　朝や夕方の受け入れは、その時間専門の非常勤の先生が受け入れる場合も多いと思います。園内の行事などにともなう園全体がざわついたときの子どもたちの微妙な心もちや、年度初め、年度終わりの慌ただしい時期など特に見落としがちな心の揺れを園全体で確認しながら、年齢に関係なく受け止めて皆で共有して子どもたちに接していきたいものです。

> **ワーク**

　次の課題のなかから１つを選び、小グループに分かれて話し合ってみましょう。

①子どもの見方、とらえ方を、あなたの園では共通理解するためにどのように学んでいますか。

②職種の違いを越えて学び合う場をどのように確保していますか。

③園内研修など学びの場を確保するうえで工夫していることはありますか。

第 3 章

幼児の発達に応じた
保育内容

子どもたちがどのくらいの時期に、どのような筋道をたどって、どのように発達していくのかという発達についての理解を深めておくことは、子どもの姿を予測し、一人ひとりの発達の過程に合わせて保育していくうえでとても重要なことです。しかし、「○歳になったのに、まだ□□ができない」などと一般的な発達の姿にとらわれすぎてしまうと、大人も子どもも苦しくなってしまいます。大人が思い描く姿に子どもを当てはめながら育てていこうとするのではなく、個人差には十分配慮しつつも、「子どもは自ら育つ力を持っている」と信じ、どうしたら子どもたちがその力を十分発揮できるのかを考えていくことが重要です。そのために保育者は子ども同士の関係づくりを含め、どのような関わりを大切にしていけばいいのかを学び合いましょう。

レッスン **9**

仲間同士の関係のなかで育つ保育内容

レッスン **10**

個々の子どもの発達の状況に
応じた幼児教育

仲間同士の関係のなかで育つ保育内容

自分の意見を言いながら、人の意見も聞けるように。

写真提供：河内からたち保育園

ポイント

1 子どもは友だちとの関わりのなかで育ち合う。
2 ケンカやトラブルも成長の糧にして子どもは育つ。
3 自分が大切にされてこそ相手を思いやる心が育まれる。

1 | 友だちに目を向ける

　ちょっとしたきっかけによって、友だちに目を向けるようになると子どもの姿が変わっていくことがあります。まずは次の事例をみてみましょう。

事例 1　きっかけは自分が大切にされた実感

　筆者の勤務する園では、運動会が近づくと、予行練習ではなく子どもたちが毎回本番として楽しみながら取り組めるように「ミニ運動会」を数回行います。そのミニ運動会でのできごとです。

　年長児のかけっこでは、ハルカとカズハの2人がペアになって、毎回よい勝負で競い合っていました。ハルカは努力家でプライドが高く、「大人に認められたい、そのために、ほかの子よりも何でもできることをアピールしたい」という気持ちをもっているようです。一方、カズハは、人の評価はあまり気にせず、自分の興味をもったことにはとことん取り組み、何でも器用にこなしてしまいます。カズハの方は、それほどハルカのことを意識しているようではありませんでしたが、ハルカにとって、カズハは常に

ライバルであり、カズハにだけは負けたくないという思いを強くもっているようにみえました。

　たくさんのお客さんが見に来る運動会を間近に控えたミニ運動会で、いつものように2人が走りはじめました。このときは、カズハが先行していました。必死で追いあげるハルカが、最終コーナーでカズハを抜こうとした瞬間、ハルカが、カズハに接触して転んでしまいました。ハルカは痛さとくやしさで転んだまま立ち上がれません。ハルカが転んだことに気づいたカズハは、あと数歩でゴールだったにもかかわらず、立ち止まって、すぐさまハルカに駆け寄って手を差し伸べ、「大丈夫？」と声をかけたのです。近くにいた子どもたちも駆け寄り、ハルカは泣きながらでしたが、立ち上がって、カズハに手を引かれながら一緒に歩いてゴールしたのでした。

　そんなことがあって以来、ハルカは少しずつ、「カズハの隣でおやつを食べたい」とか、グループをつくるときも「カズハと一緒がいい」など、友だちを求める姿が増えていきました。カズハからハルカを求める姿も増え、お互いに大の仲良しになっていったのでした。

　友だちに憧れやライバル心をもつのは、それだけその子に関心があるからなのだろうと思っていました。しかし、ハルカの場合、このことがあるまでは、カズハへの関心というよりも、「カズハができることは、自分もできるようになりたい」「カズハよりもうまくなりたい」など、カズハの「していること」（行動）に目が向いていたようです。ところが、カズハがゴールすることよりも、転んだ自分のほうを優先してくれたという体験をしたことにより、カズハの「していること」（行動）だけでなく、カズハ本人にも目が向くようになっていったのだと思います。そのため、カズハのよいところにも気づくようになり、一緒にいることが楽しくなっていったのでしょう。

　このように、その子をみているつもりでも、実はその子ではなく、その子のしている「行動」の方が気になってしまっているということは、私たち保育者にもよくあることではないでしょうか。特に何かしら気になる子の場合、その子自身よりも、その子の行動にばかり目が向いていて「さっき注意したのに、また同じことをしてる！」といらいらしたりすることがありませんか。

　「この子はどうして同じことをしたくなるのかな？　この子は何に興味があるのかな？」と「その子自身」に目を向けてみると、同じ行動も違ったみえ方になるのかもしれません。

　「できるようになりたい」という内に秘めた思いがあっても、それが周りにはみえにくい子もいます。

事例2　内に秘めた思い

　10月の運動会で、年長児は高さ3mのクライミングウォールに挑戦する

ことになりました。レオは登ろうとするものの、「途中でやめて下りるタイミングは、子どもが自分で決める」ということを大切に考えていたので、子どもの方から何か援助を求めてこない限り、特に声をかけたりしないようにしていました。

　レオは元々集団で行動することが苦手で、たくさんの人に見られるような少し大きな行事になると1人で別のことを始めたり、遠くから見ているだけということがよくありました。同じ年の男の子たちは、皆気が優しく、レオが皆と一緒の活動に参加しなくても責めたりすることなく、「レオくんは、今ほかのことがしたいんだって」などと、レオのことをかばうほどでした。

　周りの子たちが続々と上まで登れるようになるなか、レオはマイペースで、半分ぐらいまで登っては「ここでいい」と下りてきてしまいます。保育者もあまりレオにプレッシャーをかけてはいけないと思い、「登れるところまででいいからね」と声をかけ、途中まででも自分で登ろうとする姿を認めていこうと考えていました。

　そんなある日、これまでレオと同じく真ん中ぐらいまでしか登れなかったカナが頂上まで登りました。「上までのぼれた〜！」と喜ぶカナの姿をレオはじっと見ていました。レオの番になり、いつものように真ん中ぐらいまで調子よく登りましたが、そこで止まりました。途中で下りてくるのかなと思って見ていましたが、今日は下りてきません。そのまま、上を目指し登り始めたのです。少し足が震えているようでしたが、そのまま一気に上まで登りきりました。保育者も周りの子もびっくりしました。

　周りの子のことなど気にしてなさそうに見えて、実は友だちに先を越されたことへのくやしさや、自分もできるようになりたいという思いは、しっかりもっていたのでしょう。上まで登れたことが自信になったのか、その日のうちに何度も繰り返し登り、「もう7回も登っちゃったよ」と保育者に伝えにきていました。昼食のときにも仲良しの男の子たちから「レオくん、今日、いきなり上まで登ったよねえ、びっくりした」と言われ、レオは照れながらもとてもうれしそうにしていました。

　「友だちと一緒にやりたい」「友だちのようにうまくなりたい」。そんな思いはきっと誰しもが心のなかにもっているのだと思います。それが見えやすい子と見えにくい子がいます。保育者の子どもたちへの関わりを考えるとき、直接その子に指導するだけでなく、子ども同士の間を取り持ち、つなげていくことを意識するとよいようです。友だちとの関係が深くなっていくことで、友だち同士励まし励まされ、お互い一緒にがんばろうという気持ちが育っていきます。

　もちろん、「できるようになること」だけが重要なのではなく、「できなくてもがんばっている」姿を周りから認められるという経験をとおして、自分で自分を認めることができるようになります。「がんばれば、ぼくにもきっとできる」。そう思えることが、「諦めずにがんばり続ける力」にもつながっていくのではないかと思います。技術的に何かを身につけることが重要なのではありません。子どもたち同士で励まし合い、意欲を高め合

い、自分も友だちも少しずつ上達していく、その「過程」をともに喜び合いながら、「皆で」できることが増えていく。このように仲間との関係を築きながら、さまざまな力を皆で身につけていく、集団で育ち合っていく、これこそが、集団保育ならではのよさなのではないでしょうか。

2 ともに関わり合って育つ

　友だちと一緒に遊びたい、仲良くしたい、そんな思いが強くなるからこそ、トラブルも自分を成長させる糧とすることができるのかもしれません。

> **事例3**　時にはつらい体験も自分の行動を考えるきっかけに
>
> 　2月のある日、事例2で紹介したレオが、掃除の時間に掃除をしないで遊んでいて、皆から注意されたことがありました。
> 　「ねえ、レオくんもなんかしてよ〜。皆のおしぼりを用意するとか、いすを並べるとか！」
> 　皆から注意を受けて、さすがに何も言い返せず、そのときはただ泣いていたレオ。保育者もそばにいましたが、レオに、皆の思いに気づいて自分で考える機会にしてほしいと思い、あえて何も言わずに見守ることにしました。その日レオは、掃除の時間の後も部屋の隅からじっと皆の姿を見ているだけでした。
> 　次の日、ニコニコして真っ先に食事ルームに掃除に来たのはレオでした。皆より先に掃除を始めたのです。きっと前日のことをしっかり受け止め、自分なりに考えた結果の行動だったのでしょう。

　当初は子ども同士でそこまで深い関係が築けておらず、ただ仲良しでいたいと思っていたために「いいよ、いいよ」ですませていたのかもしれません。関係が深まって、友だちに対して本音で言いたいことが言えるようになったとも考えられます。事例2のように、それまで皆ですることに参加しなかったレオに対して、「レオくんは、今ほかのことがしたいんだって」とかばっている姿は、一見、レオを受け入れ、理解しているようにも思えますが、レオとの関係を悪くしたくないために無用なトラブルを避けていただけなのかもしれません。

　しかし、関係が深まったことで、掃除の時間に協力しないレオに対する不満が一気に爆発したのでしょう。本音を言ってもレオは受け止めてくれる。自分たちの関係が悪くなることはないという信頼がベースにできていたのでしょう。レオにとって、皆から責められ、つらいときだったと思いますが、自分の行動を冷静に振り返ってみるよい機会になったことでしょう。翌日、自分から率先して掃除をしに来たことは、レオにとって勇気のいることだったと思いますが、大きな一歩だったと思います。これが保育者に注意されての行動だったら、こんなふうに、自分から気持ちよく態度

を変えることはなかったかもしれません。

　子ども自らの育ちに期待するなら、やはり「楽しむ」ことを第一に考えましょう。

> ### 事例4　野菜が苦手な子どもへの働きかけ
>
> 　ヒロコ（4歳児）は好き嫌いが多く、給食の時間があまり好きではないようです。いつもひとりごとのようにぶつぶつ文句を言って怒っていて、周りの子も声をかけにくいようです。特に野菜が苦手で、配膳してもらうときに少しだけ盛ってもらうようにしているうえに、席についてからもグループの大人に減らしてもらっています。ですから、お皿の上にニンジンがひときれ載っているだけなんていうことも珍しくなく、それをお茶で呑み込むような食べ方をしていました。
> 　保育者間でも、こんな対応でよいのかと疑問を感じるようになり、調理師も交えてヒロコへの対応を話し合いました。そして、「食事の時間は苦手なものを克服する時間じゃなくて、食べることを楽しむ時間にしたい」という思いで一致し、保育者の声かけをしばらく控えてみることにしました。さらに、「ヒロコが苦手なものは一切出てこないメニューの日をつくる」「ヒロコが大好きなサチコと同じグループにして、隣で一緒に楽しくおしゃべりしながら食べられるようにする」「ときどき子どもたちがいただきますをして食べ始めた後に『畑でとれたお野菜だよ。できたてほやほやだよ～』と熱々の野菜の天ぷらや野菜炒めなどを調理師がそれぞれのグループの食卓に運ぶなどして、メニューに特別感を出す」といった案が出て、できる限り実行していきました。
> 　そんな保育者たちの気持ちが伝わったのか、話し合いをした後から、ヒロコの食事に向かう姿は見違えるように明るくなり、周りの友だちや保育者と楽しそうにしゃべりながら食べるようになりました。また、できれば食べたくないと思っている野菜も、「ニンジンなら食べられるもん」と自分で少しお皿に入れるようになったのです。メニューによっては、お皿に載せておきながら、「やっぱり苦手だった」と残してしまうこともありますが、自分からお皿に載せるようになっただけでも大きな進歩だと思います。

　できないこと、苦手なことに対して、少しずつ慣れさせていくような対応はあまり効果が期待できないと思っています。子どもに限らず、人が何かやろうとするには「自らやってみよう」と思う気持ちが大切ですし、「楽しい」「うれしい」が原動力であることは間違いありません。保育者が、子どもにこんな姿になってほしい、これができるようになってほしいと願うとき、いかに子どもが、そのことに興味をもち、自分から取り組めるか、さらに楽しいと感じられるかを中心に保育者間で話し合って知恵を絞ることが大切なのではないでしょうか。子どもが「楽しい」「うれしい」と思えば、もっとできるようになりたい、もっと試してみたいと自ら取り組むようになるはずですから。

3 気持ちを伝え合って問題を解決する

　自分だけでなく、皆が納得できる答えを皆で探す経験をもつことも大切です。

事例5　集合写真：ケンカやトラブルをのり越えて仲間になっていく力

　あと2週間で卒園式を迎えるというころ。11人の年長児たちは、1〜3月生まれの子が多いせいか幼さは残るものの、それなりに仲間関係も育ってきているようです。保育者は、この子たちの集合写真を桜の木の前で撮りたいと思っていました。

　写真を撮るために「一列に並んで」と保育者が声をかけると、ユリが近くの木にのぼって降りてきません。「どうしたの？」と声をかけると、「私もマイちゃんの隣がいい」とすねています。「じゃあ、代わってってお願いしてみたら？」と皆のところへ連れてくると、今度は、それまでマイの隣に立っていたマリが列を離れ、ユリに対して「さっきもユリがマイちゃんの隣だったじゃん。ユリばっかりずるい！」と怒りだしました。

　ほかの女の子たちは「もう、どこでもいいじゃん」「はやくしようよ」と口々に文句を言いますが、ユリもマリもお互いに譲りません。男の子たちは、近くにはいるものの、口出ししたら、やぶ蛇になると思ったのか、見て見ぬ振りで遊び始めてしまいました。

　保育者は、桜が咲いているうちに11人揃って写真を撮るには今日がチャンスだということ、もめてばかりいたら写真が撮れないことを伝え、「どうしたらいいと思う？」と子どもたちに投げかけます。子どもたちは、かわりばんこにマイちゃんの隣に立つ、マイちゃんの前後にも立つようにするなど、それぞれアイデアを出してくるのですが、それぞれが思いついたことを個別に保育者に伝えにくるだけです。保育者は「それでいいか、皆で考えてみて」とできるだけ直接の発言を控えます。保育者は、自分たちには関係ないという感じで遊んでいる男の子たちにも考えてほしかったのです。

　子どもたちのなかで意見が飛びかいはじめ、そのうち、ハルカが「半分の子が台にのり、もう半分の子は台の前に立つようにすれば、ユリもマリも、マイのそばで写真に写ることができる」と提案しました。

　ハルカが実際に皆を並べて説明していると、それを見ていたハズキが「これいやだ〜」と言います。実は、長いすが安定していなくてグラグラしているのが嫌だという意味だったのですが、それを聞いたハルカは「並ぶのが嫌だ」と言われたと勘違いしてしまいます。ハズキはそのせいで女の子たちに責められ、「いやだなんていってない」と泣き出してしまいました。ここの誤解だけは解いてあげないといけないと思い、保育者は「なにがいやなのか、ハズキちゃんによくきいてごらん」と声をかけました。

　ハズキは「ならぶのいやだなんていってない」「台がグラグラするからい

やなの」とわけを話したため、「なんだ、じゃあこうすればいいじゃん」と皆で台を少しずらして安定させました。女の子たちも「ハズキちゃん、ごめんね」とハズキを責めたことを自分からあやまり、皆と一緒に並ぶことができました。

こうして、ようやく、皆いい笑顔で写真撮影ができました。せっかくなので、ちょっと場所を変えて、「こっちでも写真とろうよ」というと、皆で場所を移動。ところが、またしてもユリとマリが、マイの隣を取り合おうと再びトラブルになりかけたところで、男の子たちから「また〜？」と声がかかり、ユリもマリもはっとわれに返り、「わたしこっちでいい」とお互いに譲り合う姿がみられたのでした。

トラブルが起きた際、保育者が「じゃんけんで決めたら？」とか、「順番に使うんだよ」あるいは「ごめんねしようか」などと、その場を収めるための方法を教えるだけでは、根本的な「問題を解決する力」は身についていきません。

発達に応じたていねいな対応を考えることが重要ですが、基本は「Aちゃんはこうしたかったんだもんね、Bちゃんはこうしたいんだもんね」と、両者の思いを保育者が汲み取り、お互いの気持ちが相手に伝わるような橋渡しをしながらも、「困ったなあ、どうしようか」と、問いかけ、お互いが納得できる答えを子どもたち自身に考えさせる機会にするということが大切です。

4 | 相手の立場に立って考えることのできる力

自分より小さい子、弱い子への思いやりはどのようにして育つのでしょうか。

事例6　年下の友だちを気遣って行動する

ショウタ（4歳児）は、午睡の前に保育者に「おしっこ行ってくる」といってトイレに行きましたが、なかなか部屋に戻ってきません。保育者は、ちょうどテラスに出ようとしていたカンナ（5歳児）に頼んでショウタの様子を見に行ってもらいました。

しばらくしてカンナが戻ってきました。「ショウちゃんいた？」と聞くと、カンナが「いたよ」と答えたので、保育者がブロックコーナーでほかの子と遊び始めると、カンナがショウタの着替えカゴから、すばやくショウタの着替えをもっていくのが見えました。

保育者は（あれ？　もしかして、ショウタくん、おもらししてたかな）と思ってトイレに様子を見に行きます。すると、カンナがショウタの着替えを手伝っているのです。やっぱりショウタは、間に合わずにおもらしを

していたようです。カンナが最初に部屋に戻ってきたときにショウタのお
もらしのことを保育者に伝えなかったのは、「誰にも知られたくない」とい
うショウタの気持ちを気遣ってのことでしょう。だから、保育者はあえて
２人には声をかけず、後でこっそり棚から汚れた服を取り出して洗ってお
いたのです。保育者は、ショウタの思いを汲み取ろうとするカンナの姿に
とても感心しました。

　このような姿は、「こうしなさい」と教えられてできるようになること
ではありません。日々の暮らしのなかで、「自分が逆の立場だったらどう
だろうか？」と相手の立場に立って考えられる力が育っているからこそで
きるのです。
　異年齢保育を続けていると、２〜３歳のころに大きい子たちからしっか
りお世話をしてもらった子ほど、自分が年長者になったときに、年下の子
の面倒をしっかりみるようになるという成長の姿をみることができます。
やはり、自分の気持ちが大切にされてきたという実感があるからこそ、他
人の気持ちも大事にしようと思う気持ちが芽生えるのだと思います。
　異年齢の集団というのは、年齢の違う集団ですが、年齢に限らず、さま
ざまな違いをもった人が「いて当たり前、違って当たり前」という感覚が
育っていってほしいと思います。子どもの世界だけではなく、職員集団も、
保護者集団も、地域の人々も、すべてをひっくるめた集団として、違いを
認め合い、お互いを受容し、一人ひとりの思いが大切にされる集団であり
たいものです。

ワーク

　子ども同士のトラブルが起きたときの保育者の関わりとして、各園
で大切にしていることを話し合ってみましょう。

レッスン **9**
仲間同士の関係のなかで育つ保育内容

10 個々の子どもの発達の状況に応じた幼児教育

子どもたちは一体
何を見つけたので
しょう。

写真提供：河内からたち保育園

ポイント

1 保育者の子どもの見方、求める子ども像によって保育は大きく変わる。

2 大人の言うことをきく素直な子が「良い子」ではない。

3 規範意識の成長には、人との関わりによる温かみが不可欠である。

1 発達のとらえ方

1 子どもをみる視点

①子どもをどのように「みる」のか

　保育者は「しっかり子どもをみてください」とよくいわれます。しかし、ひと口に「みる」といっても、漢字で表すと「見る」「看る」「観る」「視る」「診る」などとたくさんあります。視覚的に様子や形を見る、あるいは気を遣って世話をする（面倒を看る）、じっくりと観察する、調査するために視る、判断・診断するために診る。保育者は、そのときの状況に合わせて、いろいろな見方が求められます。普段の保育のなかで、「今、私は子どもをどのようにみているのか」ということを意識してみるとよいかもしれません。

　実は、この保育者が「子どもをどのようにみるか」、そして「どんな子どもに育ってほしいと願っているか」が非常に重要なのです。たとえ、どんなに発達を理解して、どんなにすばらしい指導法を習得した保育者であっても、その保育者の「子どもの見方」や「求める子ども像」によって

は、本来育ってほしい子どもの姿とは違う、異なった方向に子どもを導きかねないからです。

　たとえば、5歳児の保育に描画活動を取り入れようと考えているときに、保育者が、子どもに「誰が見ても上手な絵を描いてもらいたい」と願うのか、「心のままに自由に表現してもらいたい」と願うのかによって、異なった保育が展開されることになるでしょう。前者の場合、目の前の子どもたちが描く絵の状態を"発達的に診て"「5歳を過ぎたのだから、そろそろ絵のなかに**基底線**が描かれるはず」という見方をするとします。発達の姿を先取りして、子どもに地面となる線を描かせたり、空には太陽と雲、さらに太陽は赤、空は青、地面は茶色、スカートをはいた女の子が正面を向いて立っていて、たくさんの花が咲いていて、おまけに虹がかかっているといった全員が似かよった絵になってしまったとしても、その保育者にとって見栄えがよければ「それでよし」としてしまうことがあるかもしれません。結果的に子どもが心から描きたかった絵ではなくなってしまい、皆と比べて「上手に描けない」と絵を描くことが嫌いになってしまう可能性もあります。

　後者の場合では、絵を描かせるということより、子どもの心が動くような日ごろの体験のほうを重視し、その出来事を思い出しながら、子どもが描きたいときに自由に描けるような環境を整えておくといった保育が展開されるかもしれません。

　たとえば、子どもたちが今何に興味・関心をもっているのかをていねいに観察します。仮に今、子どもたちが虫に興味があるとしたら、虫眼鏡などを用意し、虫を前から見たり、後ろから見たり、上や下、横から見たりして見え方の違いに気づくような声かけをしておきます。また、折にふれてさまざまな道具や素材、画材を使って、色への興味、素材による見え方の違いなどを経験を通して知ることができるようにし、色鉛筆や、絵の具、クレパスなど子どもが自分で使いたいものを選べるようにします。そしていつでも描けるように机、いす、何種類かの画用紙等も用意してあるといった具合です。

　このように、保育者が「子どもをどのようにみるか」「保育者の求める子ども像の違い」によって、保育は大きく変わります。

②「できる・できない」で子どもをみない

　「保育所保育指針」の「保育の方法」には、「<u>子どもの発達について理解し、一人一人の発達過程に応じて保育すること。その際、子どもの個人差に十分配慮すること</u>*1」とあります（下線部は筆者による）。

　発達を学んで「○歳になったら、だいたいこんなことができるように

用語　**基底線**
　　　　画面下部に横線を引き、線の下を地面、上を空に見立てるなど。5歳後半ぐらいから現れてくるとされている線のこと。

参照　＊1　「保育所保育指針」第1章1（3）「保育の方法」ウ

なる」という年齢ごとの発達の特徴をある程度理解しておくことは、目の前の子どもへの関わりを考えるうえでとても大切です。しかし、「〇歳になったのにまだできない」といった「できる・できない」にこだわった見方をしてしまうと、保育者は「早くこれができるようにしてあげなきゃ」とあせってしまうことになり、その結果、子どもを追い詰めて、子どもも保育者も楽しい園生活が送れなくなってしまうということにもなりかねません。

③子どもは自ら発達するもの

　「子どもは自ら発達するもの」ということを忘れないようにしましょう。大人が子どもを発達させるのではありません。子どもの姿を変えようと外から力を加えるのではなく、子ども自身が自ら変わることを信じて、保育者の関わりや振る舞いを振り返る必要があります。イソップ物語の『北風と太陽』に登場する太陽のように、「子どもが自ら行動しようとするよう間接的に働きかける」ということを念頭において保育環境を整えることに力を入れましょう。

　まずは、「子どもの興味・関心からスタートする」ということを心がけます。できないことをやらせようとするのではなく、「今できることから始めて、楽しみながら、より広く、より深く」を意識して、あせらずにじっくり取り組めるような配慮をするとよいでしょう。

　保育者の期待する子どもの姿から「これしかできない」と子どもの今の姿を引き算するのではなく、これまでの姿から成長した姿として「これならできる」と肯定的にとらえるような子どもの見方をすることが大事なのです。

　さらに、子ども自身が「楽しい」と感じているかどうかに注意を払うことも大切です。子どもは「今」を生きる存在です。「将来のために今がんばっておこう」などとは思いません。今が楽しければ、きっとこれからも楽しいことが待っていると思えるものです。

④物理的にも心理的にも子どもの視点で物事を見てみる

　そのためには、まずは保育者が子どもの気持ちになってみる必要があります。「物理的にも心理的にも子どもと同じ目線で見て考えてみる（保育者からの視点を子どもの視点に置き換えてみる）」ということをしてみましょう。「物理的に」というのは、普段何気なく過ごしている保育室で、実際にしゃがんで子どもの目線になってみるだけでも、周りの景色や環境が大人と子どもではまったく違って見えるということの発見につながるかもしれません。また、「心理的に」というのは、「自分がもしその子だったら、この場面で保育者からこんな言葉をかけられたらどんな気持ちになるだろう」と、実際にその子の立場に立って考えてみるということです。自分がその子に対して行った対応が、その子にとって安心できるものであったかどうかを振り返ります。

　このようにして、子どもの立場に立ったうえで保育者がどんな環境を用意し、どんな配慮をすべきかを考えるのです。

> ### ワーク1
>
> 　あなたがこれまで保育してきたなかで印象に残っている事例を選び、それを子どもの視点からの文章に書き換えてみましょう。それを読み返してみたとき、子どもの視点から保育者（あなた）のとった対応は、どうだったのかを考えてみましょう。

■2　子どもとの関わり方

①子どもは仲間との関わりのなかで育つ

　さらに、「子どもは仲間との関わりのなかで育つ」ということを覚えておきましょう。保育者が直接的に教え導くだけでなく、「友だちとつなげていく」ということを意識して関わっていくことが大切です。

②子どもの喜びが大きくなるように

　「子どもがやりたくないことでも必要だから、やらせなければ」と考えてしまうと、保育者も子どもも苦しくなります。「子どもの喜びが大きくなるように」という視点で発達をとらえるようにしましょう。まず、「やりたくない」と子どもが意思表示を示した場合、「嫌でも必要なことだからしなきゃいけないの！」と強制するのではなく、まずは「なぜ、やりたくないのか」を探ってみましょう。そして、「今できないこと」に対して保育者や大人が将来を気にして、「今のうちに少しでも」と今すぐにやらせようとするのではなく、まずは「どうしたら子ども自身がやりたくなるか」を考えて「自らやりたくなる気持ちを育てること」に力を注いでみてはどうでしょう。

　たとえば、はじめは「見て参加（見ているだけ）でもよし」とします。保育者がそばに寄り添って、楽しそうにやっている友だちの姿を見たり、友だちが話をしているのを聞いたりする。ただそれだけでも、その子の心のなかに「いっしょにやってみようかな」という気持ちを育てているかもしれません。

　子どもが「どうしてもしたくない」と言っていることは、本当にさせる必要があるものなのかを振り返ってみることも必要です。子どもに「してほしい」という大人の願いと、子どもの「したくない」という思いのズレはどこで生じているのか、ほかのことで経験させることはできないものかなど、職員間で話し合ってみましょう。

　たとえば、食事で苦手なメニューがある場合、「一口だけ」と少し強引に食べさせようとしても絶対に口を開けようとしなかった子どもが、調理方法を変えたら、自分から食べたという話もよく聞きます。また食べるときの楽しい雰囲気を大事にするとか、畑で子どもと一緒に栽培から収穫まで行い、収穫したものを子どもたちの目の前で調理して、その場で食べてみるなど、いつもと違った雰囲気、体験が子どもの「食べてみよう、やってみよう」を引き出すかもしれません。

③発達の原動力は楽しさ、おもしろさのなかにある

　子どもが自ら発達するための原動力は楽しさ、おもしろさのなかにあります。「今できるか、できないか」を気にするのではなく、子どものなかに種をまくようなものと考え、「まあ、いつかできるようになるさ」くらいの気持ちで、子どもの興味をそそるような種をまき続けましょう。

2 ｜ 良い子ってどんな子？

1 「褒める」よりも「共感する」ことを大切に

　子どもの行動を促すために、褒めたりおだてたりすることもあるでしょう。また、「子どもは褒めて育てましょう」といわれることもあり、褒めることはよいことのように感じますが、実際は褒めすぎには注意が必要です。

　もちろん、叱ってばかりいるよりは、褒めて育てた方がよいに決まっています。しかし、叱るも褒めるも、結局は大人が子どもを「評価」しているのであって、大人の思いどおりに子どもを支配しようとしていることになります。褒めてばかりいると、子どもはそのうち「褒められるために」行動するようになってしまい、褒めてもらえないと、ひがんだり怒って反発したり、無気力になったりしてしまいます。人の顔色をうかがうのではなく、人の意見も聞きつつ、自分はどう思うのか、自分の考えや意見をしっかりもち、お互いの納得できる答えを探し、そのうえで行動できる、そんな人に育っていってほしいと思うのです。

　できるだけ「じょうずだね」「おりこうさんだね」「いい子だね」といった成果や能力を褒めるような言葉ではなく、「一生懸命がんばったもんね」「できるようになってうれしいね」と努力やプロセスを認めてあげるような言葉をかけるようにしたいものです。

　そして、たとえ、相手がどんなに小さな子どもであっても一人の人格を持った人間（市民）として対等な立場で関わることを忘れないようにしましょう。「したくなくても、必要なことだからがんばろうね」と言う前に「今はやりたくないんだね。そんなときもあるよね」などのように、まずはその子の思いに寄り添ってあげたいものです。「認める、共感する」姿勢を示した方が、子どもは「この人は自分の気持ちをわかろうとしてくれている」「自分が大切にされている」と実感でき、いずれ、自分の気持ちをわかってくれる人の言うことは聞いてみようかなという気にもなるでしょう。

2 「怒る」と「叱る」の違い

　園などの集団生活の場では、叱ることが必要な場面もあるでしょう。
　ここで「怒る」と「叱る」ということについて整理してみましょう。まず、「怒る」というのは「自分の感情のいらだちをコントロールできずに

子どもにぶつけている状態」のことです。

　たとえば、「もうお片づけの時間でしょ！　いつまで遊んでるの、もうご飯食べないのね」「ご飯食べたいなら、どうしてお片づけしないの。もう、どうして先生の言うことが聞けないの！」というような場合です。

　特徴的なのは「"あなた"言葉」になっていることです。「(あなたは)どうしてできないの！」と相手を非難し、「(あなたは)ダメな子」というメッセージを与えてしまっています。「(あなたは)なんてだらしない子なの！」「どうして(あなたは)そんなにグズなの！」といった否定的なメッセージばかりを子どもに与え続けてしまうと、そのうち子どもは「わたしはダメな子なんだ」「どうせぼくはグズなんだ」と自分のことを否定的にとらえていくようになってしまいます。これでは自尊感情が育ちません。

　大人でもそうですが、自分を否定されて、「次からちゃんとやろう！」と思うのは難しいことです。「怒る」ことの効果は、ほとんど期待できないと考えてよいでしょう。はじめのうちは多少の効果があったとしても、だんだん反発心を招いたり、より厳しく怒らなければ言うことをきかなくなったり、反対に子どもに恐怖心を与えてしまって、何をするにも大人の目を気にするような子になってしまう恐れもあります。怒ってばかりでは、お互いの信頼関係がよくなっていくとは思えません。

　一方、「叱る」という行為は、「なぜそれがいけないかを子どもに気づかせること」です。叱る側が、自分の感情をうまくコントロールしながら、何がいけなかったのかを相手が気づくようにていねいに知らせるのです。「叱る」場合には、「"あなた"言葉」ではなく、「"わたし"言葉」で伝えるようにするとよいでしょう。「大きい声で騒いだら、お話を聞いているお友だちが聞こえないし、大事なお話だからあなたにもちゃんと聞いてほしいと(私は)思っているのよ」など、その行為によって、だれが、どうして困っているのかを具体的に知らせ、自分はどう思っているのか、自分の思い、気持ち、考えを、自分の責任において訴えるのです。注意が必要なのは、「そんなことするとおまわりさんに怒られるよ！」とか、「悪いことするとオバケが来るよ」とか「園長先生に、きつく叱ってもらいますからね」などと、自分の責任においてではなく、他人の権威を借りたり、恐怖で脅したり、人に任せてしまうような叱り方です。きちんと理由とともに、自分の考えを自分の責任において述べることが大切です。

　子どもたちも、自分の行為の何がいけなかったのかがちゃんと理解できれば、次からはしないようにしようと思えるし、叱った相手を嫌ったり、信頼関係が崩れたりすることもなく、むしろ自分のことをしっかり見てくれていると感じて、お互いの関係はよくなっていくのではないかと思います。

　上手に叱るポイントは、「その場で短く」「自分の言葉で」「理由とともに」「行動そのもの(相手の存在まで否定してしまうことのないよう、間違った行為や行動のみに対して)を」叱ることです。ただし、年齢によっては、行為のみを叱ったつもりでも子どもが自分を全否定されたと感じてしまうこともあるため、子どもの発達や理解に応じた言葉のかけ方が大切

になります。

　いずれにせよ、大人の思いどおりに子どもを動かそうとしないように気をつけましょう。「大人の言うことをよくきく素直な子」ではなく、「自分で考え、自分で行動できる子ども」に育てたいものです。

3 ｜ 3・4・5歳児の発達と規範意識

　褒めすぎず、叱りすぎず、共感を大切にするだけでは、子どもは自分の好きなことしかせず、なんでもやり放題になってしまうのではないかと心配に思われるかもしれません。そこで大事になってくるのが、子どもたちのなかに育ってくる「規範意識」です。社会的なルールを自ら守ろうとする意識、さらには自分たちにとって本当に必要なルールをつくり出していく力はどのように育ってくるのでしょうか。

　子どもたちに規範意識を育てようと、「しつけ」という名のもとに、あるいは保育においても「厳罰主義」に陥らないように注意が必要と神田英雄は述べています（神田、2013年、86頁）。

> 　「悪いことを厳しく叱らないから子どもはルールを守らないのだ」という意見にはそれなりの正当性があるし、社会的にも受け入れられやすくなっています。子どもを叱ることができない親がいることも事実です。しかし、厳しく叱りさえすれば規範意識は育つのでしょうか。必ずしもそう言えないところに、この問題のむずかしさがあります。厳しさは、時には子どもを育てるけれど、時には子どもに反発心や敵意を生じさせてしまうことがあるからです。

　確かに、「小さいころから良いことと悪いことの分別をつけさせるために厳しいしつけが必要だ」という意見を耳にすることがあります。しかし、悪いことをしてしまうのは、良いこと、悪いことがわかっていないからなのでしょうか。そうではないと思います。どんな極悪人であっても、自分のしようとしていることが一般的にみて良いことか悪いことかの区別はできているはずなのです。悪いことだとわかったうえでやってしまうのです。抑制する力が働かないのか弱いのかだと思います。この抑制する力こそ「規範意識」だと思うのですが、これは、「悪いことをしたら罰を受ける、罰が怖いから悪いことをしない」という、いわば外からの圧力だけでは、一定の効果はあったとしても、それが真に効果的な方法とは思えません。いかに見つからないようにやるかということに意識が向いてしまい、再犯を繰り返し、そのつど、より厳しい刑罰になるという、イタチごっこになってしまうからです。外側からの圧力ではなく、内側からの抑制力を育てることの方が大切だと思うのです。それはどうしたら育つのでしょうか。やはり、どれだけ愛情を注いでもらって育てられるかにかかっている

のだと思います。最大の抑止力は「こんなことをしたら、誰かが悲しむ。あるいは自分の大好きな人（多くの場合、お母さん）が悲しむ」と思えることだと思うのです（→レッスン 5 を参照）。

規範意識を育てるとは、良い悪いを伝えるだけの単純なことではないのです。

続いて、言語発達と人間関係の発達に関係づけながら、3・4・5 歳児の規範意識の育ちをみていきましょう。

1　3 歳児

大人の「ダメ！」などの声かけによって、行動をコントロールすることは 0 歳の末ぐらいからみられましたが、3 歳を過ぎたころになると少しずつ、「○○ならば△△」といった一般的な理解が成立し、「信号が青になったら道路を渡る」といった社会生活にも適用されるようになってきます。自分でルールを自覚してコントロールするようになってくるのです。これは子どもの心のなかに「〜シタ方ガイイ」「〜スベキダ」といった「第二の自我」（加藤、1997 年）が育ってきたと考えられます。いわば、「約束」や「決まり」を子どもが自覚し始めたということですから、「規範意識が芽生え始めたころ」といえるでしょう。

ただし、このころの子どもの心は、「第二の自我」が育ち始めたとはいえ、まだまだ「〜シタイ」という自我の方が強く、実際には言葉と行動がともなっていないことが多いものです。たとえば、人が使っているものを借りるときには「カシテ」と言わなければいけないという約束を知っているにもかかわらず、自分の行動に点検が入らないため、友だちから無理矢理奪い取ろうとしてケンカになってしまったりします。

このようなときは保育者の出番となるわけですが、「カシテって言わなきゃ、ダメじゃない」などと声をかけてしまうと、3 歳児では、まだなぜ友だちとトラブルになったのか、どうすればよかったのかまで考えることは難しいので、貸してくれなかった友だちのことも「大キライ！」と否定してしまったり、保育者に「叱られた」ことにショックを受け、「先生に嫌われた」「先生はぼくのことを悪い子だと思っている」と感じてしまったりします。

子どもに「あなたのことを嫌っているわけではないのよ、あなたの行為を注意しているだけなんだよ」ということを伝えるためには、「あなたがやさしい子だってことを知っているよ」「あなたのことは大好きなんだよ」とあえて言葉にしないと伝わらないのが 3 歳児なのです。そのうえで、「○○ちゃんも使いたかったんだよね。でも何も言わないでいきなり取るのはよくないよ。今は□□ちゃんが使ってるから『いっぱい使ったら、あとでかしてね』ってお願いしとこうか」などと、子どもの行為について諭し、どうすればよいかをていねいに伝えることが必要なのです。

3 歳児に注意するときのポイントは、注意する言葉の前に、まず「○○ちゃんのことは大好きなんだよ」というその子に対する肯定的なメッセージをあえて言葉にして伝えてから、行為の誤りを示し、どうすればよいか

を伝えることです。

２　４歳児

　４歳児になると、言葉で伝える力はますます発達します。「自我」と「第二の自我」の世界をつなげることが徐々にできるようにもなってきて、自己内対話も少しずつ可能になってきます。「自分の思い」と「友だちの思い」が違うことに気づき、どちらを優先したらよいか自分の心のなかで考え始めるのです。友だちが使っている遊具を貸してもらいたいけれど、「貸して」と言われるのは相手にとって嫌なことだろうということも想像できるようになります。そのため、「カシテ」と言って断られてしまうことを予想して素直に「カシテ」が言えなくなってしまうこともあります。また、「お願いする」ということは、自分が相手よりも低い立場に立ってしまうことになるのでしたくありません。だからといって３歳児初期のように黙って奪ってしまうことも悪いことだとわかっているのでできません。そんな複雑な心境のなかで揺れ動くのが４歳児です。

　また、良いか悪いかの量的な判断がまだ難しいので、なにかマズいことをしてしまったときでも、「謝ったら自分はとんでもなく悪い子だと認めたことになってしまう」ため、たとえ「ごめんね」と軽く謝ればすむようなことでも謝ることができずに、トラブルがなかなか解決できないといったことがしばしば起こります。やってしまった悪いことは、「謝っても許されないような重大な場合もあるが、場合によっては軽い謝罪で許されることもある」というように、「悪い」の程度にも量的に大きな幅があるのですが、４歳児には、まだそうした量的な判断が難しいのです。

　このように４歳児は、量的な判断が難しく、「貸してもらえるか断られるか」「良いか悪いか」という二者択一でしか考えられないため、自分で答えが出せなくなって「もういい！」などの投げやりな言葉を多く発するようになるのです。「良いか悪いか」がわかるだけでなく、「少しのトラブルがあっても友だちに嫌われるほどのことじゃない。話せばわかり合えるようなトラブルもある」といった量的な理解が経験をとおして深まっていくことが必要なのです。「カシテ」ってお願いしたのに相手に「ダメ」と言われてしまった。そんな場合でも、「貸してもらえなかった」とあきらめたり怒ったりせず、「じゃあ、あとでカシテね」とやり取りできるゆとりや余裕が育つことも、規範意識が育つためには必要なのです。

　４歳児への関わりのポイントは、「あいまいさの理解が難しい」と覚えておくことです。二者択一の世界から抜け出せるように、子どもが全否定されたと感じないように、子どもの気持ちを汲み取った対応を心がけましょう。たとえば、よそ見していてぶつかってしまったときなどに素直に「ごめんね」が言えないような場合は、「わざとぶつかったんじゃないもんね。でも○○ちゃん、痛かったって泣いてるから、そういうときは『わざとじゃないけどごめんね』っていうといいんだよ」とか、貸してほしいものが借りられなくても、「△△くんも使いたいよね。今はまだ□□ちゃんが使ってるから、『□□ちゃんが使い終わったら貸してね』ってお願い

しておいたら？」など、自分が悪いわけではないと主張しつつ謝る方法や、やり取りしながら自分にとってよい結果を導けるような方法があることを経験させてあげましょう。

3　5歳児

　5歳児になると、良いことと悪いことの理解がさらに進みます。「自我」と「第二の自我」の世界がよりつながってきて、自己内対話ができるようになっていきます。自分の行動を客観的にみてどうなのかを点検することもできるようになってくるのです。それにより、「良い悪い」という判断だけではなく、「どうすれば皆にとってよいのか」を考えることもできるようになっていきます。

　「皆にとってよいこと（＝約束）」を理解し、それに従おうとするのが規範意識です。ですから、相手に気を遣って友だち同士で「言い合いができない」ようでは、規範意識がまだ十分に育っていないとも考えられます。

　5歳児の終盤には、だれか強い人の命令に従うのではなくて、皆で考え、皆で決めて、皆が満足し、皆が納得したうえで生活を進めていこうとするぐらいの規範意識が育っていくことを目指したいものです。そのためには、何か問題が起きたときなどでも、保育者は安易に子どもたちのなかに介入したりせず、その問題を子どもたちに返したり、保育者が感じている問題を子どもたちに投げかけたりしながら、子ども同士で考える時間や振り返る時間、話し合う時間を意図的に設け、子どもたち皆で「皆が納得できる答え」を探す機会を大事にしていきましょう。

　このように「規範意識」が育つということは、子どもが単に良い悪いを知って判断できるようになるというだけではありません。言語や内面の育ちとあわせて人との関わりのなかで、周りの大人や友だちの温かい気持ちを感じ取っていくことが基盤となって、子ども自身がよりよい選択ができるようになっていくことです。その温かい気持ちが根幹にあるからこそ、なにかマズいことをしてしまったときに後悔の念が生まれたり、よりよい自分になりたいと願う気持ちが生まれてきたりすると思います。

　自分のことを温かく見守ってくれる人がいる、よりよい自分になりたいと努力している自分の成長を喜んでくれる人がいる、そうした実感が得られることによって、その子のなかで規範意識が人としての温かみのあるものとして、その後も成長し続けていくのかもしれません。

　だからこそ、愛情にあふれた温かなまなざしで子どもを見守ることが大切なのです。

> ### ワーク2
> 子どもの見方について、感じたことを話し合ってみましょう。

第4章

幼児の育ちの見通しと
計画・記録・評価

　乳幼児期の育ちとは、保育の目標である「人間形成」の根っこの部分、根幹を成すものです。その根っこは、連続性をもって乳幼児期以降のヒトの育ちを一生支えていきます。根っこの育ちは、発達の過程で抜かすこともできなければ、飛び級もできません。

　乳児期からつながっている幼児期の育ちに関して、私たち保育者は、目の前にいる子どもたち一人ひとりが、「今」心を動かされているモノやコトは何なのか、生活や遊びをとおして何が育まれているのかを「育ちの視点」をもってとらえていきます。「子どもが現在を最も良く生き、望ましい未来をつくり出す力の基礎を培うため」の計画・記録・評価を、具体的に学び合っていきましょう。

11

全体的な計画に基づく指導計画の作成

写真提供：杉水保育園

「何かを学ぶためには、自分で体験する以上によい方法はない」（アルベルト・アインシュタイン）。

ポイント

1 保育の基本原則を踏まえた全体的な計画を作成する。
2 「生きる力」を育むための指導計画とは何かを考える。
3 指導計画を作成する際の配慮事項について考える。

1 | 全体的な計画に基づく指導計画の作成と展開

1 全体的な計画とは何か

　全体的な計画とは、子どもの家庭状況や地域の実態、保育時間などを考慮した養護的な側面と、今回の改定（改訂）で明記された「幼児期の終わりまでに育ってほしい姿」を考慮した教育的な側面を踏まえて作成される保育の計画です。

　『ここがポイント！　3法令ガイドブック』（無藤・汐見・砂上、2017年）で、「保育所では"全体的な計画すなわち保育課程"といえばわかりやすいでしょう」と解説してあるように、保育課程と全体的な計画に大きな違いはありません。「幼児期の終わりまでに育ってほしい姿」が到達目標ではないことを十分に承知したうえで、「生涯にわたる生きる力の基礎を培うため」に子どもの発達過程を踏まえ、組織的・計画的、なおかつ保育所の生活の全体をとおして総合的に展開されるように作成しなければなりません。そのため、小学校就学以降を見据えた長期的な計画、日々の育ちをとらえた短期的な計画、保健計画、食育計画に加え、職員の研修計画も全

体的な計画と関連づけながら作成する必要があります。このように、保育の質の向上を組織的に図っていくことに資する全体的な計画は、全職員が参加し、共通理解と協力体制のもと創意工夫をして作成することが重要です。

2　全体的な計画の作成にあたって

　全体的な計画を作成する際に踏まえたい事項として、以下の3点があげられます。

　①私たちは何のために保育を行うのか。

　②どのように作成していくのか。

　③どのような内容で作成されるのか。

　これら3つの視点から、全体的な計画の作成について考えてみたいと思います。

①私たちは何のために保育を行うのか

　保育所とは、どういう役割を担う施設なのでしょうか。また、何のために保育を行うのでしょうか。この問いの答えは、「保育所保育指針解説」第1章1の（1）「保育所の役割」と（2）「保育の目標」に明記されているように、保育所保育の根幹を成す「理念」となるものです。私たち保育者は、「入所する子どもの最善の利益を考慮し、その福祉を積極的に増進する」という、保育所保育の役割を踏まえ、「子どもが現在を最も良く生き、望ましい未来をつくり出す力の基礎を培うため」という目標を達成するために、日々の保育にあたっているのです。しかしながら、目まぐるしく変化する保育の現場では、目の前の対応に追われ、つい「何をするか」「どうやって行うか」といった内容や手法が先行し、「そもそも何のために行うのか」という理念が薄れてしまうことがあります。

　たとえば、子どもが「絵を描く」という行為について考えてみたいと思います。「絵を描く」という行為は、「表現」という領域に含まれますが、「表現」の領域のねらいは、以下のようになっています[1]。

　感じたことや考えたことを自分なりに表現することを通して、豊かな感性や表現する力を養い、創造性を豊かにする。

（ア）ねらい

　①いろいろなものの美しさなどに対する豊かな感性をもつ。

　②感じたことや考えたことを自分なりに表現して楽しむ。

　③生活の中でイメージを豊かにし、様々な表現を楽しむ。

　「豊かな感性や表現する力を養い、創造性を豊かにする」ことが表現のねらいとなっています。ところが、次のような言葉を耳にしたことはないでしょうか。「○○ちゃんは、絵が上手ね〜！」。言われた本人をはじめ周

参照　[1]　「保育所保育指針」第2章3（2）オ「表現」

りの子どもたちは「上手」という言葉にふれます。保育者が発したこの言葉自体はプラスの表現のように聞こえますが、この言葉にふれた子どもたちは、「上手な絵を描く」「上手に描いた絵が褒められる」という誤った認識を無意識のうちにするようになります。表現のなかに「上手な絵を描く」というねらいは一言も書かれていないにもかかわらず、いつの間にか「上手な絵を描く」ことがねらいとなってしまうのです。この場合、保育者もはじめから「上手な絵」を描くことを求めているわけではありません。しかし、表現のねらいを意識していないと、つい「何を描くか」「どのような手法で描くか」という内容と手法が先行してしまい、「何を描いたか」「どのように描いたか」と評価する言葉を発してしまうのです。

　表現のねらいである「感じたことや考えたことを自分なりに表現することを通して、豊かな感性や表現する力を養い、創造性を豊かにする」ことが、「子どもが現在を最も良く生き、望ましい未来をつくり出す力の基礎を培うため」という目標を達成するためにどのような意味を成すのかを考える必要があります。目にするもの、ふれるものに心動かされ、感じたことや考えたことを自分なりに表現することを楽しむことができれば、自分で楽しみを生み出す可能性の広がりにもつながります。このように、生活や遊び、活動のさまざまな場面において、「現在を最も良く生き、望ましい未来をつくり出す力の基礎の基礎」になっているのかどうかを念頭におきながら保育に臨むことが、一人ひとりの可能性や育つ力といった資質・能力を引き出す質の高い保育につながっていきます。

②どのように作成していくのか

　目標を達成するための保育を実践するにあたり、「保育所保育指針」の「全体的な計画の作成」では、各保育所の保育の方針や目標に基づき、
・子どもの発達過程を踏まえて
・保育の内容が組織的・計画的に構成され
・保育所の生活全体を通して総合的に展開されるよう
全体的な計画を作成しなければならない、と記述されています[*2]。

　「子どもの発達過程を踏まえる」とは、「この年齢までに○○でなければならない」という到達すべき姿としてとらえるのではなく、「乳幼児期におけるおおよその発達の特性を踏まえる」ということです。乳幼児期に限らず、人の成長や特性は一律ではありません。年齢が低ければ低いほど脳の発達が著しい乳幼児期は、月齢の差が大きいことも十分に踏まえ、目の前の子どもの実態から乖離した計画とならないようにすることが重要です。

　また、全体的な計画を作成するにあたっては、全職員が各々の職種や立場に応じて参画し、子どもに携わる「当事者」として保育の方向性を明らかにしていくことが、さらに質の高い保育が展開される保育の空間を生み出します。また、全職員が保育の理念や方針を共有することで、自分たちの保育を振り返り評価する際の視点が明確となり、その内容、方法の違い

 ＊2　「保育所保育指針」第1章3（1）「全体的な計画の作成」ア

表11-1　「全体的な計画」を作成する際の流れとポイント

職員間の 共通理解 	①保育所保育の基本について、学び合いましょう。 ・「児童福祉法」や「児童の権利に関する条約」等、関係法令ってどういうものだろう？ ・「保育所保育指針」「保育所保育指針解説」にはどういったことが書かれているの？
実態の把握 	②子どもや子どもを取り巻く環境の実態、保育所に対する社会の要請、保護者の意向を把握しましょう。 ・乳幼児期の発達の特徴、子どもや家庭、地域の実態ってどうなっているの？ ・目まぐるしく変化する社会において、私たちは何を求められているの？ ・保護者は、どのような思いで子育てを行っているの？
「私の」保育所の こと 	③自分が所属する保育所の保育の理念、目標、方針等について職員で学び合いましょう。 ・自分の保育所が大切にしていることは何？ ・自分の保育所はどういったことを目標にしているの？ ・自分の保育所はどのような保育を行っているの？
長期的な見通し ・一貫性のある ねらいおよび内容 （教育的側面） 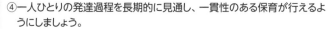	④一人ひとりの発達過程を長期的に見通し、一貫性のある保育が行えるようにしましょう。 ・これからの社会を生き抜くために必要な力を見通した、「幼児期の終わりまでに育ってほしい姿」とはどのような姿でしょうか。 ・「現在を最も良く生きる」ための、それぞれの時期にふさわしい具体的なねらいと内容とはどのようなものでしょうか。 ・「クラスによって、大切にしていることが違う」「担任の先生が代わったら大切にしていることが変わった」「小学校では、教育の目的が違っている」ということを避けるためには、どのようなねらいおよび内容が必要でしょうか。
24時間を 見据えた保育 （養護的な側面） 	⑤24時間を見据え、それぞれにふさわしい生活のなかで保育目標が達成されるようにしましょう。 ・一人ひとりの保育所の在籍期間や保育時間が異なることを踏まえたとき、どのような配慮事項が必要でしょうか。 ・一人ひとりの発達や心身の状態、家庭の状況はさまざまです。そのことを十分に踏まえ、一人ひとりに寄り添った保育を行うためには、どのような配慮事項が必要でしょうか。
全体的な計画の 評価、改善等 	⑥「全体的な計画」に基づく保育の経過や結果を職員間で振り返り、改善点があれば見直していきましょう。 ・「計画」とは、作成して終わりではありません。理念と実態に基づいて「計画」→「実践」→「評価」→「改善」というPDCAサイクルを重ね、よりよい保育の実践を目指しましょう。

出典：「保育所保育指針解説」第1章3（1）「全体的な計画の作成」をもとに作成

はあったとしても保育所全体として保育の目標を達成するための一貫性のある保育につながっていきます。

③どのような内容で作成されるのか

　保育所保育の根幹を示す「全体的な計画」を作成する際に踏まえたい法

律および条約として、「児童福祉法」および「保育所保育指針」「児童の権利に関する条約」があります。たとえば、保育所の役割における「子どもの最善の利益」という文言が何に基づいているのか、保育所が入所する子どもの福祉を積極的に増進することに「最もふさわしい生活の場」であることはどのような理念のもとに求められているのかなど、その文言の根拠を理解することは、保育の理念をより深く理解することにつながります。

　このように、保育の理念を深く理解することで、目の前の子どものより「その瞬間」に即した、子ども発信の、子どもが主体となる「生きた保育内容」となるのではないでしょうか。「主体的・対話的で深い学び」となる保育内容は、のびやかで躍動感あふれるような、まさに子どもそのものであるともいえます。「臨機応変」という言葉さえも軽く超えてしまうような、躍動感あふれる「子どものねがい」が実現される保育内容は、保育理念をしっかりと踏まえていれば、いついかなるときも子どもを主役とした「生きた保育内容」となり得るでしょう。

■3■ 全体的な計画作成の手順

　全体的な計画作成の内容、手順については、「保育所保育指針解説」の「全体的な計画の作成＊3」を参考に表11-1にまとめました。

2 ｜ 指導計画の作成

■1■ 実際の子どもの姿に基づいた具体的な方向性

　指導計画は、「全体的な計画」を踏まえたうえで、実際の子どもの姿に基づき、保育のねらいや内容、環境構成や保育者が配慮すべき事項、家庭との連携等を考え、具体的な方向性を示しながら作成していきます。

■2■ 指導計画の種類とその意義

　指導計画は、年・数か月単位の期・月など長期的な見通しを示すものと、それをもとにさらに子どもの生活に即した週・日などの短期的な予測を示すものを作成します。

①長期的な指導計画：保育の基本原則や理念を具現化していく

　長期的な指導計画は、おおよその発達過程＊4を踏まえつつも、「目の前の子どもの」発達や実際の子どもの姿、家庭との連携、地域との交流や連携、季節の行事や伝統行事などと、日常の保育のつながりを見通しながら作成します。このような年間を見通した計画を作成することで、生活の節目や季節を踏まえたより具体的なねらいや内容が「視覚化」され、保育所

 ＊3　「保育所保育指針解説」第1章3（1）「全体的な計画の作成」
　＊4　2008年改定「保育所保育指針」第2章2「発達過程」（ただし、「おおむね」という文言を踏まえ、発達過程が「そうあらねばならない姿」ではないことに留意する）

保育の基本原則や保育の理念が具現化されていきます。また、具体的な文言が示されることにより、職員間の見通しがより鮮明になっていきます。

②短期的な指導計画：子どもの「現在（いま）」をとらえる

このような長期的な見通しを踏まえたうえで、週・日などの短期的な予測を示した指導計画を作成します。人は皆一人ひとりが自分の人生の主人公であり、「現在（いま）を懸命に生きている」子どもたちの日常は、一時たりともとどまっておらず、実にさまざまです。自己を存分に出す子もいれば、引っ込めてしまう子もいます。さっきまで仲良く遊んでいたかと思うと険悪な雰囲気になっていたり、ケンカをして「もう遊んであげない！」と言っていたかと思うともう笑い合っていたりと、状況も刻一刻と変わっていきます。まったくもって「予測不可能」な姿が、「実際の子どもの姿」です。また、静かで何もしていないように見えても、内面では心の動きが起こっていることもあります。このような姿を、私たち保育者が「どのような視点」をもち、「どのようにとらえるのか」という点は、保育士としての専門性が問われるところです。一人ひとりの心身の状態や発達、生活や遊びにおける姿、友だちとのつながりなどをていねいにとらえることが、「指導計画」を作成する際の土台となります。

3　指導計画の作成

「指導計画」といっても、そのとらえ方、様式、作成の仕方に「こうしなければならない」という絶対的な決まりはありません。また、「作成することになっているから」という外発的動機から作成するものでもありません。私たちは、なぜ「指導計画」を作成するのか。繰り返し述べますが、「子どもが現在を最も良く生き、望ましい未来をつくり出す力の基礎を培うため」に、子どもの「現在」を養護の側面から支え、教育的視点をもって「望ましい未来をつくり出す力の基礎」となる一人ひとりの資質・能力を引き出しつつともに生き合う力を育む保育が展開されるよう、日々行っていることを「視覚化する」のです。

「計画」という言葉から、「あらかじめ方法や順序などを考える」といったイメージを抱きがちですが、「保育所保育指針解説」の「指導計画の作成」にも明記されているように、保育における指導計画とは「柔軟に保育が展開されるように、環境を構成し直したり、しばらく継続している遊びに新たな要素を付け加えてみたりするなど、子どもの生活や遊びの連続性を尊重する[*5]」ものであり、決して方法や順序などをあらかじめ考えるものではありません。

作成する際に大切なことは、おおまかに前述の「子どもの姿をとらえること」と「保育における子どもの育ち、保育者の関わりを振り返ること」です。

参照　＊5　「保育所保育指針解説」第1章3（2）「指導計画の作成」ア

3 | 指導計画の作成の際の配慮事項

1 子どもの安心と安定が図られるようにする

保育所は、子どもが「遊び」も含めて「生活」をする場です。集団生活における多様な人間関係をとおして、家庭とは違った緊張感を抱くこともあれば、のびやかな活動に加え、大胆な遊びや表現活動などをとおして解放感を味わうこともあります。また、保護者の就労時間や保育の必要性により、起きている時間の大半を保育所で過ごす子どももいます。家庭における生活リズムや環境もさまざまです。そのようなことを踏まえ、「くつろいで過ごせる」環境構成やゆとりのある生活の流れ、保育者の言葉かけや表情から醸し出される温かい雰囲気などの人的・物的な配慮事項において、どのようなことが必要かを話し合いながら指導計画を作成しましょう。

また、乳幼児期においての午睡は「体力を回復したり、脳を休ませたりするものである」ため、安心して眠ることのできる睡眠環境を確保する必要があります。しかし、日によっては午睡のタイミングがずれてしまうことがあったり、3歳以上児においては、午睡を必要としない子どももいたりと、一人ひとりの状況が異なる場合もあります。そのような場合は、夜の就寝に影響のない程度に午睡の時間を調整したり、安心して過ごせる空間を設けたりするなど、柔軟に対応しましょう。

2 障がいのある子どもの理解と保育の展開

子どもは、一人ひとりの性格がさまざまであることに加え、家庭環境、発達の過程や心身の状態も実にさまざまです。障がいのある子も含め、一人ひとりの実態や発達上の課題を的確に把握し、すべての子どもが自己を十分に発揮できるよう見通しをもって保育するために、必要に応じて個別の指導計画を作成します。

個別の指導計画を作成する際は、性格や家庭環境、発達の過程、心身の状態を踏まえて、「その子どもにとって」課題となっていること（その子どもが困っていること）やどのような状況で困ったことが生じるのか、その理由などを適切にとらえます。同時に、その子どもが好きなこと、得意なこと、夢中になっている遊びやその状況、課題が生じていない状況なども適切にとらえます。そのうえで、その子どもの特性や能力に応じてスモールステップ（少しずつ達成していけるようなステップ）を細やかに設定するとともに、「クラスのなかの自分」として友だちとのつながりにおいて、安心して自己を発揮できるよう、具体的なねらいや内容を計画に盛り込みます。「保育所保育指針解説」の「指導計画の作成」では「障害や発達上の課題のある子どもが、他の子どもと共に成功する体験を重ね、子ども同士が落ち着いた雰囲気の中で育ち合えるようにするための工夫が必要である*6」としています（下線部は筆者による）。

障がいや発達に課題のある子どもの理解と援助を行うためには、子ども

の保護者や家庭との連携も不可欠です。まずは、保護者の不安や悩みなどを十分に受け止めたうえで、「子どもの育ちを共に支え、喜び合う」というパートナーシップのもと、「現在を最も良く生き、望ましい未来をつくり出す力の基礎を培う」ための関わり方や環境構成をともに見出していきます。

　さらに、地域において孤立することなく支え合いながら生きるためには、「障害や発達上の課題のある子どもや保護者が、地域で安心して生活ができるようにすることが大切[7]」です。重度の自閉症である東田直樹の言葉に、「配慮は必要かもしれませんが、区別はされたくないのです」（東田、2013年）とあるように、障がいや発達上の課題があってもともに生き合えるための「配慮」は必要ですが、「区別」はすべきではありません。多様な価値観のもと、互いを認め合いながら生き合う社会をつくっていくためにも、保護者や地域の人々を含む身近な大人が、子どもが互いに育ち合う姿をとおして、障がい等についての理解が深まるようにすることが必要です。

　そのため、必要に応じて関係機関と連携したり、就学先の小学校との連携などを密にしたりすることで、卒園または退園後も継続した支援が行われるようにしなければなりません。

> **コラム**　　「障がいや発達上の課題」のとらえ方
>
> 　人というものは、「何がよくて何がよくない」というものではなく、「みんなちがって、みんないい」（金子みすゞ）存在です。
> 　子どもの障がいや発達上の課題をどのようにとらえるかについては、実にさまざまな考え方があり、関わり方の方向性もさまざまですが、診断ありきではなく、その子の心の動きやその子の行動を的確に把握したうえで、その子の視座に立った関わりを心がけたいものです。

> **ワーク**
>
> 　次の課題のなかから1つ選び、小グループに分かれて話し合ってみましょう。
> ①「ぼくは、どうせ絵が下手だもん」と言って、クレヨンで描いた絵を、手で必死に消そうとするKくんに、どんな言葉をかけますか。
> ②子どもや子どもを取り巻く環境の実態、保育所に対する社会の要請、保護者の意向を出し合いましょう。
> ③障がいをもった子ども（人）が、集団のなかで安心して過ごせるようにするための配慮事項を出し合いましょう。

 参照　＊6　「保育所保育指針解説」第1章3（2）「指導計画の作成」キ【個別の指導計画】
　　　　＊7　「保育所保育指針解説」第1章3（2）「指導計画の作成」キ【家庭との連携】

12 観察をとおしての記録およひ評価

写真提供：杉水保育園

「『保育』は、子どもたちのねがいや夢を育むこと」（今井和子）

ポイント

1 「信頼」をベースにした職員の協力体制について考える。
2 「子どもの姿」に即した保育の展開のあり方を考える。
3 子どもの姿、保育者の関わりにおける評価の視点を再考する。

1 ｜ 職員の協力体制による保育の展開

　一貫した視点をもって子どもの姿や遊びを観察したり、記録し評価したりといった質の高い保育を実施するためには、施設長、保育士など全職員による適切な役割分担と、信頼をベースにした協力体制が不可欠です。子どもの育ちを支える私たち保育士自身の労働環境や連携および協働のあり方などについてみていきましょう。

①長時間開所における職員全体の連携や協働

　「全国保育協議会会員の実態調査報告書」（2016年）によると、保育所全体の開所時間は、平均で11.7時間、民設民営の保育所では12.0時間となっています。また、土曜保育に関しても全体で97.7%の施設が実施しており、時間帯や曜日による担当者の交代は避けられないものとなっています。保育士のほか、看護師、栄養士、調理師、保育補助などの専門性や役割の異なる職員構成において、これまで以上に職員全体の連携や協働は欠かせないものとなっています。

②適切な役割分担

　厚生労働省保育士等確保対策検討会「保育士等における現状」(2015年) によると、保育者の離職率は全体で10.2%となっています。また、勤続年数が 2 年未満の保育士に至っては、私営の保育所では17.9%が離職しており、公営の保育所では10.1%の離職率です。同関係資料の「保育士における現在の職場の改善希望状況」のトップは、「給与・賞与等の改善」が59.0%を占めていることから、給与・賞与等への不満から離職しているケースが多いことがわかります。

　「給与・賞与等の改善」に次ぐ改善希望は、「職員数の増員」(40.4%)、「事務・雑務の軽減」(34.9%)、「未消化 (有給等) 休暇の改善」(31.5%)となっており、労働条件や働く環境への不満の多さがみられます。保育への思いはあっても、細やかで専門性の高い保育を行うための職員数、必要以上の (もしくは、職員がその必要性や意義を感じていない) 事務の軽減、ワークライフバランスの保障などが検討され改善されていかなければ、「心のゆとり」がなくなってしまい、その結果、質の高い保育は実施できなくなってしまいます。また、職員数は満たしているとしても、保育所保育の基本原則や自分たちが働く保育所の理念が共有されていなければ、「協働」や「連携」といった協力体制は困難になってしまいます。

　それぞれの年齢や異なった経験、働き方、得意な部分などを生かした役割分担、また、苦手な部分に関しては補い合うといった役割分担が行われると、より一層「チーム」としての力を発揮することができます。

2 ｜「信頼」をベースにした職員全体の協働や連携

　職員一人ひとりの力や個性が十分に発揮されるためには、子どもや保護者との関係同様、職員間でも「信頼」をベースとした組織づくりを行っていくことが求められます。

　近年、社会のさまざまな変化により、子どもの保育においても子育て支援においても、保育士一人では対応や判断が難しいケースが増えています。専門的な知見や科学的根拠に基づいた説明などが必要な場合もあります。また、感情に流されすぎず、客観的に物事をとらえ冷静に対応する力も時には必要となります。皆さんも、いくどとなく「どうしよう」「こんなときはどうすればいいの？」と悩んだ経験があるかと思います。そのようなときに、「どうしたの？」と自分のことを気にかけてくれたり、「私が同じような経験をしたときは、こうやって対応したよ」などと相談にのってくれたりする同僚がいたら、どんなに心強いことでしょうか。「相手を思いやる心」を自分たちももち、互いに支え合い、学び合えるような「チーム」としての協力体制が築ければ、おのずと質の高い保育につながるのではないかと思います。

> **コラム1**　人とつながることの素晴らしさ

　保育士の皆さんにぜひお勧めしたい映画があります。『日本一幸せな従業員をつくる！──ホテルアソシア名古屋ターミナルの挑戦』（監督：岩崎靖子）というドキュメンタリー映画で、一見、保育とは関係のないタイトルにもみえますが、この映画は人と人との温かいつながりとは何か、その温かさを感じたとき、人はどう変わるのかを、実録の映画として私たちに示してくれます。赤字経営であったホテルの再生を記録したものですが、「子どもの育ちを支える」「子育てを支える」「ともに育ち合う」といった、人とつながることの素晴らしさを教えてくれます。また、職場の仲間とつながることや、「自分は一人じゃない」と思えることの大切さを改めて感じることのできる映画です。どんなにAIが進化してもけっして立ち入ることのできない領域に携わる私たち保育士必見の映画として、お勧めします。

3 ｜「子どもの姿」に即した保育の展開

　子どもが保育所で過ごす時間は、遊びも含めて「生活」そのものであり、「偶発的に生じる様々な出来事[*1]」の連続です。「主体的な活動」を十分に保障するのであれば、子どもが行う具体的な活動に対して、大人があらかじめ「計画」を作成することは不要にも思えます。それでは、なぜ指導計画が必要なのでしょうか。

> **コラム2**　「指導計画」の様式について

　指導計画の様式については、ひな型のようなものはありますが（表12-1参照）、「その様式でなければならない」というわけではありません。様式にこだわるよりも、誰が、何のために、どのようなことを踏まえて作成するのか、という点を大切にすることの方が優先されるべきです。養護的な側面、教育的な側面が、子どもの育ちを保障する専門的な施設として保障されるための項目を視覚化し、職員同士が共通理解のもとで保育にあたるためのツールとして「指導計画」を作成する必要があります。長時間保育を行うための交代などがともなう勤務体制においては、保育理念や配慮すべき事項を確認し合うためのコミュニケーションツールにさえなり得るかもしれません。

 ＊1　「保育所保育指針解説」第1章3（3）「指導計画の展開」【子どもの変化に応じた活動の柔軟な展開】

■1　子どもが行う具体的な活動

　子どもが行う具体的な活動に関しては、その保育の方法によってもとらえ方が違います。近年、保育の方法は多様化しているため、具体的な活動のとらえ方は各保育所により実にさまざまです。しかし、子どもが行う具体的な活動がどのようなものであれ共通していえることは、その活動をとおして「子どもの中で何が育っているのか、友だちとの関わりをとおして何が育っているのか、ともに過ごす集団・仲間として何が育っているのか」というようなことを「保育の視点」をもってとらえること、人的・物的な環境がどうであったかなどについて振り返り、保育を客観的にとらえることが、乳幼児の育ちを「専門的な施設として」支えるために非常に大切だということです。養護・教育の両方の視点をもって保育が実施されたかどうかを、言語化するとともに、視覚化し、明日の保育へとつなげていきます。

■2　子どもの主体的な活動

　「保育所保育指針解説」の「指導計画の展開」に「指導計画を作成した際の保育士等の予想した姿とは異なる姿が見られることもしばしばあるが、そうした時に、必ずしも計画通りの展開に戻すことを優先するのではなく、子どもの気付きや感動を尊重し[*2]」と記述されているように、計画のための子どもではなく、子どものための計画である必要があります。

　また、2020年度から小・中・高等学校と順次スタートする新学習指導要領にも「生きる力」を育む学びとして、「主体的・対話的で深い学び」（アクティブラーニング）が掲げてあります。「何を学ぶのか」から「どのように学ぶのか」が重視されるようになります。そもそも、「主体的・対話的で深い学び」の連続である乳幼児期の学びにおいても、これまで以上に「子どもの主体的な活動」が尊重されていかなければなりません。

4 ｜ 子どもの姿、保育者の関わり

■1　記録と保育の見直し

　子どもの姿や保育者の関わりを記録することは、さまざまな視点をもって振り返り、子どもの姿や自らの保育をより深くとらえるということです。養護的な側面、教育的な側面、子どもに焦点を当てた視点、自らの援助や働きかけ、環境構成といった点に焦点を当てた視点、というように「子どもの表情や言動の背後にある思いや体験したことの意味、成長の姿などを的確かつ多面的に読み取る[*3]」ことが大切です。

 ＊2　＊1に同じ。
　＊3　「保育所保育指針解説」第1章3（3）「指導計画の展開」【記録と保育の内容の見直し、改善】

（右欄・縦書き）レッスン **12** 観察をとおしての記録および評価

▰2▰ 子どもの姿から始めるPDCAサイクル

PDCAサイクルでは養護と教育の両側面からとらえた子どもの姿を土台とします。

①P（計画）

- 上記の土台をもとに、養護的側面から必要だと思われる保育者の配慮、関わり等を視覚化する。
- 上記の土台をもとに、五領域（健康、人間関係、環境、言葉、表現）や資質・能力、幼児期の終わりまでに育ってほしい姿などの視点を踏まえ、教育的側面から子どもの興味や関心、願いなどを視覚化する。

②D（行動）

- 保育者の配慮、関わりの実際。
- 子どもの生活や遊び、さまざまな「人、もの、こと」との関わりの実際。

③C（振り返り）

- 一人ひとりの子どもが、安全な環境のもと、安心して過ごせたか（養護）。
- 一人ひとりの子どもが、計画の際に視覚化したような視点から「現在を最も良く生きる」時間を過ごせたか（教育）。

④A（評価・改善）

- 自らの保育、子どもの姿を振り返り、どのように感じたか。
- 生活や遊びをとおして、どのような育ちがうかがえたか。
- 「現在を最も良く生き、望ましい未来をつくり出す力の基礎を培う」という視点から、課題だと感じることはどのようなことであったか。

ここで課題だと感じたことは、翌日、次週のP（計画）を視覚化する際に、「配慮事項」や「援助のポイント」といった項目に反映させていきます。

このような作成の流れは、あくまでも一例です。「現在を最も良く生き」という短期的な視点と「望ましい未来をつくり出す」という長期的な視点を踏まえた保育を行うための道しるべとして、またその作成のプロセス自体が保育の核となるものだと認識し、「指導計画」を有効に活用したいものです。

▰3▰ 具体的な改善につながる『「保育プロセスの質」評価スケール』

次章で詳しくみていきますが、『「保育プロセスの質」評価スケール』を作成したシラージら（2016年）は、保育実践の質を向上することと子どもの育ちとの関係性をとらえ、保育のプロセスの質を客観的にとらえることにより評価と実践のつながりのサイクルを生み出すことで、子ども一人ひとりにとっての園生活の質の保障や向上につながるとしています。

もちろん、保育・教育的な意味づけばかりが先行してしまうと、子どもの心の動き（喜びや悲しみ、驚きや楽しさ）をともに感じたり味わったりすることが後回しになってしまいますので、まずは共感しともに学び合い育ち合うという姿勢が大切です。同書においてシラージらは次のようにも述べています（シラージ、キングストン、メルウィッシュ、2016年、3頁

を要約）。

> 　SSTEW（Sustained Shared Thinking and Emotional Well-being：共に考え深め続けること、子どもたちの情緒的な安定と安心）の鍵となる考え方とは、「乳幼児期の子どもたちとともに、子ども中心の保育実践をさらに深めていく」ということです。子どもと保育者、子ども同士が行う質の高いやりとりや遊びを通して、自己を調整し思考をさらに深め広げていくことに焦点をあてます。

　また、同著の特徴として、「保育プロセスの質」に関する評価スケールをかなり具体的な文言で段階に分けてあることで、より的確に自らの保育を振り返るプロセスをたどることができます。この文言に関しては、最初はそのまま活用してもよいでしょうし、時には独自の評価スケールを段階に分けてほかの職員とともにつくっていくことも大いに意義のある取り組みになるのではないかと思います。

　「保育所保育指針解説」の「指導計画の展開」にも「保育士等と子どもとの多様な相互作用の様子が明らかとなる[*4]」とあるように、保育を記録したり評価したりするなかで、子どもの育ちをとらえつつ自らの保育を客観的にとらえ省察することで、保育者としても深い学びを得ることとなります。また、職員全体で保育のプロセスを振り返ることは、その過程そのものが保育の質を高める基盤となっていくのです。

ワーク

　次の課題のなかから 1 つ選び、小グループに分かれて話し合ってみましょう。

① 自分の職場において、さまざまな年齢や経験をもつ職員、また○○が得意な職員等を思い浮かべ、「経験が豊富だからこそできること」「○○が得意だからこそできること」などを語り合いましょう。また、苦手な部分は、どう補えばよいのか、もしくは実際にどのようにして補い合っているかなどを出し合ってみましょう。

② 指導計画を作成する際に、一番大切にしていることについて話し合ってみましょう。

③ 保育において、具体的な場面を例にあげ、振り返りの視点と改善のポイントや、改善するために工夫していることなどを出し合ってみましょう。

参照　＊4　＊3 に同じ

表12-1　指導計画の立案記録および評価 週案日誌 指導計画 4月（3歳児）

		園長	主任	担任
先週の子どもの様子	新入園児は初めての園生活に不安や戸惑いを感じているが、保育士に抱っこしてもらったり、手をつないでいろいろなところを探索したり、一緒に遊んだりしたことで、泣き止んで周りを見渡す姿も見られるようになっている。進級児も環境が変わったことで、保育者から離れない、抱っこを求めるなど不安な様子の子もいた。遊びに関しては、大きな三輪車に挑戦したり、気の合う友だちとおうちごっこをしたり、友だちと一緒に虫探しをしたりして楽しんでいた。友だちの遊びをじっと観察する姿も見られた。			
今週のねらい	・環境の変化による不安を十分に受け止め、一人ひとりが安心して過ごせるようにする。 ・保育士や友だちと一緒に好きな遊びを楽しみながら、信頼関係を築いていく。 ・戸外で体をのびのびと動かして遊ぶ充実感を味わう。 ・春の自然の美しさや豊かさを感じる。			
経験してほしい内容	・保育者に抱っこしてもらったり、寂しい気持ちに共感してもらったりし、保育者への信頼感を持つ。 ・友だちや保育者と過ごすなかで、楽しい雰囲気を感じたり、「やってみたいな」という意欲が芽生えたりする。 ・保育者や友だちと、三輪車や砂場遊びなど好きな遊びや興味のある遊びを楽しむ。 ・裏の畑やあぜ道で、散歩したり野の草花を摘んだり観察したりする。			

この時期は、新入園児さんへの対応が優先され進級児が取り残されてしまいがちです。このようなことを考慮し、進級児さんへのケアも意識的に行っていきたいところです。

こういうときこそ、そばで寂しい気持ちを共感してもらえることで保育者との信頼関係が深まりますね。

一人ひとりの興味や関心、遊びや探究への「夢中度」は、そのときや場面によって違います。固定されたものよりもある程度ゆとりのあるスケジュールにすることで、安心感や遊び込んだ充実感につながりやすくなります。

環境の構成		
一人ひとりが安心して過ごすために	遊びをとおして信頼関係を築いていくために	春の自然の美しさや豊かさを感じるために
・ゆとりのあるスケジュールのもと、落ち着いた雰囲気で保育を行う（人的環境）。 ・午睡時は、素話やベビーマッサージを通して人の温かさを感じ、安心して眠れるようにする。	・一人ひとりの好きな遊びを十分に楽しめるよう、室内外の遊具や教材を手に取れるところに用意しておく（大型三輪車、ままごとセット、拡大器、図鑑など）。 ・友だちの輪に入らない子は、目の動きや表情、つぶやきをとらえ、必要に応じて遊びに誘ったり見守ったりする。	・事前に散歩コースや裏広場の下見を行い、安全点検を行っておく。 ・ブルーシートや水筒を持参し、いつでも休憩できるようにする。
援助のポイント		
・不安な気持ちに十分寄り添いつつ、「先生がいるから大丈夫よ」など優しい気持ちで話しかけながら抱っこしたり、温かい眼差しや表情で接したりすることで安心感が持てるようにする。 ・ベビーマッサージをする際は、語りかけたり子守り歌をうたったりしながら優しい雰囲気で行うと同時に、その子の好きなマッサージの仕方を見つけていくようにする。	・一人ひとりの好きな遊びに関しては、まずは遊ぶ様子をじっくり観察し、目の動きや表情、夢中になっている度合いなどをとらえるようにする。 ・ごっこ遊びやなりきり遊びをする際は、保育者も役になりきって同じ目線になり、一緒に楽しんでいくようにする。 ・友だちの輪に入れない（入らない）子がいても、すぐに声をかけることはせず、心の動きをとらえながら、必要に応じてそっと見守ったり、さりげなく遊びに誘ったりする。	・「お日様ポカポカいい気持ち」「風が気持ちいいね」など、感じたことを言葉にして共有し、オノマトペを活用しながら心地よい響きに触れることができるようにする。 ・野の草花と触れ親しむ際は、保育者も子どもたちと目線を合わせ、見つけた喜びや驚きを表現しながら、その美しさや不思議さをまずは"味わう"ようにする。

ゆとりのあるスケジュールに加え、子どもが見通しをもって行動できるような視覚的な環境構成があると、さらに安心することができ、主体的に行動することができるようになりますね。

子どもが自分のペースで選択できるよう準備していますね。新指針では、一人ひとりの興味関心の違いを大事にし、さまざまな遊びや活動が経験できるよう環境構成も重視しています。

子どもたちは、自らのペース、自らのタイミングで友だちとの距離を調整しています。その様子は、ちょっとした目の動きや表情に現れます。このような「心の動き」をとらえることは、容易ではありませんが、一人ひとりの醸し出す空気や雰囲気の変化をていねいにとらえていきたいものです。

一人ひとりの興味や関心をとらえるためには、まずはその姿をじっくり観察し、表情や目の輝きなど声にならない心の動きをとらえることが大切です。

用語　オノマトペ
ものの音や声などをまねた擬音語や擬声語（ざあざあ、じょきじょきなど）、あるいは状態などをまねた擬態語（てきぱき、きらきらなど）をさす言葉。
感覚の成長が著しい乳幼児期は、オノマトペを活用することで、言葉のもつ雰囲気やリズムを感じ、五感をとおしてそのものやことへのイメージを膨らませていく。

「"育ち"の視点で」というのがポイントですね。子どもを肯定的にみることにつながります。保育者が子どもを「〜しかできない」とみるのか、「〜ならできる」とみるのかによって、その後の関わりも大きく変わってきます。

書き方を逆にしてとらえてみると、視点の重心が変わってきます。「母親を思い出して泣いていたが、戸外遊びの際には友だちの姿を目で追っていた」とすると友だちの遊びに興味を示している様子がわかりますね。

保育者は、子どもの視線をたどるとき、その子のそばで「何がしたいのかな?」「何をしてほしいのかな?」と一生懸命考えます。今回の場合、「○○くんたち、戦いごっこしているね」のように「保育者の共感」を、まずは伝えてもよかったですね。

一緒には遊んでいなくてもY男くんは見て参加しているのかもしれませんね。

日	16日	日誌記入印	17日	日誌記入印
曜日	月		火	
今日の予定	避難訓練			
準備物	※固定遊具、園庭の事前点検 ・テッシュ、ごみ袋 ・着替え		※固定遊具、園庭の事前点検 ・テッシュ、ごみ袋 ・着替え	
天気	晴れ	主任確認印	雨	主任確認印

今日の子どもの姿（五領域、育みたい資質・能力、幼児期の終わりまでに育ってほしい姿を踏まえ、"育ち"の視点で記入する）

16日：
休み明けだったので、新入園児のK子やY男は駐車場から泣いて登園していた。戸外遊びでは友だちの姿を目で追うことはあってもなかなか保育者から離れることができず、片付けになると「ママがいい」「おうち帰る」と、母親を思い出して泣いていた。
戸外遊びでは虫探しをする姿があり、見つけてはままごとの容器に入れてじっくりと観察をしていた。そんな友だちの様子を見て、虫捕りの経験が少ないH児は、自分では虫を触れず、保育者に「虫どこにいる?」と尋ねていた。

17日：
今日は、雨のため朝は室内への受け入れになった。Y男は、母親と離れる寂しさと戸外に行けない悲しさで、入室後しばらく泣いていたが、保育者と一緒にタオルをかけたり排泄を行ったりするうちに気持ちが落ち着き、新聞紙の剣で戦いごっこをする子を目で追っていた。保育者が「Yくんも剣をつくる?」と尋ねると、「Yはつくらない」と言って絵本コーナーで月刊絵本を読んでいた。
進級児のK子は、「Rちゃんはおかあさんごっこに入れてあげない。だってすぐおかあさん(役)がいいって言うでしょ」とR子を入れなかった。

保育の評価・反省（保育の実践、ねらい、内容が、子どもの興味関心を踏まえたものであったか。環境構成の見通し、援助が適切であったかなど）

16日：
泣いて登園する新入園児に関しては、落ち着くまで抱っこをしたり手をつないだりして安心できるようにしたが、休み明けということもあって、長泣きになってしまう子もいた。不安な気持ちを受け止めつつも、遊んでいる友だちの様子を感じ取れるような場所に移動したり、本児の好きな動物の話などをしたりし、楽しい雰囲気を伝えてもよかったのではないかと感じた。
虫への興味はあるものの、自分では触れることができないH児は、保育者に何とかしてほしいと思っているようだ。本児が虫を捕まえることができるよう、「一緒に触ってみる?」と尋ねたが首を横に振ったため、「じゃあ、今日は一緒に見てみようね」と伝え、虫が移動する様子を観察することを楽しめるようにした。本児のペースで虫と関わることができるよう、今後もせかすことなく"一緒に"虫に近づけるようにしたい。

17日：
演習
〈背景〉Y男は、一人っ子の上に母親がやや内向的なため、親戚や地域の子どもたちとの関わりがほとんどなく、家庭では室内遊び(ビデオやブロックなど)が多かったお子さんです。入園後、母子分離への不安はあるものの、他児への関心が日に日に増しており、他児の遊びを目で追うことが増えました。

①Y男が他児の遊びを目で追っているときの心の動きはどのようなものでしょう。
〈状況〉Y男は、能動的で体を使った遊びの経験は少ないものの、入園後の今、他児が遊ぶ姿を目で追う姿から、他児の遊びや友だちの存在自体が新鮮に映っているようです。

②Y男と他児をつないでいくためには、どのような環境構成、配慮事項等が必要ですか。

18日	日誌記入印	19日	日誌記入印	20日	日誌記入印
水		木		金	
散歩		身体測定		散歩	
※散歩コースの安全確認 ・散歩セット ・着換え		※固定遊具 ・テッシュ、ゴミ袋 ・着換え　・測定器		※散歩コースの安全確認 ・散歩セット ・着換え	
晴れ	主任確認印	晴れ	主任確認印	晴れ	主任確認印

新入園児も徐々に園に慣れてきて、それぞれに気になる遊具や玩具を発見して遊ぶ姿が増えてきた。
進級児も新しい環境に慣れ始め、2歳児のときのように、保育者から離れ、気の合う友だちと遊ぶ姿も増えている。ただ、K子は、気の合う友だちと遊んでいるときに、他児が入ろうとすると、「一緒に遊ばない！」と強い口調で参加を拒否することが増えた。「○○はいいけど○○はダメ！」と一方的に参加の可否をK子が判断している。

保育室前に絵の具のコーナーを設けると、経験のある進級児のN子が興味を示し、「絵の具する！」とダイナミックに筆を動かした。色が混ざり合う部分に数回別の色をのせていき、絵の具の動きを確かめていた。隣にいた新入園児のK太は、N子の筆の動きと絵の具の動きにしばらく無言で見入っていたが、「ぼくもやってみたい」と保育者に伝え、青の絵の具でゆっくりと一筆描いた。描いた後、N子と目が合い、肩をすくめたS太。S太は、青一色で徐々に大胆に筆を動かしていったが、N子が「海みたい」と言うとS太がうなずいた。

散歩に行くことを伝えると、友だちに「手をつなごう」と声をかけていた。歩きながら歌を歌ったり、気になる物を見つけると座り込んでのぞき込んだりする姿も見られた。裏の広場に到着すると野菜畑に行き、「豆だ、なっているよ」と嬉しそうに報告に来ていた。また畑横の広場では虫探しをしたり、土手を登ったり走り回ったりして温かい日差しを浴びながら元気に遊んでいた。長い蔓を見つけると「うんとこしょどっこいしょ」と芋ほりごっこをして遊ぶ姿も見られた。園に戻る際は「楽しかった」という声も聞かれた。

豊かな自然のなか、たくさんの発見をしていますね。互いにつないだ手の温かみやおしゃべり、蔓を引っ張った遊びの経験などは心に残り、「明日も出かけたい」としっかり記憶に残ったことでしょう。

はじめから「誰とでも仲良く」を求めるのではなく、まずは、「K子ちゃんが特定の子と仲良くしたいと思っている」その気持ちを受け止め、共感してあげたいですね。

K子のなかに、何らかの思いが芽生え、自分のタイミングで選択していくことが大切ですね。

新入園児も進級児も新しい環境に慣れ始め、日中は気の合う友だちを誘い合い遊ぶことが多くなった。
その反面、特定の友だちを独占したいK子は、その他の友だちを強く拒否してしまうことが増えている。

演習
③「気の合う友だち」ができるということは、K子のようにほかの友だちを拒否してしまうような態度になることもあります。特に、何らかの理由で特定の友だちを独占したい場合は、口調が強くなってしまうことも少なくありません。
K子と他児をつなぐためには、どのような見通しをもって、どのように関わっていきますか。

新入園児のS太は、手や衣服が汚れることを嫌っているので、絵の具を使った表現遊びには抵抗があるのではないかと予想し、無理に誘わず見守ることにした。N子が夢中になって筆を動かす姿に見入る様子も見られ、興味はあるのだと感じた。今回、色を混ぜず細めの線で慎重に描いていたが、N子の言葉にうなずいたときの表情には、初めてのことに挑戦した充実感やN子と絵をとおしてつながった嬉しさのようなものを感じた。

演習
④表現活動の際に、そのねらいを達成するために必要な視点とは何ですか。

裏の広場では、「危ないよ」などの言葉も多く聞かれたので、保育士自身がどうすればよかったのか、もう一度互いに確認する必要がある。

演習
⑤保育者として、安全を第一としていくことは当然のことですが、散歩のねらいはなんだったのかを再確認する必要があります。
一般道を通行する際は、細心の注意が必要ですが、それでも子どもたちにとって「移動」ではなく「散歩」となるようなのびやかな活動になるためには、どのような環境構成、配慮事項が必要でしょうか。

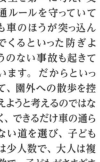

安全を第一に考え、交通ルールを守っていても車のほうが突っ込んでくるといった防ぎようのない事故も起きています。だからといって、園外への散歩を控えようと考えるのではなく、できるだけ車の通らない道を選び、子どもは少人数で、大人は複数で、子どもがさまざまな発見を楽しめるような散歩ができるように工夫していきたいですね。

評価の理解および取り組み

写真提供：杉水保育園

「私の保育から、私たちの保育へ」（森上史朗・今井和子『集団ってなんだろう』ミネルヴァ書房、1992年より）

ポイント

1 評価を通じた深い学びと質の向上が求められている。
2 具体的な評価スケールを土台とし、自分（自分たち）の保育を評価する。
3 カンファレンスをとおし、全職員でよりよい保育を実践していく。

1 | 保育内容等の自己評価

1 記録をとおした振り返り

　私たち保育者は、保育内容等を記録することで、改めて子どもの姿や自分の保育を振り返ることができます。日々目まぐるしく過ぎ去っていく保育現場ですが、保育者がとらえようととらえまいと一人ひとりの物語は紡がれています。すべての場面を記録することはできませんが、一人ひとりの物語を愛おしく感じながら言語化することは、保育者の子どもをとらえる視点をより深いものへと導いていきます。

　保育内容等を記録する際に気をつけたいことは、子どもの活動内容やその結果だけを記述するのではなく、その場に居合わせた者が感じることのできる心の育ちや意欲、また継続的に関わっているからこそわかる育ちの過程などをていねいにとらえなければならないということです。

　たとえば、「鉄棒ができるようになった」「うれしそうだった」というような姿に関しては、以下のようにその過程をていねいにとらえます。

> ○月△日
> 　「鉄棒に苦手意識をもっているようで、興味はあるようだが自ら取り組もうとはしない」
> ○月△日
> 　「鉄棒に誰もいないことを確認したK男は、保育者を誘って鉄棒に行き、数回鉄棒を握った」
> ○月△日
> 　「鉄棒への苦手意識よりも『Tくんみたいに回ってみたい』という思いが強くなっているようで、鉄棒を握りジャンプしながら上体を鉄棒に乗せようとする姿がみられるようになった」

　その際、書きとめておきたい姿を箇条書きでもよいのでメモに残しておくと、改めて一人ひとりの育ちを深くみつめることができますし、個人記録や保育所保育要録を作成する際にも、より具体的な姿を記述することができます。時間は限られていますので、「苦手意識→鉄棒握る」といったキーワードだけでも残しておくと、振り返りの際にその場面をより具体的に思い出すことができます。記録して振り返る、振り返ってその後の環境構成や関わり、言葉かけにつなげていく、このような過程を繰り返すことで、子どもの姿や活動への理解がより深まっていきます。

▶ 2　子どもの育ちをとらえる際の留意点

　子どもの育ちをとらえる際は、乳幼児期の発達の特性とその過程を把握しておく必要があります。発達の特性に関しては、乳幼児期は発達の個人差が大きいことを十二分に考慮したうえで、「できる・できない」という評価ではなく、一人ひとりの心の動きや内面の育ちをとらえることが大切です。また、発達の特性が「3歳だから□□でなければならない」「普通、○歳だったら□□するよね」といった、子どもをとらえる視点を限定するものとならないよう気をつけなければなりません。発達の特性を一つの目安としてとらえるとともに、生まれたときの状況、家庭や地域の状況、保育歴などを全体的にとらえ、目の前の子どもをあるがままに受け止めることが、「みんなちがって、みんないい」（金子みすゞ）といった多様性を肯定的にとらえる視点にもつながっていきます。周りの子どもと比べるのではなく、一人ひとりのありのままの姿を原点とした、資質・能力を最大限に引き出すような保育が展開されていくことが大切です。

　「現在を最も良く生き、望ましい未来をつくり出す力の基礎を培う」ための、記録を通した具体的な振り返りと改善が一人ひとりの子どもの「育ち」を保障していきます。

▶ 3　より具体的に振り返るための自己評価の視点

　保育に対する自己評価を行う際のより具体的な視点の一つとして、『「保育プロセスの質」評価スケール』（シラージ、キングストン、メルウィッ

シュ、2016年）を紹介します。

　本書には、「SSTEW」すなわち「ともに考え、深めつづけること」と「情緒的な安定・安心」スケールという、保育施設における保育実践を観察するために開発された新たなツールが提案されています。

　詳細は割愛しますが、幼児教育や就学前教育の効果的な実践に基づき、保育環境がきわだってよい12の保育施設における、保育者と子どもたちのやり取りの観察・録画データに関する語りが分析されるなかで、保育者が子どもと「ともに考え、深めつづけること」が子どもたちの社会的情緒、認知的な発達を支えるうえで、極めて重要なスキルであることが明らかになったとし、"Sustained Shared Thinking" を以下のように定義しています（13頁。下線部は筆者による。以下同様）。

> 　二人もしくは二人以上が、知的な方法で「一緒に」取り組み、問題を解決し、ある概念について明らかにし、自分たちの活動を捉え直し、語りを広げたりすること。どの参加者も、ともに思考することに貢献し、思考を発展させたり広げたりすることが求められる。

　上記の「ともに思考することに貢献すること」という鍵となる概念は、子どもたちの学びや発達に必要な支援に関する概念、たとえばヴィゴツキーの「発達の最近接領域」などの概念から派生したものであり、そこでの大人の役割とは、子どもの学びと発達を支える際、大人が感性豊かに、子どもを真ん中にした関わりをすることだとしています。また、「その中には、子どもたちの『発達の最近接領域』に直接介入し支えることだけでなく、『一歩下がって』子どもたち自身が探究し、親しみをもち、問題を解決し、自分たちでもしくは仲間とともに考えることができるようにする、ということも含まれるでしょう」（13-14頁）とも述べられています。

　効果的な保育環境に関する研究において、どのように子どもたちと関わり、子どもたちの学びと発達をどう支えるか、が保育における最も重要な要素だとし、「保育者がケアと教育の両方を大切にし、子どもたちとかかわることが、保育の質を担保する」（14頁）としています。

■4　SSTEWスケールを使用する際の留意点

　SSTEWスケールを使用する際は、スケールの内容だけでなく、観察した内容の意味についても、しっかりと理解しなくてはなりません。SSTEWスケール以外を使用する際にもいえることですが、評価をする際は判断を下すという態度ではなく、保育者に敬意をはらう必要があり、SSTEWスケールを用いる評価者は、保育実践、さまざまな文化に対する配慮、そして子どもの発達について、しっかりと基礎知識をもっていることが重要だと述べています。

　本著では、「はじめる前のガイド」や「判断のポイント」などについても、例をあげながらわかりやすく説明しています。また、実際の具体的な評価については「サブスケール」とし、1〜5の領域に分けられ、各サブ

スケールは14の項目で構成されています。

それでは、実際に、サブスケールの例をみてみたいと思います（34頁）。

【サブスケール3】言葉・コミュニケーションを支え、広げる

・項目5　子ども同士の会話を支えること

〈不適切〉

1.1　子どもたちが必要なこと以外は話させないようにしている。

1.2　保育者が主として、子どもたちの行動を統制し、ルーティンを
　　こなすために話しかけている。

いかがでしょうか。このような内容を、客観的にみると「まさか！　こんなひどい保育はしていない！」と思われるかもしれませんが、「1.1」に関しては、そもそも「子どもたちが必要なこと」と「大人が必要なこと」自体に違いがあるということも大いに考えられるのではないでしょうか。また「1.2」に関しては、「よくまとまっているクラス」「おりこうなクラス」といったクラスのあり方をよしとするならば、保育の現場ではよくみる光景かもしれません。それに対し、同項目における、〈とてもよい〉は、以下のような評価内容が示されています（34頁）。

〈とてもよい〉

7.3　子どもたちが他者とかかわろうとしていない時に、保育者が子
　　どもの傍で遊び、子どもたちの姿から手がかりを得ながら子ど
　　も主導の遊びの流れに乗り、コミュニケーションに誘われる機
　　会を待っている。

「7.3」の関わりに関しては、佐伯胖は「保育者がいない保育はありうるのか」という項目の中で、「しかし、保育というのは、保育者があれこれと『手を出す』ことだろうか。あえてここではっきり言うが、保育者が『手を出さない』保育はあり得る」と言いきっています（佐伯、2001年、168頁）。

渡部信一は、自閉症児の偏食を改善する事例をあげ、「偏食を治すため」に合宿に参加させたり、歯科医による特別な器具を使った「治療」を受けさせたりしたが、まったく改善されなかったとし、次のように述べています（渡部、2001年、169頁）。

　親や保母が「子どもの気持ちをくみ取ろう」として、食べる楽しさをわからせようと、ありとあらゆる手だてを講じたが、ほとんどすべて、頑強に拒否されてしまった。ところが、普通児の集団のなかで、普通児が「ごく自然にかかわる」中で（中略）「いつのまにか」食べるようになってしまったのだという。

　そこにあったのは、「共同体のなかに、いっしょにいる」ということの楽しさ、心地よさであり、それが支えとなって、「育ち」や「学

び」が成立しているとしか考えようがない。

　この自閉症児のような事例は、筆者の園でもみられ、筆者も自身の経験をもってそうなのだと強く感じます。

　「7.3」のように、保育者が傍で遊び、さりげなく楽しさや心地よさを感じられるような空気をつくったりともに感じたりしつつ、「コミュニケーションに誘われる機会を待っている」という関わりは、「まったく何もしない」という「手を出さない」保育ではなく、その子の性格、周りとの関係性、そのときの場の雰囲気などを的確にとらえたうえで、言語や直接的な関わりをともなわない「ともに考え深めつづける」保育が展開された、といってよいのではないでしょうか。

〈留意点〉

　この評価スケールは、あくまでも保育における「ともに考え、深めつづけること」と「情緒的な安定・安心」の視点で構成されていますので、五領域（健康、人間関係、環境、言葉、表現）と照らし合わせると、「環境」や「表現」に関しては呼応しない部分もあります。また、イギリスで作成されていますので、国としての背景が異なる部分もみられます。しかし、あくまでもこの評価スケールは一つの目安とし、このような評価の方法もあるのだということを土台に、評価の内容を自分（自分たち）で作成してもよいと思いますし、この方法に慣れてきたら、目の前の子どもたちに合わせて独自の評価スケールを作成すべきかもしれません。

　「なんとなく」振り返るのではなく、このようにさまざまな関わりを客観的にとらえ、自分（自分たち）の保育と照らし合わせるというこの新しい評価スケールは、保育の質の向上に資するものだと感じています。

5　カンファレンスによる自己評価

　『集団ってなんだろう』（森上・今井、1992年）の序文において森上史朗は、「保育のカンファレンスは、そうして一人ひとりの実践者を成長させますが、それだけにはとどまりません。そのことによって、カンファレンスに参加する人すべての成長を可能にします。つまり『私の保育から、私たちの保育へ』と高まっていくことが可能になるのです」（ii頁）と述べています。保育のカンファレンスをとおして、「私たち」という学び合い支え合う保育者集団へと成長していくのです。

　また、同じ職場の保育士等でカンファレンスを行う際は、「何のために」という視点を持ち続け、手段が目的とならないよう気をつけなければなりません。たとえば、「運動会」という行事に関して、「運動会を行う」ことが大切なのではなく、「なぜ運動会をするのか」という観点から「運動会という取り組みをとおして、どんなことを感じてほしいのか、どんなことを学んでほしいのか」などをもとにカンファレンスを行うことで、結果だけにフォーカスしないその「過程」、すなわち「育ち」を大切にする保育につながっていきます。

　さらには、自分たちが行っている保育に関して語り合うことは、自分に

は見えていなかった姿や育ちに気づくことができたり、子どもをとらえる多様な視点にふれることで、自分の保育観を広げたりする貴重な機会となります。また、自分がとらえた子どもの姿を言語化しながら伝え合うことで、自分自身の子どもを観る視点も深まっていきます。このように、多様な視点は子どもの育ちを深く理解することにつながり、保育の専門性も高めていきます。時には、園内研修等の場において、外部の専門家を交えてカンファレンスを行うことも、多様な視点をもつためには大切です。

　このような「育ちの目標やそのプロセス」において相互理解のもと、意見を交わし合うためには、保育士等が自分の意見を安心して言える雰囲気が必要です。「こんなこと言ったらどう思われるだろう」「ほかの保育者とは違う意見だから言いづらい」など、保育士自身が安心して意見を言えない組織では、一人ひとりの保育士等が自分の力を十分に発揮することはできません。批判し合うための振り返りでは、保育に関する気づきや喜びは生まれにくく、前向きな評価ではなくなってしまいます。それに対し、「どのようにすればよりよい保育につながるのか」といった意見の交換は、多くの気づきをもたらし、保育の意義や喜びを見出すとともに、子どもの育ちを保障するための責任感や自覚を生みます。保育士等が一人ひとりの保育の質が向上し、互いに学び合い支え合う関係となれば、保育士等の集団が専門性の高い「チーム」としての組織へと大きく成長します。

2 ｜ 保育所の自己評価とその意義

■1 かけがえのない命を預かり、育ちを保障する場としての責務

　保育所は、一人ひとりの育ちを支える児童福祉施設および幼児教育機関として、保育の内容と運営において公的な責任を担っています。保育所は、その公的責任を担うべく保育や運営を行っているかについての自己評価を行い、「その結果を公表するよう努めなければならない[*1]」とされています。保育所に寄せられる要望や苦情なども自己評価の資料に含まれます。自己評価の結果を公表することの意義が、保育所が行っていることを保護者や地域に対して明らかにすることにあることを踏まえ、何をどのように公表するのかは、各保育所が判断して定めるとなっています。

　また、保育の実践に関しては、子どもを取り巻く環境（保護者、地域、社会など）をよりよくするために、子どもへの理解を深めてもらうための働きかけが必要となります。たとえば、佐伯は、レッジョ・エミリア保育の実践創始者の一人であるマラグッツィの保育思想について、以下のように述べています（佐伯、2001年、196頁）。

参照　＊1　「保育所保育指針」第1章3（4）「保育内容等の評価」イ（ア）

> マラグッツィにとって「幼児教育」は「幼児」にとどまるべきことではない。幼児教育は市民社会全体に「驚き」と「感動」をもたらす文化的資源であり、<u>社会の人々みんなで育て、大切にし、味わい、喜び合うべきものだ</u>ということを、生涯にかけて社会に、世界に伝えようとした。

　保護者や地域に開かれた保育所として、地域の子どもを「ともに育む」という姿勢を示すことで、子どもの育ちを真ん中とした対話や協力関係づくりにつながっていきます。

２　何を目指し、どのような観点で評価をするのか

　自己評価を行う目的は、各保育所の理念や方針、目標の達成を目指して作成した全体的な計画とそれに基づく指導計画等の実現に向けた実践が行われているかについて、組織的・継続的に振り返ることです。先述したような評価スケールなどを活用しながら職員が相互に話し合いを重ね、具体的な自己評価の観点や項目を定めていきます。自己評価の実施により明らかになった課題などは、短期間にすべて改善しようとせず、課題の重点化を図ったうえで、実現可能な計画のなかで見通しをもって進めていくとともに、評価の観点や項目は折にふれて見直すことも重要です。

　「保育所保育指針」では、評価の観点や項目を設定する際、**第三者評価**などの外部評価を受けることも、職員一人ひとりの意欲の向上につながり、組織としての自己評価の意義をなすともいっています。

３　子どもの育ちを保護者や地域と喜び合う保育所

　「児童福祉施設の設備及び運営に関する基準」第36条では、「保育所の長は、常に入所している乳幼児の保護者と密接な連絡をとり、保育の内容等につき、その保護者の理解及び協力を得るよう努めなければならない」とし、これを踏まえ、保育所では保護者や地域住民等の意見を聞くことが望ましいと定められています。

　保育所と保護者との関係は、どちらかが優位に立つものではなく、子どもの育ちを真ん中にすえ、その育ちを支えるパートナーシップが大切です。地域住民たちとの関係では、アフリカのことわざに「一人の子どもを育てるには村中みんなの力が必要」とあるように、地域の子どもたちを「ともに育てる」という協力体制のもと、連携を深めていきます。たとえば、子

 第三者評価

以下に示す「社会福祉法」第78条に基づき、2002年に開始された。
　「社会福祉事業の経営者は、自らその提供するサービスの質の評価を行うことその他の措置を講ずることにより、常に福祉サービスを受ける者の立場に立つて良質かつ適切な福祉サービスを提供するよう努めなければならない。
　2　国は、社会福祉事業の経営者が行う福祉サービスの質の向上のための措置を援助するために、福祉サービスの質の公正かつ適切な評価の実施に質するための措置を講ずるよう努めなければならない」

どもたちが散歩に出かけた際は、「うるさい」「危ない」といった視点では
なく、「散歩は気持ちがいいね〜」「今日はお天気がよくてよかったね〜」
といった会話を交わしながら「子どもは地域の宝」といった視点をもって
もらえるよう、保育所から地域に働きかけることが大切です。日ごろから
地域に開かれた保育所として、人とのつながりを大切にし合う関係性を築
くことが、ともに支え合う地域社会にもつながっていきます。

3 ┃ 子どもの最善の利益を保障するための「改善」

1 保育の質の向上につながる改善

　保育士等が保育を語り合い、自らの保育内容に関する評価を行う意義に
ついて、「保育所保育指針解説」の「評価を踏まえた計画の改善」では
「子どもの最善の利益を保障し、よりよい保育を展開していくために、計
画に基づいて行った自らの保育を、多様な観点で振り返りながら、継続的
に保育の質を向上させていくことにある*2」としています。

　また、前出の『集団ってなんだろう』の序文において森上は、もともと
医学や心理療法に携わる専門家の間で使われていた「カンファレンス」と
いうものを、教育に取り入れた教育学者のアイスナーを紹介し、「アイス
ナーは、正解を求めるのではなく、できるだけ多くの多様な見方・とらえ
方にふれることによって、自分の実践のとらえ方を再構築したり、自分の
実践をみる力を高めていくところにカンファレンスの意義があると述べて
います」としています。

　現代では、保育や子育てに正解はないという考え方がずいぶん浸透して
きましたが、同著が発行された時代は、「効率的に正解となる考え方に到
達できるということが前提」の研修会が主流であり、「経験年数の多い人
の意見が尊重され、若い人の意見は軽く見られるといった傾向があった」
と述べられています。もし、現在でも、自己評価や改善が一つの「正解」
を効率よく求めるための取り組みであるとすれば、その目的である「保育
の質の向上」にはあまりつながらないでしょう。それどころか、若い保育
士等にとっては、主体性を欠く形式的な作業にもなりかねません。自己評
価が主体的な取り組みとして多様な視点のもとに行われることで、初めて
その結果が具体的に改善へとつながっていきます。アイスナーのカンファ
レンスの意義にあるように、「改善」とは、正解を求めるためのものでは
ありません。多様な見方・とらえ方にふれることによって、「自分の実践
のとらえ方を再構築したり、自分の実践をみる力を高めていく」ことが、
保育の質の向上につながる主体的な改善となっていくのです。

参照　＊2　「保育所保育指針解説」第1章3（5）「評価を踏まえた計画の改善」ア

▶2 全職員が共通理解をもって取り組む

　全職員が共通理解をもって取り組むためには、一人ひとりの思いや意見が尊重され、「自分も子どもの育ちを支える一人である」という自覚をもてるようにすることが大切です。そのためには、さまざまな立場の職員が自分の思いや意見を出しやすい研修や会議が必要となるでしょう。また、共通理解をもつことに関しては、前出の『集団ってなんだろう』において「多様な考え方が大切であるということを述べましたが、子ども観や保育観、実践の基盤となる保育の基本的な考え方が全く相反するものであれば、いくらカンファレンスを重ねても、どこまでも並行線で、新しいものは何も生まれてきません」としたうえで、「実践していく上で、また議論をしてく上での共通の土俵のようなものは必要となります」（iii頁）と述べられています。ここでは、「徹底して子どもの視座に立つこと」を共通の土俵としていますが、これは、「子どもの最善の利益を保障する」ことでもあり、徹底して子どもの視座に立ち、子どもの最善の利益を保障すると言葉を重ねることもできます。このように、土俵を同じくするためにも、共通理解のもと保育を実践し、カンファレンスをとおしてさらにさまざまな視点をもって振り返り、同じ方向に向かって保育の質を高めていくことは、まさに改善を踏まえた成長し合う保育者集団になっていくべく大切なプロセスとなります。

　また、一人の子どもを皆で育てる地域社会をつくるためには、保護者をはじめとした子どもを取り巻く地域全体の意識が高まっていく必要があります。森上も「保育は自分だけがどのようにすぐれた力をもって実践しても限界があります。そこで、園とか地域全体が高まっていかなくては本当に豊かな保育を創り出すことはできません」（ii頁）と述べています。

　未来を担う子どもたちとともに育ち合い、行く行くは支え合う存在となるためには、保育所が地域社会の一つとして、子どもと地域をつなぐ役割を果たしていくことが、今後ますます求められていきます。

ワーク

　次の課題のなかから1つ選び、小グループに分かれて話し合ってみましょう。

①自己評価をするにあたって、「そもそも、自分はなぜ保育士になろうと思ったのか」または、「どのような経験が『保育者』としての自分を支えているのか」について、互いに出し合ってみましょう。

②「子ども同士の会話を支える」場面をイメージし、サブスケールの例であげた「サブスケール3　項目5」（本書129頁）に基づいて、評価してみましょう（項目は、新たに作成しても構いません）。

③現在の職場において、「共通理解」をもつために工夫していることを出し合いましょう。

第5章

園での育ちを
小学校へとつなぐ

2017年改定（改訂）の「保育所保育指針」「幼稚園教育要領」「幼保連携型認定こども園教育・保育要領」では、「幼児期の終わりまでに育ってほしい姿」がポイントとなっています。最終目標ではないとされていますが、解釈次第では記述が大きく変わってしまいます。

なめらかな接続のために、今私たちが伝えたいことは「できる」「できない」の表面的な結果ではないはずです。子どもたちの表には出てこない心の動き、願いや悩み、葛藤を大事に伝えたいのです。まずは、保育者自身が「できるようになることが成長だ」という呪縛から解放され、柔らかな視点で「子どものスピードで自ら育とうとしている力」をとらえ、それを小学校へとつなげていけたらと思います。

この章には、社会の入り口に立った子どもたち一人ひとりを、大事に送り出したいという願いが込められています。

レッスン14

小学校教育との接続

レッスン15

なめらかな接続のために

14

小学校教育との接続

写真提供：ひまわり保育園

ランドセルと一緒に
戻ってきた1年生。

ポイント

1 幼保小連携のなかで何が変化したのか。
2 保育所等教育と小学校教育が違うからこそ伝えたい。
3 大切に小学校へつなぎたいものは一人ひとり違う。

1 ┃ どうして小学校に保育所等の思いは 届かないのか

1 幼保小連携がうたわれるまで

　第二次世界大戦後の1948年に作成された幼稚園・保育所・保護者を対象
にした「保育要領」は、1956年に見直され、「幼稚園教育要領」が定めら
れました。それは幼稚園の小学校の準備教育としての役割を明確にし、小
学校との一貫性をもたせる意図があったからです。それに遅れること9年、
1965年には「保育所保育指針」が定められました。その後大きな転機と
なったのは、1989年の「幼稚園教育要領」改訂、1990年の「保育所保育指
針」改定です。この時期の社会的背景としては少子化、都市化、核家族化
などが進み、子育ての変容が大きくなり、25年ぶりの「保育所保育指針」

 用語 **小1プロブレム**
①授業不成立という現象を中心として、②学級が本来もっている学び、暮らしの機能が
不全になっている、③小学1年生の集団未形成の問題。1997年に新保が現象を認知し、
研究が開始された（新保真紀子「子どものための"段差"縮小」『げ・ん・き』第129号、
エイデル研究所、2012年）。

の改定となったのです。このころより「小1プロブレム」（新保、2012年、2-16頁）という言葉が聞かれるようになりました。

2008年に「保育所保育指針」の改定と「幼稚園教育要領」の改訂が行われました。そのなかで小学校との連携として、幼稚園と同様に小学校入学に際して、「保育所児童保育要録」の作成と送付が義務づけられたのです。そして2014年、「幼保連携型認定こども園教育・保育要領」が定められました。

2017年には「保育所保育指針」の改定、「幼稚園教育要領」と「幼保連携型認定こども園教育・保育要領」の改訂が行われ、2018年から施行されています。

筆者の園は、親が近隣の大学や県庁等勤務先に近いことを理由に入園する子どもたちが多く、居住区はバラバラです。小学校との交流は、年度末にすぐ近くの公立保育所とともに近くの小学校体験訪問を行っていました。そのほかは、小学校から入学式や卒業式の案内が届く程度でした。

2009年に保育所児童保育要録の作成が始まりましたが、必ずしも有効に機能していなかったように思います。たとえば、毎年、要録を作成して小学校へもっていき、担当の先生へ内容を説明して引き継ぐという作業をしますが、機会があり小学校の先生に尋ねると「忙しくて読めない」「その子をまっさらで受け止めたいのであえて読まない」「何か問題が起こったときだけ読む」という回答が返ってきました。送り出す側の保育所や幼稚園等の心配や願いは受け取る側の小学校へはなかなか届かず、「形だけの連携」になっていると感じることが少なくありませんでした。

「小1プロブレム」の社会問題化と連動して盛り込まれた「小学校との連携」でしたが、最近では、小学校との関係の変化を感じています。小学校から「入学児童について話を聞きたいのですが」「何か入学に際し、心配なことなどはありますか」「よろしければ、実際に遊んでいる様子を見て話をうかがえますか」という電話がかかるようになりました。また、園児が入園した小学校から授業参観の案内や交流会、幼保小連携会の案内が来るようになりました。小学校が保育所等との連携の必要性を感じ、お互いがよりよく引き継いでいけるように、少しずつですが進んでいると感じます。

全国保育士会が発行している事例集では、各地での幼保小連携の取り組みが報告されています。そこには、その地域ならではの工夫や知恵が感じられます。

子どもたちを目の前にしたとき、保育所、幼稚園等からの取り組みの連続性や実践の重要性を感じます。そして今、ますます厳しい社会の変化のなか、幼保小が互いに歩み寄って子どもたちの現実から出発することが大事であると、「小1プロブレム」の名づけ親である新保真紀子（2012年）は述べています。

2 幼稚園、保育所等と小学校の間に生じた「段差」

しっかり食べて、しっかり遊べる。身の回りのことが自分でできる。自分の思いをきちんと表現でき、困ったときには友だちや先生に自分の思い

を伝えられる。楽しんで学校生活が送れる。子どもたちが小学校へ行くとき、それらを願いながら引き継いでいます。しかし、私たちが大事にしてきた、まずは"一人ひとりの子どもの気持ち"よりも、小学校では"勉強""集団"が優先されている気がします。実際、連携会議で担当の先生が「ちゃんと授業中、45分間座れるようにしてください」「集中できるようにしてください」など、「できるようにしてください」という学校側からの要求事項を保育所、幼稚園等の参加者に話す学校がありました。

　新保（2012年）は「小学校は理屈ではいろんな子どもがいると知りながら、『1年生はこういうもの』という『1年生像』が根強く、その像からなかなか離れられないという面があります」と述べています。

2 ┃ 学校教育と保育所等教育の違い

　保育所、幼稚園、認定子ども園に入所している子どもたちは、生活時間の大半をその施設で過ごしています。毎日繰り返される日常のなかで大人も一緒に関わり合い、ふれ合って多くの発見や喜び、怒りや悲しみを味わい積み重ねながら学び合っています。

　朝、「おはよう」と登園したときから学びの連続です。朝、誰かと出会ったらあいさつすること、これも学びです。言葉で言えない0歳児も朝から「おはよう」と言う職員と手でタッチします。こうして人は社会で過ごすうえで出会った人と自然にあいさつを交わし、コミュニケーションを取るということを覚えていくのです。保護者がにっこり笑いながら相手とあいさつを交わせば、人は相手の顔を見ながら言葉や表情を交わすのだと認識していきます。しかし、照れくさくてあいさつしなかった3歳児が厳しく怒られたり、減点されたりすることはありません。毎日の暮らしのなかで自然に繰り返すことで身につく学びです。また、Aくんはあいさつができるけれど、Bくんはできないなどと比較されて区別されることもありません。「おはよう」と声をかけながら「今はできなくても、いつかできるよ」とニコニコして周りの大人は気長に待っています。

　①できる、できないで比較したり、評価したり、区別したりしない。
　②日常的に自然に繰り返される。
　③自分自身で気づき、どうするか決めていく。
　④周りの大人が間をもって対応する。
　これらが、保育所等の学び（教育）の特徴だと思うのです。
　倉橋は『育ての心』のなかでこう述べています（倉橋、2008年、47頁）。

　　教育はお互いである。それも知識を持てるものが、知識を持たぬものを教えてゆく意味では、或いは一方が与えるだけである。しかし、人が人に触れてゆく意味では、両方が、与えもし与えられもする。(中略)　与える力に於て優れているのみでなく、受くる力に於ても、先生

の方が幼児より優れている筈である。その点に於て、幼児が受くるよりも、より多くを先生が受け取る筈でもある。

保育所等の学びの場合、一方的に教え込むのではなく、お互いがふれ合い影響し合って日々自然に学んでいくのです。

一方、学校教育について、新保（2012年）は、教師は自身にとって当たり前のことが、子どもたちにとっては当たり前でないことに気づけないと述べています。たとえば、チャイムでの行動や一人ひとりに用意されるいすや机です。何が始まるのかわからない、動けない不安な気持ちです。また、「一度説明したからわかっているはず」と思う教師と十分な説明がない、先の見通しがもてないと感じる子どもとの気持ちのずれもあげています。

さらに、保育所、幼稚園等と小学校との言葉かけの違いについても次のように述べています（新保、2012年、13頁）。

「起立」「礼」とか「机を後ろに下げなさい」とか、難解な言葉や指示口調が子どもたちにはわかってもらえないことがあります。保育では、子どものそばで、ここというタイミングで言葉をかけますが、小学校では教師が一斉に指示することが多くなります。他にも、幼稚園の教師や保育者は、子どもの行為や気づきや感情に対して、共感的な言葉を返します。子どもの行為や感情にシンクロさせながら、時には同じ目線まで降りていって、共感的な関係を築こうとする文化があります。対して学校文化では、子どもの行為への「できたかどうか」の評価につながる言葉や子どもの見方がどうしても多くなります。例えば、整列や集団行動のときでも、幼稚園では上手にできたグループをほめて、再度、お手本として見せる。これに対して小学校では、できていないグループにやり直しをさせて、悪い見本として全体に知らしめがちです。賞賛と罰という全く違うコントロールがあるのです。到達度に重点を置く学校と心情に共感的な評価を返す幼稚園との評価方法の違いから来ているのかもしれません。

今までは、それらの「段差」を何とか乗り越えてきていた子どもたちが乗り越えられなくなってきている、そこに改めて学校側も気づいて対応をしていると述べています。

3 ｜ 小学校側からみた幼保小連携の課題とこれから

では小学校側は幼保小連携のこれからをどう感じているのでしょうか。各学校はもちろん、地域や行政の考え方によって差があることは確かです。新保（2012年）はこれからについて、「現場レベルでの継続的な交流と

ボトムアップがあってこそで、上からと下からの双方のベクトルが必要である。1年担任と年長児担任の関係性だけに頼らず、連携担当の校務分掌を作るぐらいは必要である。教職員間・子ども間の交流を毎年行って、伝え続けて、話続けて、段差を縮小していくことが大事である」と述べ、加えて「幼児教育現場と学校教育現場の縦の段差だけでなく、一方では横（保育所、幼稚園、認定こども園等）の溝も気になる」と述べています。

そして、「就学前には、『人間っていいもんだ』という人に対する信頼感を育てることにつきる」とし、「人間関係作りの基礎、それだけの信頼感を持つには何よりも自己肯定感が大切である。心の土台がしっかりした上で色々な経験を重ねて欲しい。『からだ・こころ・あたま』がバランスよくかしこくなっていくことが大事である」とも述べているのです。

これからの学校教育ついて、苫野一徳は次のように述べています（「動き出す公教育の構造転換」『熊本日日新聞』朝刊、2019年1月20日付）。

> 公教育が始まって、約150年。学校教育はこれまで、「みんなで同じことを、同じペースで、同質性の高い学級の中で、教科ごとの出来合いの答えを、子どもたちに一斉に勉強させる」システムによって運営されてきた。（中略）時代の大きな転換期である。公教育もまた、150年変わらずに来たそのシステムを、根本的に転換すべき時期を迎えている。

また、「公教育の構造転換」に際して注意すべき点として、上記に続けて「教育の方法だけをまねるのでは全く意味がないということ」と「あまりにトップダウンの改革は必ず失敗に終わるということ」の2点を指摘しています。子どもたちを取り巻く環境全体が少しずつ変化しながら、動きだしていると感じます。

4 ┃ 大切に小学校につなぎたい

■1 幼児期の終わりまでに育ってほしい姿

小学校入学は本当の意味での社会生活の始まりです。保育者は、楽しいと感じながら毎日の小学校生活を送ってほしいと願っています。

各指針・要領では、「幼児期の終わりまでに育ってほしい姿」があげられています。皆が共通の土台をもち、イメージをもって保育にあたることは大変な意味があることだと思います。「健康な心と体」「自立心」「協同性」「道徳性・規範意識の芽生え」「社会生活との関わり」「思考力の芽生え」「自然との関わり・生命尊重」「数量や図形、標識や文字などへの関心・感覚」「言葉による伝え合い」「豊かな感性と表現」で示された10の姿です。そしてこれらが手がかりとなり、保育関係者以外にも子どもの成長がわかりやすく伝えられ、保育と小学校教育の円滑な接続に役立つのでは

ないかと考えていると解説されています。

　ただし、この姿は就学前の到達目標ではない、個別に取り出されて指導されるものではない、すべての子どもに同じように見られるものではない、子どもが発達していく方向を意識して、それぞれの時期にふさわしい指導を積み重ねて育つもので突然できあがるものではないと注意も促しています。しかし、表題や姿の内容から、どうしてもこの姿を最終目標とし、小学校側に沿った指導内容になるのではないか、と心配してしまうのです。

　たとえば「自立心」のなかの「しなければならないことを自覚し、（中略）諦めずにやり遂げることで」という文章から受ける枠のある強制感や、「道徳性・規範意識の芽生え」のなかの「してよいことや悪いことが分かり、（中略）決まりを守る必要性が分かり」という大人の視点から書かれた記述を、一番身近にいる保育者がどのように解釈し、日常の保育のなかで“遊びは学び”ということも含め、子どもたちとどのように過ごしていくのか園全体で考えることが大事です。

　小学校生活を楽しいものにしてほしいと保育者が願っているからこそ、本当に大事にしたいことは何か職員皆で考える必要があります。

2　2〜3月の年長児の様子

　保育所で過ごすのもあと数か月です。年長児の担任は子どもたちと話をしながら、カレンダーに年長ならではの行事を書き込んでいます。

　たとえば、筆者の園では針仕事の延長で、自分たちの卒園アルバムの表紙を刺し子模様でつくるのも大事な仕事です。どのような模様にするのかは自分たちで本を見て決めます。保育者がそばについて見守りながらできあがりを確かめつつ一針一針さしていきます。

> **事例 1**　やりたいけれど、これは…
>
> 　5歳児が刺し子を始めてから、急にリツくん（4歳児）が、保育者に「雑巾縫いたい」と頻繁に言ってくるようになりました。夏ごろは雑巾ブームで、皆が縫っていましたが、ここしばらくブームが去り落ち着いていたのです。どうやら、5歳児の様子を見ていて自分も刺し子をやってみたいけれど、これは特別だ、年長さんだけの仕事だと感じているようです。やりたくてうずうずするけれど、今はそのときではないと感じ取っているのでしょうか。担任は、リツくんが近くでじっと見つめる様子に、あえて言わないけれど、きっと心の中で「来年は自分の番…」と思っているのだと感じています。

　年長担任は、この時期だからこそ以下のようなていねいな関わりを心がけます。

・小学校へ行くことはうれしいけれど、不安もあります。些細なことで泣いたり、保育所へ行きたくないと言ったりしたりします。それも大事な気持ちの表現と受け止め見守ります。

・表情の変化や言葉、様子に気をつけます。「もう小学校に入るのに」「小

学校に行けなくなるよ」「そんなことして年長さんなのに」などプレッシャーを感じたり、いやな気持ちになったりするような言葉は使わないようにします。

・楽しい活動をたくさんします。保育所でキャンプをしたいという子どもの希望で部屋のなかにテントを張り、寝袋で昼寝をすることもあります。

3 現在の幼保小の連携

小学校入学後の様子は、どのように知ることができるのでしょう。

筆者の園では、まず、大人同士の情報交換があります。幼保小連携会議で、学校との意見交換を行ったり、授業参観に参加し、子どもたちの様子を見たり、給食を一緒に食べたりします。

また、子どもたち同士の情報交換もあります。近隣の小学校との交流会では、1年生の子どもたちが先輩として"小学校での生活"を教えてくれます。自分たちのランドセルを背負わせてくれたり、通学路で注意することをパネルにして教えてくれたり、学校生活の様子を話して体験させてくれます。本物の1年生の話に皆興味津々です。

そして保育者は年度末に、子どもたちの様子を記載した児童要録をもって小学校を訪れ、担当の先生に手渡します。文章だけでなく、これだけは伝えたいという内容を言葉でも伝えます。得意なところや、苦手さで特に見ただけではわかりにくいところをていねいに伝えるのです。

現在では、小学校側から直接話を聞きたいと園訪問もあるので、その場合はその子の遊んでいる様子も見てもらいながら伝えるようにします。

4 気になる子どもと小学校連携

以下のような場合、保育者はどのように対応すればよいでしょうか。

事例2　小学校見学

ノリコさん（5歳児）の保護者は小学校入学を目前に控え、迷っていました。**意見書**はもっているけれど、生活に必要なことは一通りできます。ただ表情から気持ちなどを読み取って人と交わることが苦手です。自分の思いと違うと泣いて怒ります。今後の予定や変更があれば、その内容と理由などを彼女にわかるように前もって伝えておくと、以前より混乱することが少なくなりました。

普通学級に行くのか、特別学級にするのか、担任も一緒に保護者と小学校見学に行きました。人が多いのも苦手なので、特別学級の方が落ち着いて生活できるのではと担任は感じたことを伝えましたが、最終的に保護者は普通学級に入れることを決めました。

用語　意見書
子ども発達支援センター等の療育専門機関または医師、区役所の保健子ども課の心理相談員、熊本市の場合はあらかじめ登録した臨床心理士等が発行する。その内容により、市長が障がい児の認定を行う。なお、自治体により用語や制度は異なる。

実際に入学するのは子どもなのですが、そこには保護者の気持ちが大きく関係します。迷う保護者の気持ちに寄り添うことは大事です。

小さいころからその子に関わり試行錯誤しつつ手立てをとってきた保育者の、新しい環境でその子が感じる戸惑いや不安を考えてのベストな選択と、保護者の思いとが違うことも多いのです。慣れ親しんだ保育所等から離れるからこそ、揺れる保護者の思いもわかるのです。子どもにとって今は何がよいのか、保護者は今、何が不安なのか、気持ちを受け止めながら担任だけでなく保育所全体で一緒に考えていく必要があります。そしていつでも帰ってこられる場所になりたいと思っています。

5　卒園児がつなぐ幼保小連携

毎年、夏に新1年生が帰ってきて、自分がいたクラスで過ごす日があります。前もって卒園生に食べたい給食やおやつを聞いているので、「先生、今日の給食何？」と給食室ものぞきます。照れくさそうな顔で入ってきてちょっと緊張していたのもつかの間、歓声を上げながらプールに飛び込んでいます。「保育園のプール小さ〜い」「学校のプールは大きいよ」。

絵日記の宿題と筆箱を取り出すと、周りに子どもたちが集まって触ろうとします。「これは大事なお兄ちゃんの勉強だからね。これは筆箱って言って…」と説明する卒園生の持ち物一つひとつ、行動一つひとつが憧れのようです。皆目をキラキラさせながら周りにいます。

幼保小の連携を考えたとき、やはり子どもたちが主体の連携が必要だと感じます。その場合、卒園生が遊びに来てくれることに大きな意味があります。遊びに来た子どもたちの話や姿をとおして5歳児だけでなく、園内の子どもたちは具体的なイメージをつくっていくのです。

大人同士の連携も大事ですが、子ども自身が小学校で過ごしている自分の姿を思い浮かべられることが大事です。

大宮勇雄（2016年）は「卒園間近の年長児たちが、『今度1年生になるんだ』と目を輝かせる時、この『1年生』はその子にとっての『なってみたい理想像としての学び手』であり、『かくありたい自分』です」と述べています。そのかくありたい自分のモデルが、ともに保育所生活を過ごした身近な存在としての卒園生なのです。

> **ワーク**
>
> 次の課題のなかから1つを選び、小グループに分かれて話し合ってみましょう。
> ①小学校との連携で大事にしていること、工夫していることはありますか。
> ②小学校入学を前にして、小学校に一番伝えたいことは何ですか。
> ③1年生になる子どもたちにとって保育所、幼稚園等で経験した何が大事だと思いますか。

なめらかな接続のために

友だち
仲間
宝物

写真提供：杉水保育園

ポイント

1 乳幼児期から児童期において、なめらかな接続が求められている。
2 幼保小連携においては、なかなか進まない現状がある。
3 乳幼児期と小学校を「つなぐ」ための連携と相互理解が求められている。

1 アプローチカリキュラム

1 丈夫な根っこを育む乳幼児期

「いちばんたいせつなことは目に見えない」。サン＝テグジュペリが『星の王子さま』で言っているように、大切なものは目に見えにくいものです。「子どもが生涯にわたる人間形成にとって極めて重要な時期」も人生の土台となる根っこであり大変大切なものですが、根っこであるがゆえにやはりその大切さは見えにくいものです。たとえば、どれほど安心して過ごしているか、どれぐらい夢中になって遊び込んでいるか、自分の思いを存分に表現できているか、どれぐらい相手の思いに寄り添おうとしているかなどです。このようなことに関して、単元テストを行うことはありませんし、もちろん数値化できるものでもありません。しかし、これらのことが生きていくうえで大切であるということは、2017年改定の「保育所保育指針」にも明記されています。

ただ、一般的にはまだ「□□ができる」「○歳なのに、もうこんなことを知っている」というような目に見える姿や、周りの友だちより早くでき

るようになることが、あたかも「よい」こととされる風潮があるのも事実です。特に、保護者の立場からすると、「□□ができない」「○歳なのに、まだこんなことも知らない（できない）」という不安は常につきものですが、それは「親心」でもあり、一概に批判することはできません。私たち保育士は、そのような保護者の不安や思いも受け止め、十分に理解したうえで「見えないけれど大切なもの、丈夫な根っこが育っていること」を、保護者に伝え、その育ちを喜び合い、子育てを支えていくことが大切です。

▶2◀ 乳幼児期から児童期につなげたい「生きる力」

　子どもの生涯にわたる人間形成にとって極めて重要な時期に育まれる「丈夫な根っこ」に関しては、小学校以降の育ちの土台となるものです。近年、脳科学の研究により、このことは科学的な根拠をもって証明されるようになりました。たとえば、澤口俊之（1999年）は、今回の改定で盛り込まれた「非認知能力」と重なる部分も多いHQ（Humanity Quotient）について、4～7歳にその感受性期（臨界期）を迎えると述べています。同書で澤口は、「スーパーバイザーとして、自分のもつ多重フレームの能力を把握してうまく操りながら将来に向けた計画を立て、社会関係と自他の感情を適切に理解・コントロールしつつ社会で前向きに生きるための知性」としてのHQは、次のような動きと密接に関係していると述べています。

　・将来に向けた計画・展望、夢

　・自主性・主体性、独創性、集中力

　・幸福感、達成感

　このような力を土台とした「幼児期の終わりまでに育ってほしい姿」について、保育所側と小学校側が、互いの視点を持ち寄りつつも乳幼児期の育ちを語り合いながら共通の理解を深めていきます。また、一つの言葉をとっても、その意味するところや解釈が違う場合がありますので、具体的な子どもの姿を出し合いながら、その意味を共有し幼児期の育ちにおける理解を図ることが大切です。

▶3◀ アプローチカリキュラムの作成

　『幼児期と児童期の接続カリキュラムの開発』には、「小学校教育、幼児教育の2つの教育観、子ども観をどのように相互理解し、新しいカリキュラムを作っていくか、それが大きな課題である。言い換えれば、一人一人の子どもの育ちと学びを大切にするという視点で、幼稚園は『見えないもの』を見えるように、小学校では『見えないもの』をより大切にすることが接続の基本である」（善野・前田、2011年）とあります。アプローチカリキュラム、スタートカリキュラムといった接続期のカリキュラムをつくる際は、具体的な内容を考える前に、乳幼児期の育ちや保育・教育の目標を十分に相互理解したうえで、なめらかな接続となるような働きかけや行動をとっていくことが大切です。

　また、幼保小連携が誰のためのものなのかも十分に注意する必要があり

表15-1　アプローチカリキュラムの作成の流れ・内容・留意事項の例

〈全体的な計画・視点〉
①前年度末までにおおまかな方向性を学校と話し合い、当年度の早い時期に、具体的な年間計画に基づくアプローチカリキュラムを作成していく。
②合同研修会や意見交換会など、保育・教育の目標を共有する場、子どものとらえ方を互いに学ぶ場を設け、共通理解のもと子どもと関わることができるようにする。
③「幼児期の終わりまでに育ってほしい姿」の視点を踏まえながら、交流後の振り返りや意見交換を行う。
〈子どもの交流〉
①子ども同士が交流をする際は、交流の目的や交流する際に大切にしたいこと、気をつけることなどについて事前に話をする場を設け、年長児、小学生、どちらにとっても意味のある交流となるようにする。
②交流後はそれぞれ振り返りの機会をもち、「もっと〜すればよかった」といった改善点や、よりよい交流の場となるためのアイデアなどを出し合い、次の交流会で生かしながら継続的な交流となるようにする。

ます。同書に「小1プロブレムの対処療法的解決は幼小連携促進しない——幼小連携は誰のための連携か」とあるように、幼保小の連携が「小学校生活」や「授業」が円滑に行われるための連携であるならば、アプローチカリキュラム（就学前接続カリキュラム）は、「子どもが小学校の生活や授業に適応するため」の移行期間、もしくは準備期間となってしまう危険性があります。そうではなく、環境の大きな変化＝「段差」をなめらかにすることで「子どもが」安心して小学校生活を送り、乳幼児期に培った「学びに向かう力」を児童期につないでいくためのものだということを、小学校とも相互に理解し合いながら、保育士と小学校教諭との合同研修会や意見交換などを行ったうえで、交流活動を充実させていくようなカリキュラムを作成していく必要があります（表15-1）。

2 | スタートカリキュラム

1 幼（保）小連携・接続の意義や必要性

　接続期のカリキュラムに関しては、就学前も就学後も小学校教諭と協同で作成していくことが望ましいのですが、地域によっては園長や校長といった管理職の理解と関心、園全体や学校全体としての理解や関心に温度差があり、なめらかな接続や効果的な連携ができていないところもあります。2017年度、山口県教育庁義務教育課が文部科学省の委託を受け行った研究では、次のように報告されています（山口県教育庁義務教育課、2018年、27頁。カッコ内は筆者による）。

　　連携・継続のきっかけづくりや推進には、園長や校長といった管理職の理解と関心が重要であることも明らかになった。幼（保）小連携に関する交流活動や合同研修会等を、その意義や必要性を理解した上で年間計画に位置付けていくか否かは、管理職の裁量によるものが大

きい。（中略）しかしながら、何より大切なことは、管理職やパイプ役である教員だけが幼（保）小連携・接続に取り組むのではなく、園全体、学校全体で幼稚園（保育所における）教育と小学校教育がつながっていくことの意義や必要性を共有し、全ての（保育者）教職員が一丸となって円滑な接続を図るために努めていくことである。

それぞれが幼（保）小連携・接続の意義や必要性を感じながら「つながっていく」ことの大切さは、同研究のほかの事例でも報告されています。協同で作成することが難しい場合でも、学校が作成したスタートカリキュラムをもとに意見を交換する場を設け、「幼児期の終わりまでに育ってほしい姿」や幼児理解において、そのとらえ方や評価が保育所側とあまりにも乖離する場合は、その旨を伝えていく必要があります。乖離した状態のまま幼保小の連携が進んでいくのを避けるためにも、具体的な姿や表現をもってカリキュラムを作成し、保育内容と学習内容のつながりについて相互理解していくことが大切です。

■2■ 「小１プロブレム対策」から「教育の接続」へ

国立教育政策研究所が行った「幼小接続期の育ち・学びと幼児教育の質に関する研究〈報告書〉」では、国内における幼小接続研究の動向について、「幼小接続は当初『小１プロブレム対策』が中心であったが、次第に『教育の接続』へと変化し接続の目的や意義が変わってきた」と述べられています。

「小１プロブレム」という言葉はよく耳にしますが、入学直後のどのような行動が「問題」とされたのでしょうか。2014年３月30日付の『朝日新聞』朝刊には、次のように掲載されています。

小学校に入学したばかりの１年生が、（１）集団行動がとれない（２）授業中に座っていられない（３）先生の話を聞かない、などと学校生活になじめない状態が続くこと。東京学芸大が2007年に実施した調査では、全国の２割の地域で確認され、他の２割の地域が「以前はあった」と回答した。家庭のしつけが十分でないことや、自分をコントロールする力が身についていないことなどが主な原因とされる。

確かに、以前に比べると核家族化が進むなかで、多様な価値観にふれる機会が少なくなったため、家庭でのしつけに偏りや不十分な点が生じているのは、保育の現場でも感じるところです。また、多子世帯、大家族、地域とのつながりといった多様な関わりが減り、「自分の思いどおりにならない経験」が少ない乳幼児期を過ごした場合は、譲り合ったり、揉めごとの際に折り合いをつけたりする経験が乏しく、「自分の感情をコントロールする力が身についていない」こともあります。ただ、どちらの場合でも、本人の性格や資質というよりも、社会の変化による子育て環境、価値観の変化に課題があることが多く、なるべく早い段階で適切に関わっていけば

改善されるケースも少なくありません。

　また、当初は「小1プロブレム対策」が中心であった幼保小連携が、次第に「教育の接続」へと変化し、接続の目的や意義が変わってきた要因として、以下のようなものが考えられます。

　①学校側が乳幼児期の育ちを理解することで、子どものとらえ方が変わった。

　②互いに日常の様子を見合うことで、幼児教育と学校教育には連続性があり、そこには一貫性が必要なことが実感をともなう気づきとなった。

　③子ども同士の交流により、幼児と児童からなる異年齢の関わりが、重要な教育的な学び（人との関わり方に対する学び）において、両者に寄与することが明らかになった。

　人間関係の希薄化による複雑で深刻な課題に直面している今、乳幼児期の育ちがその後も「つながれていく」ことは、一般的に認識されている以上に重要で最優先事項であるともいえます。

３ スタートカリキュラム

　「スタートカリキュラム」とは、文部科学省国立教育政策研究所教育課程研究センターが発行した『スタートカリキュラムスタートブック』(2015年）では、以下のように説明されています。

> 　小学校に入学した子供が、幼稚園・保育所・認定こども園などの遊びや生活を通した学びと育ちを基礎として、主体的に自己を発揮し、新しい学校生活を創り出していくためのカリキュラムです。

　また、「小学校学習指導要領解説　総則編」の以下の記述も参考になります。

> 　幼児期の終わりまでに育ってほしい姿を踏まえた指導を工夫することにより、幼稚園教育要領等に基づく幼児期の教育を通して育まれた資質・能力を踏まえて教育活動を実施し、児童が主体的に自己を発揮しながら学びに向かうことが可能となるようにすること。

　上記のことからも、「スタートカリキュラム」が小1プロブレム対策のためではなく、小学校でも「主体的に自己を発揮し、新しい生活を創り出していくためのもの」だということがわかります。幼児期の遊びや生活をとおして育まれてきた「学びの芽生え」から、各教科等の学習内容を系統的に学ぶために工夫された学習環境のなかで、「自覚的な学び」へと連続させ、学ぶ意欲が高まるような活動を構成することが大切です。

　小学校がスタートカリキュラムを作成する際には、①幼児期の子どもを理解する、②期待する成長の姿を共有する、③実際の子どもたちの姿をもとにしたスタートカリキュラムを作成する、といった手順が望ましいで

しょう。①の「幼児期の子どもを理解する」ためには、幼児と児童の交流をとおして実際の姿を観察したり、交流後に保育者と教員がカンファレンスを行ったりすることが大切です。そうすることにより、一人ひとりの子どもの発達を踏まえた時間割や学習活動における工夫すべき点がより明確になります。また、生活科を中心とした合科的関連的な指導の充実により、子どもが自らの思いや願いの実現に向けた活動をゆったりとした時間のなかで進めていくことが可能となり、安心感をもって自分の力で学校生活を送ることができるようになります。子どもが安心して学校に通うようになると、保護者の学校への理解と信頼にもつながり、子どもが自ら成長する姿をとおして、保護者の「子どもの育ち」や教育に対する意識も高まっていきます。

3 保育所児童保育要録の見直し

1 保育所児童保育要録の目的を踏まえた記載事項の改善

　保育所児童保育要録（以下、要録）は、保育所に入所している子どもの就学に際し「子どもの育ちを支えるための資料」として、保育所が小学校に送付するものです。

　2017年改定の「保育所保育指針」において、「幼児期の終わりまでに育ってほしい姿」が追加されたことを受け、保育所と小学校の連携に関しても、「育みたい力」に関しての共通理解をもって一貫性・連続性のある連携を一層促進するために、要録の見直しが行われました[1]。

　その主な方向性は下記のようなものです。

---

①保育所保育においては、養護と教育が一体的に展開されることを踏まえ、養護と教育の欄を統一する。
②保育所保育における子どもの育ちの姿をより適切に表現することができるよう、新たに「幼児期の終わりまでに育ってほしい姿」についても明記する。

　また、その際の留意点は下記のようなものです。

---

①要録が、「子どもの育ちの姿」を小学校に伝えるためのものであるという「目的」を明確にする。
②要録の記載内容の意図について、「幼児期の終わりまでに育ってほしい姿」が決して「到達すべき目標ではないこと」や、「子どもの育ちを支えるための資料である」ことなどを、読み手である小学校

参照　＊1　厚生労働省「保育所児童保育要録の見直し検討会」2018年 2 月 7 日実施

の教員も理解した上で読むことができるよう、保小合同の研修会な
どを通じて丁寧に伝えていく。

　要録の見直し検討会で見直しのポイントおよび留意点として語られた内
容です。検討会において、念を押して話されたポイントは、「幼児期の終
わりまでに育ってほしい姿」についてです。まずは、私たち保育者が「到
達すべき目標ではないこと」を認識したうえで保育を行うことが大切であ
り、保育所保育において子どもの育ちをとらえる視点として要録に明記し、
一貫性・連続性のある接続につなげていく必要があります。

▶2 保育所児童保育要録における保育の過程と子どもの育ちの示し方

　要録には、主に最終年度（5、6歳）における1年間の保育の過程と子
どもの育ちについて、「幼児期の終わりまでに育ってほしい姿」を考慮し、
子どもの生活や遊びにおける姿をとらえて記載しますが、その際、保育
士（要録の書き手）が、どのような視点をもって保育を行い、子どもがど
のように育ったのかを明確に意識すると、要録の記載がしやすくなります。
保育士がどのような視点をもってどのような育ちをねらいとしていたのか
について、子どもの具体的な姿をとおして記載することで、子どもの育ち
と保育所保育で大切にしていることを伝えることができます。

　たとえば、「自立心」に関してその育ちがうかがえる姿であれば、「友だ
ちが逆上がりをする姿に刺激を受け、何度も挑戦していた。なかなか上手
くいかず悔し涙を見せることもあるが、腕の力が強くなり腹部が鉄棒に近
づいてきている。帰りの会で、本児ができなくてもあきらめずに挑戦し続
けている姿を他児と共有した」というように、保育のなかで見られる「事
実」、結果ではなく「過程」、一人の育ちが他児の育ちにもつながるような
「保育者の関わり」などを記載することで、「逆上がりができたわけではな
いが、本児の自立心が育ちつつあることや、保育士が結果よりもその過
程を大切にしていることで、他児の育ちにもつなげていこうとしているこ
と」を伝える機会となり得ます。

　また、子どもは遊びをとおして総合的に育っていくという「保育所保育
の基本的な考え方」を要録の記載を通じて小学校が共有するために、「年
度当初に全体的な計画に基づき長期的な見通しとして設定したこと」と
「その子どもの保育に当たって特に重視してきたこと」を明記することで、
小学校教員等の保育所保育に対する理解につながると考えられます。

　要録に記載される子どもの姿が、「○○ができている、できていない」
といった到達点や、「この子はこういう子どもだ」といった決めつけた見
方とならないようにするためにも、記載する内容は、①発達の過程におけ
る途中経過的なものであること、②子どものよさや特徴を記載しているこ
となどを、読み手（小学校教員等）に事前に伝えておくことも大切です。

　一人ひとりの子どもの育ちを具体的かつより効果的に伝えるためには、
「五領域」や「幼児期の終わりまでに育ってほしい姿」のそれぞれに1対

1で対応した形で項目的に書くのではなく、その子どもの特徴的な活動や興味関心のある活動などの具体例を数例あげて、全体的に書くようにします。

　保育所での育ちを小学校につなぐことは、けっして疎かにできないものです。とはいえ、小学校教員等の労働時間は限られています。レッスン14でもふれましたが、教育の現場によっては「読む時間がない」ことを理由に要録があまり活用されないケースもみられます。ですが、一方で要録が「必要な情報を効果的に得る資料」であることが働き方改革の一端を担うこととなるともいえるでしょう。「大人の事情でものを言ってはいけない」と批判を受けるかもしれませんが、作成する保育士にとっても小学校教員等にとっても、時間は有限です。教職の現場が「ブラック」だといわれ、あながちそれが過剰な表現とはいえないことも事実です。どんなによい関わりを行いたいと思っていても、時間的なゆとりがなければ精神状態にも影響し、ひいては目の前の子どもたちにとってマイナスの影響が出てしまうこともあります。

　要録送付後、小学校教員等から「○○の記載についてもっと詳しく知りたい」「こういった場面では、どのように関わっていたか」などの質問が来た際は、小学校側が必要とする情報として共有することもできます。また、「小学校側が必要とする子どもの姿や関わりの視点」として、次回作成する際の参考事項として、保育所内で共有することも大切です。

3　その他、特に小学校に伝えるべき事項など

　育ちの姿以外で、特に伝えるべき事項に関しては、個人情報の取扱いに十分に留意しながら「特記事項」として記載します。生命の保持に関わる①罹患傾向とその対応、②食物アレルギーとその対応などに関しては、保護者と連携をとりながら必須の申し送り事項として、「正確に確実に」伝えます。

　要録以外の申し送りに関して、①就学時健診において小学校に伝えられること、②保護者を通じて小学校に伝えられること、③保護者にとって保育所から小学校に伝えてほしくないこと、などがあります。要録で引き継ぐことのできること、要録では引き継げないことなどを整理・明確化し、要録に記載することが過多とならないようにすることも重要です。要録の本来的な意義を踏まえて、小学校においても日常生活において特に配慮が必要であり、就学後も引き継いで指導の際に生かしてほしい情報に絞り、特記事項として記載します。

　障がいのある子どもに関しては、障がいに関しての記載ではなく、ほかの子どもと同様に、「保育のなかで」その子どもがどのように育ってきたのかということを主に伝えることが大切です。

　また、「発達障害」については、記載する際にさらに注意する必要があります。たとえば、「友だちを叩く」という行動を保育士がどうとらえ、どのように伝えるかで、小学校側の子どもへの誤った見方につながりマイナスに作用してしまうこともあります。アメリカの心理学者ローゼンター

ル（1964年）が提唱した、「ピグマリオン効果」（教師期待効果）の逆の効果で「ゴーレム効果」というものがあります。ピグマリオン効果の「人間は期待されたとおりに成果を出す傾向がある」ことがマイナスに作用するものです。

　たとえば、「友だちを叩く」という行為について、以下の2つの伝え方を比べてみるとどうでしょう。

---

①自分の思いどおりにならないと、すぐに友だちを叩く。
②自分の思いを言葉で伝えることができず、手で叩いてしまうことがあるが、そのつど本児の思いや願いを受け止め、「そんなときは、どんなふうに言ったらいいかな？」「○○くんだったらどんなふうに伝えてほしい？」など問いかけながら、叩くこと以外の方法で自分の思いを表現できるよう援助してきた。まだ叩くこともあるが、保育士が仲立ちすることで、自分で思いを伝える場面も増えてきている。

　それぞれ同じ子どもの姿を伝えていても、読み手の印象はまったく違ってきます。仮に①の伝え方で申し送りをしたとすれば、読み手となる小学校教員等は、「自己コントロール力が弱く、力で自分の思いを通そうとする幼い子」とその子どもに出会う前からマイナスのイメージをもつかもしれません。保育士や教師にこのような見方をされ続けた子どもがよく口にする言葉は、「どうせ～」です。「どうせ僕が悪いんでしょ」「どうせ、先生は私のことわかってくれない」など、「どうせ～」と、自分自身も自分に対してマイナスのイメージをもってしまいます。

　もちろん「叩く」という行為は、相手を傷つける行為であり、けっして許されるものではありません。しかし、「友だちを叩く」という行為自体を「問題行動」としてとらえるのではなく、「そうせざるを得ない背景」を理解し、どのような力が育てば成長できるかという長期的な見通しをもって、具体的にどう関わってきたかを、小学校教員等と共有することで「子どもの育ちを支えるための要録」となっていきます。

　最後に、保育所と小学校との連携に関する取り組みの促進について、施設長や校長などの管理職が要録の重要性や就学前の施設間での連携の重要性を理解し、組織として取り組みを進めることの重要性が指摘されています。こうした地域全体における保育所等と小学校の連携の促進にあたっては、個々の保育所等では対応が難しいため、行政の関与が必要です。「合同の研修会や協議会」「小学校教員の一日保育士体験」など、子どもの育ちをつなぎ支えていくための連携が、すべての学校と幼児教育を行う施設間で充実するよう、行政が取り組みの促進を支えていくことも重要なことです。

ワーク

　次の課題のなかから1つを選び、小グループに分かれて話し合ってみましょう。

①「幼児期の終わりまでに育ってほしい姿」の内容を踏まえ、各保育所で取り組んでいることについて、具体的な姿を伝え合いましょう。

②地域の小学校との連携における具体的な事例や課題を出し合いましょう。

③これまで送付してきた保育所児童保育要録を作成する際に気をつけていたことやその効果、これから作成する際に気をつけたいことなどについて話し合いましょう。

引用文献・参考文献

●レッスン 1

倉橋惣三『育ての心（上）』フレーベル館、2008年

汐見稔幸『さあ、子どもたちの「未来」を話しませんか──2017年告示新指針・要領からのメッセージ』小学館、2017年

●レッスン 2

大田堯『教育とは何か』岩波書店、1990年

小口尚子・福岡鮎美『子どもによる子どものための「子どもの権利条約」』小学館、1995年

佐々木正美『子どもへのまなざし』福音館書店、1998年

●レッスン 3

木村泰子・菊池省三『タテマエ抜きの教育論──教育を、現場から本気で変えよう！』小学館、2018年

木村泰子・高山恵子『「みんなの学校」から社会を変える──障害のある子を排除しない教育への道』小学館、2019年

仙田満『こどもを育む環境 蝕む環境』朝日新聞出版、2018年

田熊美保「Starting Strong V レポート 2017」CEDEP公開シンポジウム、2017年8月6日

苫野一徳『教育の力』講談社、2014年

苫野一徳『「学校」をつくり直す』河出書房新社、2019年

奈須正裕・江間史明編『教科の本質から迫るコンピテンシー・ベイスの授業づくり』図書文化社、2015年

ボウルビィ, ジョン／二木武監訳『母と子のアタッチメント──心の安全基地』医歯薬出版、1993年

●レッスン 4

倉橋惣三『育ての心（上・下）』フレーベル館、2008年

全国社会福祉協議会『児童家庭福祉論──児童や家庭に対する支援と児童・家庭福祉制度』全国社会福祉協議会、2018年

西川由紀子「親の願い・保育園の役割」『ちいさいなかま』第645号（臨時増刊号）、2017年

●レッスン 5

天野秀昭『子どもはおとなの育ての親』ゆじょんと、2002年

天野秀昭『よみがえる子どもの輝く笑顔──遊びには自分を育て、癒やす力がある』すばる舎、2011年

大橋喜美子・三宅茂夫編著『子ども環境から考える保育内容』北大路書房、2009年

大豆生田啓友『あそびから学びが生まれる動的環境デザイン』学研教育みらい、2018年

岡田尊司『脳内汚染』文藝春秋、2008年

木村歩美・井上寿『子どもが自ら育つ園庭整備──挑戦も安心も大切にする保育へ』ひとなる書房、2018年

清川輝基『人間になれない子どもたち──現代子育ての落し穴』枻出版社、2003年

清川輝基・内海裕美『「メディア漬け」で壊れる子どもたち──子どもたちのために今なすべきこと』少年写真新聞社、2009年

グレイ, ピーター／吉田新一郎訳『遊びが学びに欠かせないわけ──自立した学び手を育てる』築地書館、2018年

高山静子『環境構成の理論と実践──保育の専門性に基づいて』エイデル研究所、2014年

高山静子『学びを支える保育環境づくり──幼稚園・保育園・認定こども園の環境構成』小学館、2017年

田澤雄作『メディアにむしばまれる子どもたち——小児科医からのメッセージ』教文館、2015年

友田明美・藤澤玲子『虐待が脳を変える——脳科学者からのメッセージ』新曜社、2018年

プレイワーク研究会編『子どもの放課後にかかわる人のQ&A50——遊ぶ・暮らす：子どもの力になるプレイワーク実践』学文社、2017年

宮里暁美監修『子どもの「やりたい！」が発揮される保育環境』学研プラス、2018年

山田真理子『子ども・こころ・育ち——機微を生きる』エイデル研究所、2004年

●レッスン6

内田伸子・浜野隆『世界の子育て格差——子どもの貧困は越えられるか』金子書房、2012年

杉原隆・河邉貴子編著『幼児期における運動発達と運動遊びの指導——遊びのなかで子どもは育つ』ミネルヴァ書房、2014年

勅使千鶴『子どもの発達とあそびの指導』ひとなる書房、1999年

ドゥエック, キャロル・S. ／今西康子訳『マインドセット——「やればできる！」の研究』草思社、2016年

●レッスン7

小山逸子「草ぼうぼう、毛虫いっぱいの園庭」『季刊保育問題研究』第253号、2012年2月

汐見稔幸「失敗の多さが、子どもの心身のスケールを決める」『エデュカーレ』第52号、2012年

丸尾ふさ・加藤繁美『3歳児つぶやきにドラマを見いだして——その子らしさを育む保育を』労働旬報社、1993年

●レッスン8

倉橋惣三『育ての心（上）』フレーベル館、2008年

田代康子「『保育者の研修』について」『季刊保育問題研究』第175号、1999年2月

●レッスン10

加藤繁美『子どもの自分づくりと保育の構造 ——続・保育実践の教育学』ひとなる書房、1997年

神田英雄『続 保育に悩んだときに読む本——発達のドラマと実践の手だて』ひとなる書房、2013年

●レッスン11

佐伯胖『幼児教育へのいざない——円熟した保育者になるために』東京大学出版会、2001年

榊原洋一「何か変だよ、日本の発達障害の臨床」"チャイルド・リサーチ・ネット"2018年12月7日掲載、https://www.blog.crn.or.jp/chief2/01/63.html（最終アクセス：2020年3月11日）

東田直樹『あるがままに自閉症です——東田直樹の見つめる世界』エスコアール、2013年

無藤隆・汐見稔幸・砂上史子『ここがポイント！　3法令ガイドブック——新しい「幼稚園教育要領」「保育所保育指針」「幼保連携型認定こども園教育・保育要領」の理解のために』フレーベル館、2017年

●レッスン12

シラージ, イラム, キングストン, デニス, メルウィッシュ, エドワード／秋田喜代美・淀川裕美訳『「保育プロセスの質」評価スケール——乳幼児期の「ともに考え、深めつづけること」と「情緒的な安定・安心」を捉えるために』明石書店、2016年

●レッスン13

「効果的な幼児教育法調査（REPEY）」（Siraj-Bratchford et al., 2002）

「就学前教育の効果的な実践（EPPE）」（Sylva et al., 2004）

社会保障審議会児童部会保育専門委員会「保育をめぐる現状」2016年1月

シラージ，イラム、キングストン，デニス、メルウィッシュ，エドワード／秋田喜代美・淀川裕美訳『「保育プロセスの質」評価スケール——乳幼児期の「ともに考え、深めつづけること」と「情緒的な安定・安心」を捉えるために』明石書店、2016年

佐伯胖『幼児教育へのいざない——円熟した保育者になるために』東京大学出版会、2001年

森上史朗・今井和子編著『集団ってなんだろう——人とのかかわりを育くむ保育実践』ミネルヴァ書房、1992年

渡部信一『障害児は「現場」で学ぶ——自閉症児のケースで考える』新曜社、2001年

●レッスン14

大宮勇雄「想像する構えを育てる保育（2）」『保育通信』第738号、2016年

倉橋惣三『育ての心（上）』フレーベル館、2008年

新保真紀子「幼・保・小の連携と小1プロブレム」『げんき』第129号、2012年1月

早瀬眞喜子「保育所保育指針・幼稚園教育要領の変遷について」『季刊保育問題研究』第286号、2017年8月

●レッスン15

厚生労働省「保育所児童保育要録の見直し検討会」2018年2月

澤口俊之『幼児教育と脳』文藝春秋、1999年

山口県教育庁義務教育課「新幼稚園教育要領の趣旨を踏まえた幼稚園教育と小学校教育の円滑な接続の在り方について」文部科学省委託「幼児期の教育内容等深化・充実調査研究」2018年

善野八千子・前田洋一『幼児期と児童期の接続カリキュラムの開発——子どもの育ちと学びをつなぐために』MJ-Books、2011年

資料編

- 「保育所保育指針」

- 「幼保連携型認定こども園教育・保育要領」

「保育所保育指針」

2017（平成29）年3月31日告示

第1章　総則

　この指針は、児童福祉施設の設備及び運営に関する基準（昭和23年厚生省令第63号。以下「設備運営基準」という。）第35条の規定に基づき、保育所における保育の内容に関する事項及びこれに関連する運営に関する事項を定めるものである。各保育所は、この指針において規定される保育の内容に係る基本原則に関する事項等を踏まえ、各保育所の実情に応じて創意工夫を図り、保育所の機能及び質の向上に努めなければならない。

1　保育所保育に関する基本原則

（1）保育所の役割

ア　保育所は、児童福祉法（昭和22年法律第164号）第39条の規定に基づき、保育を必要とする子どもの保育を行い、その健全な心身の発達を図ることを目的とする児童福祉施設であり、入所する子どもの最善の利益を考慮し、その福祉を積極的に増進することに最もふさわしい生活の場でなければならない。

イ　保育所は、その目的を達成するために、保育に関する専門性を有する職員が、家庭との緊密な連携の下に、子どもの状況や発達過程を踏まえ、保育所における環境を通して、養護及び教育を一体的に行うことを特性としている。

ウ　保育所は、入所する子どもを保育するとともに、家庭や地域の様々な社会資源との連携を図りながら、入所する子どもの保護者に対する支援及び地域の子育て家庭に対する支援等を行う役割を担うものである。

エ　保育所における保育士は、児童福祉法第18条の4の規定を踏まえ、保育所の役割及び機能が適切に発揮されるように、倫理観に裏付けられた専門的知識、技術及び判断をもって、子どもを保育するとともに、子どもの保護者に対する保育に関する指導を行うものであり、その職責を遂行するための専門性の向上に絶えず努めなければならない。

（2）保育の目標

ア　保育所は、子どもが生涯にわたる人間形成にとって極めて重要な時期に、その生活時間の大半を過ごす場である。このため、保育所の保育は、子どもが現在を最も良く生き、望ましい未来をつくり出す力の基礎を培うために、次の目標を目指して行わなければならない。

（ア）十分に養護の行き届いた環境の下に、くつろいだ雰囲気の中で子どもの様々な欲求を満たし、生命の保持及び情緒の安定を図ること。

（イ）健康、安全など生活に必要な基本的な習慣や態度を養い、心身の健康の基礎を培うこと。

（ウ）人との関わりの中で、人に対する愛情と信頼感、そして人権を大切にする心を育てるとともに、自主、自立及び協調の態度を養い、道徳性の芽生えを培うこと。

（エ）生命、自然及び社会の事象についての興味や関心を育て、それらに対する豊かな心情や思考力の芽生えを培うこと。

（オ）生活の中で、言葉への興味や関心を育て、話したり、聞いたり、相手の話を理解しようとするなど、言葉の豊かさを養うこと。

（カ）様々な体験を通して、豊かな感性や表現力を育み、創造性の芽生えを培うこと。

イ　保育所は、入所する子どもの保護者に対し、その意向を受け止め、子どもと保護者の安定した関係に配慮し、保育所の特性や保育士等の専門性を生かして、その援助に当たらなければならない。

（3）保育の方法

　保育の目標を達成するために、保育士等は、次の事項に留意して保育しなければならない。

ア　一人一人の子どもの状況や家庭及び地域社会での生活の実態を把握するとともに、子どもが安心感と信頼感をもって活動できるよう、子どもの主体としての思いや願いを受け止めること。

イ　子どもの生活のリズムを大切にし、健康、安全で情緒の安定した生活ができる環境や、自己を十分に発揮できる環境を整えること。

ウ　子どもの発達について理解し、一人一人の発達過程に応じて保育すること。その際、子どもの個人差に十分配慮すること。

エ　子ども相互の関係づくりや互いに尊重する心を大切にし、集団における活動を効果あるものにするよう援助すること。

オ　子どもが自発的・意欲的に関われるような環境を構成し、子どもの主体的な活動や子ども相互の関わりを大切にすること。特に、乳幼児期にふさわしい体験が得られるように、生活や遊びを通して総合的に保育すること。

カ　一人一人の保護者の状況やその意向を理解、受容し、それぞれの親子関係や家庭生活等に配慮しながら、様々な機会をとらえ、適切に援助すること。

（4）保育の環境

　保育の環境には、保育士等や子どもなどの人的環境、施設や遊具などの物的環境、更には自然や社会の事象などがある。保育所は、こうした人、物、場などの環境が相互に関連し合い、子どもの生活が豊かなものとなるよう、次の事項に留意しつつ、計画的に環境を構成し、工夫して保育しなければならない。

ア　子ども自らが環境に関わり、自発的に活動し、様々な経験を積んでいくことができるよう配慮すること。

イ　子どもの活動が豊かに展開されるよう、保育所の設備や環境を整え、保育所の保健的環境や安全の確保などに努めること。

ウ　保育室は、温かな親しみとくつろぎの場となるとともに、生き生きと活動できる場となるように配慮すること。

エ　子どもが人と関わる力を育てていくため、子ども自らが周囲の子どもや大人と関わっていくことができる環境を整えること。

（5）保育所の社会的責任

ア　保育所は、子どもの人権に十分配慮するとともに、子ども一人一人の人格を尊重して保育を行わなければならない。

イ　保育所は、地域社会との交流や連携を図り、保護者や地域社会に、当該保育所が行う保育の内容を適切に説明するよう努めなければならない。

ウ　保育所は、入所する子ども等の個人情報を適切に取り扱うとともに、保護者の苦情などに対し、その解決を図るよう努めなければならない。

2　養護に関する基本的事項

（1）養護の理念

　保育における養護とは、子どもの生命の保持及び情緒の安定を図るために保育士等が行う援助や関わりであり、保育所における保育は、養護及び教育を一体的に行うことをその特性とするものである。保育所における保育全体を通じて、養護に関するねらい及び内容を踏まえた保育が展開されなければならない。

（2）養護に関わるねらい及び内容

ア　生命の保持

（ア）ねらい

①一人一人の子どもが、快適に生活できるようにする。

②一人一人の子どもが、健康で安全に過ごせるようにする。

③一人一人の子どもの生理的欲求が、十分に満たされるよう

にする。

④一人一人の子どもの健康増進が、積極的に図られるようにする。

（イ）内容

①一人一人の子どもの平常の健康状態や発育及び発達状態を的確に把握し、異常を感じる場合は、速やかに適切に対応する。

②家庭との連携を密にし、嘱託医等との連携を図りながら、子どもの疾病や事故防止に関する認識を深め、保健的で安全な保育環境の維持及び向上に努める。

③清潔で安全な環境を整え、適切な援助や応答的な関わりを通して子どもの生理的欲求を満たしていく。また、家庭と協力しながら、子どもの発達過程等に応じた適切な生活のリズムがつくられていくようにする。

④子どもの発達過程等に応じて、適度な運動と休息を取ることができるようにする。また、食事、排泄、衣類の着脱、身の回りを清潔にすることなどについて、子どもが意欲的に生活できるよう適切に援助する。

イ　情緒の安定

（ア）ねらい

①一人一人の子どもが、安定感をもって過ごせるようにする。

②一人一人の子どもが、自分の気持ちを安心して表すことができるようにする。

③一人一人の子どもが、周囲から主体として受け止められ、主体として育ち、自分を肯定する気持ちが育まれていくようにする。

④一人一人の子どもがくつろいで共に過ごし、心身の疲れが癒されるようにする。

（イ）内容

①一人一人の子どもの置かれている状態や発達過程などを的確に把握し、子どもの欲求を適切に満たしながら、応答的な触れ合いや言葉がけを行う。

②一人一人の子どもの気持ちを受容し、共感しながら、子どもとの継続的な信頼関係を築いていく。

③保育士等との信頼関係を基盤に、一人一人の子どもが主体的に活動し、自発性や探索意欲などを高めるとともに、自分への自信をもつことができるよう成長の過程を見守り、適切に働きかける。

④一人一人の子どもの生活のリズム、発達過程、保育時間などに応じて、活動内容のバランスや調和を図りながら、適切な食事や休息が取れるようにする。

3　保育の計画及び評価

（1）全体的な計画の作成

ア　保育所は、1の（2）に示した保育の目標を達成するために、各保育所の保育の方針や目標に基づき、子どもの発達過程を踏まえて、保育の内容が組織的・計画的に構成さ

れ、保育所の生活の全体を通して、総合的に展開されるよう、全体的な計画を作成しなければならない。

イ　全体的な計画は、子どもや家庭の状況、地域の実態、保育時間などを考慮し、子どもの育ちに関する長期的見通しをもって適切に作成されなければならない。

ウ　全体的な計画は、保育所保育の全体像を包括的に示すものとし、これに基づく指導計画、保健計画、食育計画等を通じて、各保育所が創意工夫して保育できるよう、作成されなければならない。

（2）指導計画の作成

ア　保育所は、全体的な計画に基づき、具体的な保育が適切に展開されるよう、子どもの生活や発達を見通した長期的な指導計画と、それに関連しながら、より具体的な子どもの日々の生活に即した短期的な指導計画を作成しなければならない。

イ　指導計画の作成に当たっては、第2章及びその他の関連する章に示された事項のほか、子ども一人一人の発達過程や状況を十分に踏まえるとともに、次の事項に留意しなければならない。

（ア）3歳未満児については、一人一人の子どもの生育歴、心身の発達、活動の実態等に即して、個別的な計画を作成すること。

（イ）3歳以上児については、個の成長と、子ども相互の関係や協同的な活動が促されるよう配慮すること。

（ウ）異年齢で構成される組やグループでの保育においては、一人一人の子どもの生活や経験、発達過程などを把握し、適切な援助や環境構成ができるよう配慮すること。

ウ　指導計画においては、保育所の生活における子どもの発達過程を見通し、生活の連続性、季節の変化などを考慮し、子どもの実態に即した具体的なねらい及び内容を設定すること。また、具体的なねらいが達成されるよう、子どもの生活する姿や発想を大切にして適切な環境を構成し、子どもが主体的に活動できるようにすること。

エ　一日の生活のリズムや在園時間が異なる子どもが共に過ごすことを踏まえ、活動と休息、緊張感と解放感等の調和を図るよう配慮すること。

オ　午睡は生活のリズムを構成する重要な要素であり、安心して眠ることのできる安全な睡眠環境を確保するとともに、在園時間が異なることや、睡眠時間は子どもの発達の状況や個人によって差があることから、一律とならないよう配慮すること。

カ　長時間にわたる保育については、子どもの発達過程、生活のリズム及び心身の状態に十分配慮して、保育の内容や方法、職員の協力体制、家庭との連携などを指導計画に位置付けること。

キ　障害のある子どもの保育については、一人一人の子どもの発達過程や障害の状態を把握し、適切な環境の下で、障害のある子どもが他の子どもとの生活を通して共に成長できるよう、指導計画の中に位置付けること。また、子どもの状況に応じた保育を実施する観点から、家庭や関係機関と連携した支援のための計画を個別に作成するなど適切な対応を図ること。

（3）指導計画の展開

指導計画に基づく保育の実施に当たっては、次の事項に留意しなければならない。

ア　施設長、保育士など、全職員による適切な役割分担と協力体制を整えること。

イ　子どもが行う具体的な活動は、生活の中で様々に変化することに留意して、子どもが望ましい方向に向かって自ら活動を展開できるよう必要な援助を行うこと。

ウ　子どもの主体的な活動を促すためには、保育士等が多様な関わりをもつことが重要であることを踏まえ、子どもの情緒の安定や発達に必要な豊かな体験が得られるよう援助すること。

エ　保育士等は、子どもの実態や子どもを取り巻く状況の変化などに即して保育の過程を記録するとともに、これらを踏まえ、指導計画に基づく保育の内容の見直しを行い、改善を図ること。

（4）保育内容等の評価

ア　保育士等の自己評価

（ア）保育士等は、保育の計画や保育の記録を通して、自らの保育実践を振り返り、自己評価することを通して、その専門性の向上や保育実践の改善に努めなければならない。

（イ）保育士等による自己評価に当たっては、子どもの活動内容やその結果だけでなく、子どもの心の育ちや意欲、取り組む過程などにも十分配慮するよう留意すること。

（ウ）保育士等は、自己評価における自らの保育実践の振り返りや職員相互の話し合い等を通じて、専門性の向上及び保育の質の向上のための課題を明確にするとともに、保育所全体の保育の内容に関する認識を深めること。

イ　保育所の自己評価

（ア）保育所は、保育の質の向上を図るため、保育の計画の展開や保育士等の自己評価を踏まえ、当該保育所の保育の内容等について、自ら評価を行い、その結果を公表するよう努めなければならない。

（イ）保育所が自己評価を行うに当たっては、地域の実情や保育所の実態に即して、適切に評価の観点や項目等を設定し、全職員による共通理解をもって取り組むよう留意すること。

（ウ）設備運営基準第36条の趣旨を踏まえ、保育の内容等の評価に関し、保護者及び地域住民等の意見を聴くことが望ましいこと。

（5）評価を踏まえた計画の改善

ア　保育所は、評価の結果を踏まえ、当該保育所の保育の内容等の改善を図ること。

イ　保育の計画に基づく保育、保育の内容の評価及びこれに基づく改善という一連の取組により、保育の質の向上が図られるよう、全職員が共通理解をもって取り組むことに留意すること。

4　幼児教育を行う施設として共有すべき事項

（1）育みたい資質・能力

ア　保育所においては、生涯にわたる生きる力の基礎を培うため、1の（2）に示す保育の目標を踏まえ、次に掲げる資質・能力を一体的に育むよう努めるものとする。

（ア）豊かな体験を通じて、感じたり、気付いたり、分かったり、できるようになったりする「知識及び技能の基礎」

（イ）気付いたことや、できるようになったことなどを使い、考えたり、試したり、工夫したり、表現したりする「思考力、判断力、表現力等の基礎」

（ウ）心情、意欲、態度が育つ中で、よりよい生活を営もうとする「学びに向かう力、人間性等」

イ　アに示す資質・能力は、第2章に示すねらい及び内容に基づく保育活動全体によって育むものである。

（2）幼児期の終わりまでに育ってほしい姿

次に示す「幼児期の終わりまでに育ってほしい姿」は、第2章に示すねらい及び内容に基づく保育活動全体を通して資質・能力が育まれている子どもの小学校就学時の具体的な姿であり、保育士等が指導を行う際に考慮するものである。

ア　健康な心と体

保育所の生活の中で、充実感をもって自分のやりたいことに向かって心と体を十分に働かせ、見通しをもって行動し、自ら健康で安全な生活をつくり出すようになる。

イ　自立心

身近な環境に主体的に関わり様々な活動を楽しむ中で、しなければならないことを自覚し、自分の力で行うために考えたり、工夫したりしながら、諦めずにやり遂げることで達成感を味わい、自信をもって行動するようになる。

ウ　協同性

友達と関わる中で、互いの思いや考えなどを共有し、共通の目的の実現に向けて、考えたり、工夫したり、協力したりし、充実感をもってやり遂げるようになる。

エ　道徳性・規範意識の芽生え

友達と様々な体験を重ねる中で、してよいことや悪いことが分かり、自分の行動を振り返ったり、友達の気持ちに共感したりし、相手の立場に立って行動するようになる。また、きまりを守る必要性が分かり、自分の気持ちを調整し、友達と折り合いを付けながら、きまりをつくったり、守っ

たりするようになる。

オ　社会生活との関わり

家族を大切にしようとする気持ちをもつとともに、地域の身近な人と触れ合う中で、人との様々な関わり方に気付き、相手の気持ちを考えて関わり、自分が役に立つ喜びを感じ、地域に親しみをもつようになる。また、保育所内外の様々な環境に関わる中で、遊びや生活に必要な情報を取り入れ、情報に基づき判断したり、情報を伝え合ったり、活用したりするなど、情報を役立てながら活動するようになるとともに、公共の施設を大切に利用するなどして、社会とのつながりなどを意識するようになる。

カ　思考力の芽生え

身近な事象に積極的に関わる中で、物の性質や仕組みなどを感じ取ったり、気付いたりし、考えたり、予想したり、工夫したりするなど、多様な関わりを楽しむようになる。また、友達の様々な考えに触れる中で、自分と異なる考えがあることに気付き、自ら判断したり、考え直したりするなど、新しい考えを生み出す喜びを味わいながら、自分の考えをよりよいものにするようになる。

キ　自然との関わり・生命尊重

自然に触れて感動する体験を通して、自然の変化などを感じ取り、好奇心や探究心をもって考え言葉などで表現しながら、身近な事象への関心が高まるとともに、自然への愛情や畏敬の念をもつようになる。また、身近な動植物に心を動かされる中で、生命の不思議さや尊さに気付き、身近な動植物への接し方を考え、命あるものとしていたわり、大切にする気持ちをもって関わるようになる。

ク　数量や図形、標識や文字などへの関心・感覚

遊びや生活の中で、数量や図形、標識や文字などに親しむ体験を重ねたり、標識や文字の役割に気付いたりし、自らの必要感に基づきこれらを活用し、興味や関心、感覚をもつようになる。

ケ　言葉による伝え合い

保育士等や友達と心を通わせる中で、絵本や物語などに親しみながら、豊かな言葉や表現を身に付け、経験したことや考えたことなどを言葉で伝えたり、相手の話を注意して聞いたりし、言葉による伝え合いを楽しむようになる。

コ　豊かな感性と表現

心を動かす出来事などに触れ感性を働かせる中で、様々な素材の特徴や表現の仕方などに気付き、感じたことや考えたことを自分で表現したり、友達同士で表現する過程を楽しんだりし、表現する喜びを味わい、意欲をもつようになる。

第2章　保育の内容

この章に示す「ねらい」は、第1章の1の（2）に示された保育の目標をより具体化したものであり、子どもが保育所において、安定した生活を送り、充実した活動ができるように、

保育を通じて育みたい資質・能力を、子どもの生活する姿から捉えたものである。また、「内容」は、「ねらい」を達成するために、子どもの生活やその状況に応じて保育士等が適切に行う事項と、保育士等が援助して子どもが環境に関わって経験する事項を示したものである。

保育における「養護」とは、子どもの生命の保持及び情緒の安定を図るために保育士等が行う援助や関わりであり、「教育」とは、子どもが健やかに成長し、その活動がより豊かに展開されるための発達の援助である。本章では、保育士等が、「ねらい」及び「内容」を具体的に把握するため、主に教育に関わる側面からの視点を示しているが、実際の保育においては、養護と教育が一体となって展開されることに留意する必要がある。

1 乳児保育に関わるねらい及び内容

(1) 基本的事項

ア　乳児期の発達については、視覚、聴覚などの感覚や、座る、はう、歩くなどの運動機能が著しく発達し、特定の大人との応答的な関わりを通じて、情緒的な絆（きずな）が形成されるといった特徴がある。これらの発達の特徴を踏まえて、乳児保育は、愛情豊かに、応答的に行われることが特に必要である。

イ　本項においては、この時期の発達の特徴を踏まえ、乳児保育の「ねらい」及び「内容」については、身体的発達に関する視点「健やかに伸び伸びと育つ」、社会的発達に関する視点「身近な人と気持ちが通じ合う」及び精神的発達に関する視点「身近なものと関わり感性が育つ」としてまとめ、示している。

ウ　本項の各視点において示す保育の内容は、第1章の2に示された養護における「生命の保持」及び「情緒の安定」に関わる保育の内容と、一体となって展開されるものであることに留意が必要である。

(2) ねらい及び内容

ア　健やかに伸び伸びと育つ
　　健康な心と体を育て、自ら健康で安全な生活をつくり出す力の基盤を培う。
（ア）ねらい
①身体感覚が育ち、快適な環境に心地よさを感じる。
②伸び伸びと体を動かし、はう、歩くなどの運動をしようとする。
③食事、睡眠等の生活のリズムの感覚が芽生える。
（イ）内容
①保育士等の愛情豊かな受容の下で、生理的・心理的欲求を満たし、心地よく生活をする。
②一人一人の発育に応じて、はう、立つ、歩くなど、十分に体を動かす。

③個人差に応じて授乳を行い、離乳を進めていく中で、様々な食品に少しずつ慣れ、食べることを楽しむ。
④一人一人の生活のリズムに応じて、安全な環境の下で十分に午睡をする。
⑤おむつ交換や衣服の着脱などを通じて、清潔になることの心地よさを感じる。
（ウ）内容の取扱い
　　上記の取扱いに当たっては、次の事項に留意する必要がある。
①心と体の健康は、相互に密接な関連があるものであることを踏まえ、温かい触れ合いの中で、心と体の発達を促すこと。特に、寝返り、お座り、はいはい、つかまり立ち、伝い歩きなど、発育に応じて、遊びの中で体を動かす機会を十分に確保し、自ら体を動かそうとする意欲が育つようにすること。
②健康な心と体を育てるためには望ましい食習慣の形成が重要であることを踏まえ、離乳食が完了期へと徐々に移行する中で、様々な食品に慣れるようにするとともに、和やかな雰囲気の中で食べる喜びや楽しさを味わい、進んで食べようとする気持ちが育つようにすること。なお、食物アレルギーのある子どもへの対応については、嘱託医等の指示や協力の下に適切に対応すること。
イ　身近な人と気持ちが通じ合う
　　受容的・応答的な関わりの下で、何かを伝えようとする意欲や身近な大人との信頼関係を育て、人と関わる力の基盤を培う。
（ア）ねらい
①安心できる関係の下で、身近な人と共に過ごす喜びを感じる。
②体の動きや表情、発声等により、保育士等と気持ちを通わせようとする。
③身近な人と親しみ、関わりを深め、愛情や信頼感が芽生える。
（イ）内容
①子どもからの働きかけを踏まえた、応答的な触れ合いや言葉がけによって、欲求が満たされ、安定感をもって過ごす。
②体の動きや表情、発声、喃語（なんご）等を優しく受け止めてもらい、保育士等とのやり取りを楽しむ。
③生活や遊びの中で、自分の身近な人の存在に気付き、親しみの気持ちを表す。
④保育士等による語りかけや歌いかけ、発声や喃語（なんご）等への応答を通じて、言葉の理解や発語の意欲が育つ。
⑤温かく、受容的な関わりを通じて、自分を肯定する気持ちが芽生える。
（ウ）内容の取扱い
　　上記の取扱いに当たっては、次の事項に留意する必要がある。
①保育士等との信頼関係に支えられて生活を確立していくことが人と関わる基盤となることを考慮して、子どもの多様な感情を受け止め、温かく受容的・応答的に関わり、一人一人に応じた適切な援助を行うようにすること。
②身近な人に親しみをもって接し、自分の感情などを表し、

それに相手が応答する言葉を聞くことを通して、次第に言葉が獲得されていくことを考慮して、楽しい雰囲気の中での保育士等との関わり合いを大切にし、ゆっくりと優しく話しかけるなど、積極的に言葉のやり取りを楽しむことができるようにすること。

ウ　身近なものと関わり感性が育つ

身近な環境に興味や好奇心をもって関わり、感じたことや考えたことを表現する力の基盤を培う。

（ア）ねらい

①身の回りのものに親しみ、様々なものに興味や関心をもつ。

②見る、触れる、探索するなど、身近な環境に自分から関わろうとする。

③身体の諸感覚による認識が豊かになり、表情や手足、体の動き等で表現する。

（イ）内容

①身近な生活用具、玩具や絵本などが用意された中で、身の回りのものに対する興味や好奇心をもつ。

②生活や遊びの中で様々なものに触れ、音、形、色、手触りなどに気付き、感覚の働きを豊かにする。

③保育士等と一緒に様々な色彩や形のものや絵本などを見る。

④玩具や身の回りのものを、つまむ、つかむ、たたく、引っ張るなど、手や指を使って遊ぶ。

⑤保育士等のあやし遊びに機嫌よく応じたり、歌やリズムに合わせて手足や体を動かして楽しんだりする。

（ウ）内容の取扱い

上記の取扱いに当たっては、次の事項に留意する必要がある。

①玩具などは、音質、形、色、大きさなど子どもの発達状態に応じて適切なものを選び、その時々の子どもの興味や関心を踏まえるなど、遊びを通して感覚の発達が促されるものとなるように工夫すること。なお、安全な環境の下で、子どもが探索意欲を満たして自由に遊べるよう、身の回りのものについては、常に十分な点検を行うこと。

②乳児期においては、表情、発声、体の動きなどで、感情を表現することが多いことから、これらの表現しようとする意欲を積極的に受け止めて、子どもが様々な活動を楽しむことを通して表現が豊かになるようにすること。

（3）保育の実施に関わる配慮事項

ア　乳児は疾病への抵抗力が弱く、心身の機能の未熟さに伴う疾病の発生が多いことから、一人一人の発育及び発達状態や健康状態についての適切な判断に基づく保健的な対応を行うこと。

イ　一人一人の子どもの生育歴の違いに留意しつつ、欲求を適切に満たし、特定の保育士が応答的に関わるように努めること。

ウ　乳児保育に関わる職員間の連携や嘱託医との連携を図り、第3章に示す事項を踏まえ、適切に対応すること。栄養士及び看護師等が配置されている場合は、その専門性を

生かした対応を図ること。

エ　保護者との信頼関係を築きながら保育を進めるとともに、保護者からの相談に応じ、保護者への支援に努めていくこと。

オ　担当の保育士が替わる場合には、子どものそれまでの生育歴や発達過程に留意し、職員間で協力して対応すること。

2　1歳以上3歳未満児の保育に関わるねらい及び内容

（1）基本的事項

ア　この時期においては、歩き始めから、歩く、走る、跳ぶなどへと、基本的な運動機能が次第に発達し、排泄の自立のための身体的な機能も整うようになる。つまむ、めくるなどの指先の機能も発達し、食事、衣類の着脱なども、保育士等の援助の下で自分で行うようになる。発声も明瞭になり、語彙も増加し、自分の意思や欲求を言葉で表出できるようになる。このように自分でできることが増えてくる時期であることから、保育士等は、子どもの生活の安定を図りながら、自分でしようとする気持ちを尊重し、温かく見守るとともに、愛情豊かに、応答的に関わることが必要である。

イ　本項においては、この時期の発達の特徴を踏まえ、保育の「ねらい」及び「内容」について、心身の健康に関する領域「健康」、人との関わりに関する領域「人間関係」、身近な環境との関わりに関する領域「環境」、言葉の獲得に関する領域「言葉」及び感性と表現に関する領域「表現」としてまとめ、示している。

ウ　本項の各領域において示す保育の内容は、第1章の2に示された養護における「生命の保持」及び「情緒の安定」に関わる保育の内容と、一体となって展開されるものであることに留意が必要である。

（2）ねらい及び内容

ア　健康

健康な心と体を育て、自ら健康で安全な生活をつくり出す力を養う。

（ア）ねらい

①明るく伸び伸びと生活し、自分から体を動かすことを楽しむ。

②自分の体を十分に動かし、様々な動きをしようとする。

③健康、安全な生活に必要な習慣に気付き、自分でしてみようとする気持ちが育つ。

（イ）内容

①保育士等の愛情豊かな受容の下で、安定感をもって生活をする。

②食事や午睡、遊びと休息など、保育所における生活のリズムが形成される。

③走る、跳ぶ、登る、押す、引っ張るなど全身を使う遊びを楽

しむ。

④様々な食品や調理形態に慣れ、ゆったりとした雰囲気の中で食事や間食を楽しむ。

⑤身の回りを清潔に保つ心地よさを感じ、その習慣が少しずつ身に付く。

⑥保育士等の助けを借りながら、衣類の着脱を自分でしようとする。

⑦便器（べん き）での排泄（はい せつ）に慣れ、自分で排泄ができるようになる。

（ウ）内容の取扱い

上記の取扱いに当たっては、次の事項に留意する必要がある。

①心と体の健康は、相互に密接な関連があるものであることを踏まえ、子どもの気持ちに配慮した温かい触れ合いの中で、心と体の発達を促すこと。特に、一人一人の発育に応じて、体を動かす機会を十分に確保し、自ら体を動かそうとする意欲が育つようにすること。

②健康な心と体を育てるためには望ましい食習慣の形成が重要であることを踏まえ、ゆったりとした雰囲気の中で食べる喜びや楽しさを味わい、進んで食べようとする気持ちが育つようにすること。なお、食物アレルギーのある子どもへの対応については、嘱託医等の指示や協力の下に適切に対応すること。

③排泄（はい せつ）の習慣については、一人一人の排尿間隔等を踏まえ、おむつが汚れていないときに便器に座らせるなどにより、少しずつ慣れさせるようにすること。

④食事、排泄（はい せつ）、睡眠、衣類の着脱、身の回りを清潔にすることなど、生活に必要な基本的な習慣については、一人一人の状態に応じ、落ち着いた雰囲気の中で行うようにし、子どもが自分でしようとする気持ちを尊重すること。また、基本的な生活習慣の形成に当たっては、家庭での生活経験に配慮し、家庭との適切な連携の下で行うようにすること。

イ　人間関係

他の人々と親しみ、支え合って生活するために、自立心を育て、人と関わる力を養う。

（ア）ねらい

①保育所での生活を楽しみ、身近な人と関わる心地よさを感じる。

②周囲の子ども等への興味や関心が高まり、関わりをもとうとする。

③保育所の生活の仕方に慣れ、きまりの大切さに気付く。

（イ）内容

①保育士等や周囲の子ども等との安定した関係の中で、共に過ごす心地よさを感じる。

②保育士等の受容的・応答的な関わりの中で、欲求を適切に満たし、安定感をもって過ごす。

③身の回りに様々な人がいることに気付き、徐々に他の子どもと関わりをもって遊ぶ。

④保育士等の仲立ちにより、他の子どもとの関わり方を少しずつ身につける。

⑤保育所の生活の仕方に慣れ、きまりがあることや、その大切さに気付く。

⑥生活や遊びの中で、年長児や保育士等の真似をしたり、ごっこ遊びを楽しんだりする。

（ウ）内容の取扱い

上記の取扱いに当たっては、次の事項に留意する必要がある。

①保育士等との信頼関係に支えられて生活を確立するとともに、自分で何かをしようとする気持ちが旺盛になる時期であることに鑑み、そのような子どもの気持ちを尊重し、温かく見守るとともに、愛情豊かに、応答的に関わり、適切な援助を行うようにすること。

②思い通りにいかない場合等の子どもの不安定な感情の表出については、保育士等が受容的に受け止めるとともに、そうした気持ちから立ち直る経験や感情をコントロールすることへの気付き等につなげていけるように援助すること。

③この時期は自己と他者との違いの認識がまだ十分ではないことから、子どもの自我の育ちを見守るとともに、保育士等が仲立ちとなって、自分の気持ちを相手に伝えることや相手の気持ちに気付くことの大切さなど、友達の気持ちや友達との関わり方を丁寧に伝えていくこと。

ウ　環境

周囲の様々な環境に好奇心や探究心をもって関わり、それらを生活に取り入れていこうとする力を養う。

（ア）ねらい

①身近な環境に親しみ、触れ合う中で、様々なものに興味や関心をもつ。

②様々なものに関わる中で、発見を楽しんだり、考えたりしようとする。

③見る、聞く、触るなどの経験を通して、感覚の働きを豊かにする。

（イ）内容

①安全で活動しやすい環境での探索活動等を通して、見る、聞く、触れる、嗅ぐ、味わうなどの感覚の働きを豊かにする。

②玩具、絵本、遊具などに興味をもち、それらを使った遊びを楽しむ。

③身の回りの物に触れる中で、形、色、大きさ、量などの物の性質や仕組みに気付く。

④自分の物と人の物の区別や、場所的感覚など、環境を捉える感覚が育つ。

⑤身近な生き物に気付き、親しみをもつ。

⑥近隣の生活や季節の行事などに興味や関心をもつ。

（ウ）内容の取扱い

上記の取扱いに当たっては、次の事項に留意する必要がある。

①玩具などは、音質、形、色、大きさなど子どもの発達状態に応じて適切なものを選び、遊びを通して感覚の発達が促されるように工夫すること。

②身近な生き物との関わりについては、子どもが命を感じ、生命の尊さに気付く経験へとつながるものであることか

ら、そうした気付きを促すような関わりとなるようにすること。

③地域の生活や季節の行事などに触れる際には、社会とのつながりや地域社会の文化への気付きにつながるものとなることが望ましいこと。その際、保育所内外の行事や地域の人々との触れ合いなどを通して行うこと等も考慮すること。

エ　言葉

　経験したことや考えたことなどを自分なりの言葉で表現し、相手の話す言葉を聞こうとする意欲や態度を育て、言葉に対する感覚や言葉で表現する力を養う。

（ア）ねらい

①言葉遊びや言葉で表現する楽しさを感じる。

②人の言葉や話などを聞き、自分でも思ったことを伝えようとする。

③絵本や物語等に親しむとともに、言葉のやり取りを通じて身近な人と気持ちを通わせる。

（イ）内容

①保育士等の応答的な関わりや話しかけにより、自ら言葉を使おうとする。

②生活に必要な簡単な言葉に気付き、聞き分ける。

③親しみをもって日常の挨拶に応じる。

④絵本や紙芝居を楽しみ、簡単な言葉を繰り返したり、模倣をしたりして遊ぶ。

⑤保育士等とごっこ遊びをする中で、言葉のやり取りを楽しむ。

⑥保育士等を仲立ちとして、生活や遊びの中で友達との言葉のやり取りを楽しむ。

⑦保育士等や友達の言葉や話に興味や関心をもって、聞いたり、話したりする。

（ウ）内容の取扱い

　上記の取扱いに当たっては、次の事項に留意する必要がある。

①身近な人に親しみをもって接し、自分の感情などを伝え、それに相手が応答し、その言葉を聞くことを通して、次第に言葉が獲得されていくものであることを考慮して、楽しい雰囲気の中で保育士等との言葉のやり取りができるようにすること。

②子どもが自分の思いを言葉で伝えるとともに、他の子どもの話などを聞くことを通して、次第に話を理解し、言葉による伝え合いができるようになるよう、気持ちや経験等の言語化を行うことを援助するなど、子ども同士の関わりの仲立ちを行うようにすること。

③この時期は、片言から、二語文、ごっこ遊びでのやり取りができる程度へと、大きく言葉の習得が進む時期であることから、それぞれの子どもの発達の状況に応じて、遊びや関わりの工夫など、保育の内容を適切に展開することが必要であること。

オ　表現

　感じたことや考えたことを自分なりに表現することを通して、豊かな感性や表現する力を養い、創造性を豊かにする。

（ア）ねらい

①身体の諸感覚の経験を豊かにし、様々な感覚を味わう。

②感じたことや考えたことなどを自分なりに表現しようとする。

③生活や遊びの様々な体験を通して、イメージや感性が豊かになる。

（イ）内容

①水、砂、土、紙、粘土など様々な素材に触れて楽しむ。

②音楽、リズムやそれに合わせた体の動きを楽しむ。

③生活の中で様々な音、形、色、手触り、動き、味、香りなどに気付いたり、感じたりして楽しむ。

④歌を歌ったり、簡単な手遊びや全身を使う遊びを楽しんだりする。

⑤保育士等からの話や、生活や遊びの中での出来事を通して、イメージを豊かにする。

⑥生活や遊びの中で、興味のあることや経験したことなどを自分なりに表現する。

（ウ）内容の取扱い

　上記の取扱いに当たっては、次の事項に留意する必要がある。

①子どもの表現は、遊びや生活の様々な場面で表出されているものであることから、それらを積極的に受け止め、様々な表現の仕方や感性を豊かにする経験となるようにすること。

②子どもが試行錯誤しながら様々な表現を楽しむことや、自分の力でやり遂げる充実感などに気付くよう、温かく見守るとともに、適切に援助を行うようにすること。

③様々な感情の表現等を通じて、子どもが自分の感情や気持ちに気付くようになる時期であることに鑑み、受容的な関わりの中で自信をもって表現をすることや、諦めずに続けた後の達成感等を感じられるような経験が蓄積されるようにすること。

④身近な自然や身の回りの事物に関わる中で、発見や心が動く経験が得られるよう、諸感覚を働かせることを楽しむ遊びや素材を用意するなど保育の環境を整えること。

（3）保育の実施に関わる配慮事項

ア　特に感染症にかかりやすい時期であるので、体の状態、機嫌、食欲などの日常の状態の観察を十分に行うとともに、適切な判断に基づく保健的な対応を心がけること。

イ　探索活動が十分できるように、事故防止に努めながら活動しやすい環境を整え、全身を使う遊びなど様々な遊びを取り入れること。

ウ　自我が形成され、子どもが自分の感情や気持ちに気付くようになる重要な時期であることに鑑み、情緒の安定を図りながら、子どもの自発的な活動を尊重するとともに促していくこと。

エ　担当の保育士が替わる場合には、子どものそれまでの経験や発達過程に留意し、職員間で協力して対応すること。

3　3歳以上児の保育に関するねらい及び内容

（1）基本的事項

ア　この時期においては、運動機能の発達により、基本的な動作が一通りできるようになるとともに、基本的な生活習慣もほぼ自立できるようになる。理解する語彙数が急激に増加し、知的興味や関心も高まってくる。仲間と遊び、仲間の中の一人という自覚が生じ、集団的な遊びや協同的な活動も見られるようになる。これらの発達の特徴を踏まえて、この時期の保育においては、個の成長と集団としての活動の充実が図られるようにしなければならない。

イ　本項においては、この時期の発達の特徴を踏まえ、保育の「ねらい」及び「内容」について、心身の健康に関する領域「健康」、人との関わりに関する領域「人間関係」、身近な環境との関わりに関する領域「環境」、言葉の獲得に関する領域「言葉」及び感性と表現に関する領域「表現」としてまとめ、示している。

ウ　本項の各領域において示す保育の内容は、第1章の2に示された養護における「生命の保持」及び「情緒の安定」に関わる保育の内容と、一体となって展開されるものであることに留意が必要である。

（2）ねらい及び内容

ア　健康
　　健康な心と体を育て、自ら健康で安全な生活をつくり出す力を養う。

（ア）ねらい

①明るく伸び伸びと行動し、充実感を味わう。

②自分の体を十分に動かし、進んで運動しようとする。

③健康、安全な生活に必要な習慣や態度を身に付け、見通しをもって行動する。

（イ）内容

①保育士等や友達と触れ合い、安定感をもって行動する。

②いろいろな遊びの中で十分に体を動かす。

③進んで戸外で遊ぶ。

④様々な活動に親しみ、楽しんで取り組む。

⑤保育士等や友達と食べることを楽しみ、食べ物への興味や関心をもつ。

⑥健康な生活のリズムを身に付ける。

⑦身の回りを清潔にし、衣服の着脱、食事、排泄などの生活に必要な活動を自分でする。

⑧保育所における生活の仕方を知り、自分たちで生活の場を整えながら見通しをもって行動する。

⑨自分の健康に関心をもち、病気の予防などに必要な活動を進んで行う。

⑩危険な場所、危険な遊び方、災害時などの行動の仕方が分かり、安全に気を付けて行動する。

（ウ）内容の取扱い
　　上記の取扱いに当たっては、次の事項に留意する必要がある。

①心と体の健康は、相互に密接な関連があるものであることを踏まえ、子どもが保育士等や他の子どもとの温かい触れ合いの中で自己の存在感や充実感を味わうことなどを基盤として、しなやかな心と体の発達を促すこと。特に、十分に体を動かす気持ちよさを体験し、自ら体を動かそうとする意欲が育つようにすること。

②様々な遊びの中で、子どもが興味や関心、能力に応じて全身を使って活動することにより、体を動かす楽しさを味わい、自分の体を大切にしようとする気持ちが育つようにすること。その際、多様な動きを経験する中で、体の動きを調整するようにすること。

③自然の中で伸び伸びと体を動かして遊ぶことにより、体の諸機能の発達が促されることに留意し、子どもの興味や関心が戸外にも向くようにすること。その際、子どもの動線に配慮した園庭や遊具の配置などを工夫すること。

④健康な心と体を育てるためには食育を通じた望ましい食習慣の形成が大切であることを踏まえ、子どもの食生活の実情に配慮し、和やかな雰囲気の中で保育士等や他の子どもと食べる喜びや楽しさを味わったり、様々な食べ物への興味や関心をもったりするなどし、食の大切さに気付き、進んで食べようとする気持ちが育つようにすること。

⑤基本的な生活習慣の形成に当たっては、家庭での生活経験に配慮し、子どもの自立心を育て、子どもが他の子どもと関わりながら主体的な活動を展開する中で、生活に必要な習慣を身に付け、次第に見通しをもって行動できるようにすること。

⑥安全に関する指導に当たっては、情緒の安定を図り、遊びを通して安全についての構えを身に付け、危険な場所や事物などが分かり、安全についての理解を深めるようにすること。また、交通安全の習慣を身に付けるようにするとともに、避難訓練などを通して、災害などの緊急時に適切な行動がとれるようにすること。

イ　人間関係
　　他の人々と親しみ、支え合って生活するために、自立心を育て、人と関わる力を養う。

（ア）ねらい

①保育所の生活を楽しみ、自分の力で行動することの充実感を味わう。

②身近な人と親しみ、関わりを深め、工夫したり、協力したりして一緒に活動する楽しさを味わい、愛情や信頼感をもつ。

③社会生活における望ましい習慣や態度を身に付ける。

（イ）内容

①保育士等や友達と共に過ごすことの喜びを味わう。

②自分で考え、自分で行動する。

③自分でできることは自分でする。

④いろいろな遊びを楽しみながら物事をやり遂げようとする

気持ちをもつ。

⑤友達と積極的に関わりながら喜びや悲しみを共感し合う。

⑥自分の思ったことを相手に伝え、相手の思っていることに気付く。

⑦友達のよさに気付き、一緒に活動する楽しさを味わう。

⑧友達と楽しく活動する中で、共通の目的を見いだし、工夫したり、協力したりなどする。

⑨よいことや悪いことがあることに気付き、考えながら行動する。

⑩友達との関わりを深め、思いやりをもつ。

⑪友達と楽しく生活する中できまりの大切さに気付き、守ろうとする。

⑫共同の遊具や用具を大切にし、皆で使う。

⑬高齢者をはじめ地域の人々などの自分の生活に関係の深いいろいろな人に親しみをもつ。

（ウ）内容の取扱い

上記の取扱いに当たっては、次の事項に留意する必要がある。

①保育士等との信頼関係に支えられて自分自身の生活を確立していくことが人と関わる基盤となることを考慮し、子どもが自ら周囲に働き掛けることにより多様な感情を体験し、試行錯誤しながら諦めずにやり遂げることの達成感や、前向きな見通しをもって自分の力で行うことの充実感を味わうことができるよう、子どもの行動を見守りながら適切な援助を行うようにすること。

②一人一人を生かした集団を形成しながら人と関わる力を育てていくようにすること。その際、集団の生活の中で、子どもが自己を発揮し、保育士等や他の子どもに認められる体験をし、自分のよさや特徴に気付き、自信をもって行動できるようにすること。

③子どもが互いに関わりを深め、協同して遊ぶようになるため、自ら行動する力を育てるとともに、他の子どもと試行錯誤しながら活動を展開する楽しさや共通の目的が実現する喜びを味わうことができるようにすること。

④道徳性の芽生えを培うに当たっては、基本的な生活習慣の形成を図るとともに、子どもが他の子どもとの関わりの中で他人の存在に気付き、相手を尊重する気持ちをもって行動できるようにし、また、自然や身近な動植物に親しむことなどを通して豊かな心情が育つようにすること。特に、人に対する信頼感や思いやりの気持ちは、葛藤やつまずきをも体験し、それらを乗り越えることにより、次第に芽生えてくることに配慮すること。

⑤集団の生活を通して、子どもが人との関わりを深め、規範意識の芽生えが培われることを考慮し、子どもが保育士等との信頼関係に支えられて自己を発揮する中で、互いに思いを主張し、折り合いを付ける体験をし、きまりの必要性などに気付き、自分の気持ちを調整する力が育つようにすること。

⑥高齢者をはじめ地域の人々などの自分の生活に関係の深い

いろいろな人と触れ合い、自分の感情や意志を表現しながら共に楽しみ、共感し合う体験を通して、これらの人々などに親しみをもち、人と関わることの楽しさや人の役に立つ喜びを味わうことができるようにすること。また、生活を通して親や祖父母などの家族の愛情に気付き、家族を大切にしようとする気持ちが育つようにすること。

ウ　環境

周囲の様々な環境に好奇心や探究心をもって関わり、それらを生活に取り入れていこうとする力を養う。

（ア）ねらい

①身近な環境に親しみ、自然と触れ合う中で様々な事象に興味や関心をもつ。

②身近な環境に自分から関わり、発見を楽しんだり、考えたりし、それを生活に取り入れようとする。

③身近な事象を見たり、考えたり、扱ったりする中で、物の性質や数量、文字などに対する感覚を豊かにする。

（イ）内容

①自然に触れて生活し、その大きさ、美しさ、不思議さなどに気付く。

②生活の中で、様々な物に触れ、その性質や仕組みに興味や関心をもつ。

③季節により自然や人間の生活に変化のあることに気付く。

④自然などの身近な事象に関心をもち、取り入れて遊ぶ。

⑤身近な動植物に親しみをもって接し、生命の尊さに気付き、いたわったり、大切にしたりする。

⑥日常生活の中で、我が国や地域社会における様々な文化や伝統に親しむ。

⑦身近な物を大切にする。

⑧身近な物や遊具に興味をもって関わり、自分なりに比べたり、関連付けたりしながら考えたり、試したりして工夫して遊ぶ。

⑨日常生活の中で数量や図形などに関心をもつ。

⑩日常生活の中で簡単な標識や文字などに関心をもつ。

⑪生活に関係の深い情報や施設などに興味や関心をもつ。

⑫保育所内外の行事において国旗に親しむ。

（ウ）内容の取扱い

上記の取扱いに当たっては、次の事項に留意する必要がある。

①子どもが、遊びの中で周囲の環境と関わり、次第に周囲の世界に好奇心を抱き、その意味や操作の仕方に関心をもち、物事の法則性に気付き、自分なりに考えることができるようになる過程を大切にすること。また、他の子どもの考えなどに触れて新しい考えを生み出す喜びや楽しさを味わい、自分の考えをよりよいものにしようとする気持ちが育つようにすること。

②幼児期において自然のもつ意味は大きく、自然の大きさ、美しさ、不思議さなどに直接触れる体験を通して、子どもの心が安らぎ、豊かな感情、好奇心、思考力、表現力の基礎が培われることを踏まえ、子どもが自然との関わりを深め

ることができるよう工夫すること。

③身近な事象や動植物に対する感動を伝え合い、共感し合うことなどを通して自分から関わろうとする意欲を育てるとともに、様々な関わり方を通してそれらに対する親しみや畏敬の念、生命を大切にする気持ち、公共心、探究心などが養われるようにすること。

④文化や伝統に親しむ際には、正月や節句など我が国の伝統的な行事、国歌、唱歌、わらべうたや我が国の伝統的な遊びに親しんだり、異なる文化に触れる活動に親しんだりすることを通じて、社会とのつながりの意識や国際理解の意識の芽生えなどが養われるようにすること。

⑤数量や文字などに関しては、日常生活の中で子ども自身の必要感に基づく体験を大切にし、数量や文字などに関する興味や関心、感覚が養われるようにすること。

エ　言葉

経験したことや考えたことなどを自分なりの言葉で表現し、相手の話す言葉を聞こうとする意欲や態度を育て、言葉に対する感覚や言葉で表現する力を養う。

（ア）ねらい

①自分の気持ちを言葉で表現する楽しさを味わう。

②人の言葉や話などをよく聞き、自分の経験したことや考えたことを話し、伝え合う喜びを味わう。

③日常生活に必要な言葉が分かるようになるとともに、絵本や物語などに親しみ、言葉に対する感覚を豊かにし、保育士等や友達と心を通わせる。

（イ）内容

①保育士等や友達の言葉や話に興味や関心をもち、親しみをもって聞いたり、話したりする。

②したり、見たり、聞いたり、感じたり、考えたりなどしたことを自分なりに言葉で表現する。

③したいこと、してほしいことを言葉で表現したり、分からないことを尋ねたりする。

④人の話を注意して聞き、相手に分かるように話す。

⑤生活の中で必要な言葉が分かり、使う。

⑥親しみをもって日常の挨拶をする。

⑦生活の中で言葉の楽しさや美しさに気付く。

⑧いろいろな体験を通じてイメージや言葉を豊かにする。

⑨絵本や物語などに親しみ、興味をもって聞き、想像をする楽しさを味わう。

⑩日常生活の中で、文字などで伝える楽しさを味わう。

（ウ）内容の取扱い

上記の取扱いに当たっては、次の事項に留意する必要がある。

①言葉は、身近な人に親しみをもって接し、自分の感情や意志などを伝え、それに相手が応答し、その言葉を聞くことを通して次第に獲得されていくものであることを考慮して、子どもが保育士等や他の子どもと関わることにより心を動かされるような体験をし、言葉を交わす喜びを味わえるようにすること。

②子どもが自分の思いを言葉で伝えるとともに、保育士等や他の子どもなどの話を興味をもって注意して聞くことを通して次第に話を理解するようになっていき、言葉による伝え合いができるようにすること。

③絵本や物語などで、その内容と自分の経験とを結び付けたり、想像を巡らせたりするなど、楽しみを十分に味わうことによって、次第に豊かなイメージをもち、言葉に対する感覚が養われるようにすること。

④子どもが生活の中で、言葉の響きやリズム、新しい言葉や表現などに触れ、これらを使う楽しさを味わえるようにすること。その際、絵本や物語に親しんだり、言葉遊びなどをしたりすることを通して、言葉が豊かになるようにすること。

⑤子どもが日常生活の中で、文字などを使いながら思ったことや考えたことを伝える喜びや楽しさを味わい、文字に対する興味や関心をもつようにすること。

オ　表現

感じたことや考えたことを自分なりに表現することを通して、豊かな感性や表現する力を養い、創造性を豊かにする。

（ア）ねらい

①いろいろなものの美しさなどに対する豊かな感性をもつ。

②感じたことや考えたことを自分なりに表現して楽しむ。

③生活の中でイメージを豊かにし、様々な表現を楽しむ。

（イ）内容

①生活の中で様々な音、形、色、手触り、動きなどに気付いたり、感じたりするなどして楽しむ。

②生活の中で美しいものや心を動かす出来事に触れ、イメージを豊かにする。

③様々な出来事の中で、感動したことを伝え合う楽しさを味わう。

④感じたこと、考えたことなどを音や動きなどで表現したり、自由にかいたり、つくったりなどする。

⑤いろいろな素材に親しみ、工夫して遊ぶ。

⑥音楽に親しみ、歌を歌ったり、簡単なリズム楽器を使ったりなどする楽しさを味わう。

⑦かいたり、つくったりすることを楽しみ、遊びに使ったり、飾ったりなどする。

⑧自分のイメージを動きや言葉などで表現したり、演じて遊んだりするなどの楽しさを味わう。

（ウ）内容の取扱い

上記の取扱いに当たっては、次の事項に留意する必要がある。

①豊かな感性は、身近な環境と十分に関わる中で美しいもの、優れたもの、心を動かす出来事などに出会い、そこから得た感動を他の子どもや保育士等と共有し、様々に表現することなどを通して養われるようにすること。その際、風の音や雨の音、身近にある草や花の形や色など自然の中にある音、形、色などに気付くようにすること。

②子どもの自己表現は素朴な形で行われることが多いので、

保育士等はそのような表現を受容し、子ども自身の表現しようとする意欲を受け止めて、子どもが生活の中で子どもらしい様々な表現を楽しむことができるようにすること。

③生活経験や発達に応じ、自ら様々な表現を楽しみ、表現する意欲を十分に発揮させることができるように、遊具や用具などを整えたり、様々な素材や表現の仕方に親しんだり、他の子どもの表現に触れられるよう配慮したりし、表現する過程を大切にして自己表現を楽しめるように工夫すること。

（3）保育の実施に関わる配慮事項

ア　第1章の4の（2）に示す「幼児期の終わりまでに育ってほしい姿」が、ねらい及び内容に基づく活動全体を通して資質・能力が育まれている子どもの小学校就学時の具体的な姿であることを踏まえ、指導を行う際には適宜考慮すること。

イ　子どもの発達や成長の援助をねらいとした活動の時間については、意識的に保育の計画等において位置付けて、実施することが重要であること。なお、そのような活動の時間については、保護者の就労状況等に応じて子どもが保育所で過ごす時間がそれぞれ異なることに留意して設定すること。

ウ　特に必要な場合には、各領域に示すねらいの趣旨に基づいて、具体的な内容を工夫し、それを加えても差し支えないが、その場合には、それが第1章の1に示す保育所保育に関する基本原則を逸脱しないよう慎重に配慮する必要があること。

4　保育の実施に関して留意すべき事項

（1）保育全般に関わる配慮事項

ア　子どもの心身の発達及び活動の実態などの個人差を踏まえるとともに、一人一人の子どもの気持ちを受け止め、援助すること。

イ　子どもの健康は、生理的・身体的な育ちとともに、自主性や社会性、豊かな感性の育ちとがあいまってもたらされることに留意すること。

ウ　子どもが自ら周囲に働きかけ、試行錯誤しつつ自分の力で行う活動を見守りながら、適切に援助すること。

エ　子どもの入所時の保育に当たっては、できるだけ個別的に対応し、子どもが安定感を得て、次第に保育所の生活になじんでいくようにするとともに、既に入所している子どもに不安や動揺を与えないようにすること。

オ　子どもの国籍や文化の違いを認め、互いに尊重する心を育てるようにすること。

カ　子どもの性差や個人差にも留意しつつ、性別などによる固定的な意識を植え付けることがないようにすること。

（2）小学校との連携

ア　保育所においては、保育所保育が、小学校以降の生活や学習の基盤の育成につながることに配慮し、幼児期にふさわしい生活を通じて、創造的な思考や主体的な生活態度などの基礎を培うようにすること。

イ　保育所保育において育まれた資質・能力を踏まえ、小学校教育が円滑に行われるよう、小学校教師との意見交換や合同の研究の機会などを設け、第1章の4の（2）に示す「幼児期の終わりまでに育って欲しい姿」を共有するなど連携を図り、保育所保育と小学校教育との円滑な接続を図るよう努めること。

ウ　子どもに関する情報共有に関して、保育所に入所している子どもの就学に際し、市町村の支援の下に、子どもの育ちを支えるための資料が保育所から小学校へ送付されるようにすること。

（3）家庭及び地域社会との連携

子どもの生活の連続性を踏まえ、家庭及び地域社会と連携して保育が展開されるよう配慮すること。その際、家庭や地域の機関及び団体の協力を得て、地域の自然、高齢者や異年齢の子ども等を含む人材、行事、施設等の地域の資源を積極的に活用し、豊かな生活体験をはじめ保育内容の充実が図られるよう配慮すること。

第3章　健康及び安全

　保育所保育において、子どもの健康及び安全の確保は、子どもの生命の保持と健やかな生活の基本であり、一人一人の子どもの健康の保持及び増進並びに安全の確保とともに、保育所全体における健康及び安全の確保に努めることが重要となる。

　また、子どもが、自らの体や健康に関心をもち、心身の機能を高めていくことが大切である。

　このため、第1章及び第2章等の関連する事項に留意し、次に示す事項を踏まえ、保育を行うこととする。

1　子どもの健康支援

（1）子どもの健康状態並びに発育及び発達状態の把握

ア　子どもの心身の状態に応じて保育するために、子どもの健康状態並びに発育及び発達状態について、定期的・継続的に、また、必要に応じて随時、把握すること。

イ　保護者からの情報とともに、登所時及び保育中を通じて子どもの状態を観察し、何らかの疾病が疑われる状態や傷害が認められた場合には、保護者に連絡するとともに、嘱託医と相談するなど適切な対応を図ること。看護師等が配置されている場合には、その専門性を生かした対応を図ること。

ウ　子どもの心身の状態等を観察し、不適切な養育の兆候が見られる場合には、市町村や関係機関と連携し、児童福祉法第25条に基づき、適切な対応を図ること。また、虐待が疑われる場合には、速やかに市町村又は児童相談所に通告し、適切な対応を図ること。

（2）健康増進

ア　子どもの健康に関する保健計画を全体的な計画に基づいて作成し、全職員がそのねらいや内容を踏まえ、一人一人の子どもの健康の保持及び増進に努めていくこと。

イ　子どもの心身の健康状態や疾病等の把握のために、嘱託医等により定期的に健康診断を行い、その結果を記録し、保育に活用するとともに、保護者が子どもの状態を理解し、日常生活に活用できるようにすること。

（3）疾病等への対応

ア　保育中に体調不良や傷害が発生した場合には、その子どもの状態等に応じて、保護者に連絡するとともに、適宜、嘱託医や子どものかかりつけ医等と相談し、適切な処置を行うこと。看護師等が配置されている場合には、その専門性を生かした対応を図ること。

イ　感染症やその他の疾病の発生予防に努め、その発生や疑いがある場合には、必要に応じて嘱託医、市町村、保健所等に連絡し、その指示に従うとともに、保護者や全職員に連絡し、予防等について協力を求めること。また、感染症に関する保育所の対応方法等について、あらかじめ関係機関の協力を得ておくこと。看護師等が配置されている場合には、その専門性を生かした対応を図ること。

ウ　アレルギー疾患を有する子どもの保育については、保護者と連携し、医師の診断及び指示に基づき、適切な対応を行うこと。また、食物アレルギーに関して、関係機関と連携して、当該保育所の体制構築など、安全な環境の整備を行うこと。看護師や栄養士等が配置されている場合には、その専門性を生かした対応を図ること。

エ　子どもの疾病等の事態に備え、医務室等の環境を整え、救急用の薬品、材料等を適切な管理の下に常備し、全職員が対応できるようにしておくこと。

2　食育の推進

（1）保育所の特性を生かした食育

ア　保育所における食育は、健康な生活の基本としての「食を営む力」の育成に向け、その基礎を培うことを目標とすること。

イ　子どもが生活と遊びの中で、意欲をもって食に関わる体験を積み重ね、食べることを楽しみ、食事を楽しみ合う子どもに成長していくことを期待するものであること。

ウ　乳幼児期にふさわしい食生活が展開され、適切な援助が行われるよう、食事の提供を含む食育計画を全体的な計画に基づいて作成し、その評価及び改善に努めること。栄養士が配置されている場合は、専門性を生かした対応を図ること。

（2）食育の環境の整備等

ア　子どもが自らの感覚や体験を通して、自然の恵みとしての食材や食の循環・環境への意識、調理する人への感謝の気持ちが育つように、子どもと調理員等との関わりや、調理室など食に関わる保育環境に配慮すること。

イ　保護者や地域の多様な関係者との連携及び協働の下で、食に関する取組が進められること。また、市町村の支援の下に、地域の関係機関等との日常的な連携を図り、必要な協力が得られるよう努めること。

ウ　体調不良、食物アレルギー、障害のある子どもなど、一人一人の子どもの心身の状態等に応じ、嘱託医、かかりつけ医等の指示や協力の下に適切に対応すること。栄養士が配置されている場合は、専門性を生かした対応を図ること。

3　環境及び衛生管理並びに安全管理

（1）環境及び衛生管理

ア　施設の温度、湿度、換気、採光、音などの環境を常に適切な状態に保持するとともに、施設内外の設備及び用具等の衛生管理に努めること。

イ　施設内外の適切な環境の維持に努めるとともに、子ども及び全職員が清潔を保つようにすること。また、職員は衛生知識の向上に努めること。

（2）事故防止及び安全対策

ア　保育中の事故防止のために、子どもの心身の状態等を踏まえつつ、施設内外の安全点検に努め、安全対策のために全職員の共通理解や体制づくりを図るとともに、家庭や地域の関係機関の協力の下に安全指導を行うこと。

イ　事故防止の取組を行う際には、特に、睡眠中、プール活動・水遊び中、食事中等の場面では重大事故が発生しやすいことを踏まえ、子どもの主体的な活動を大切にしつつ、施設内外の環境の配慮や指導の工夫を行うなど、必要な対策を講じること。

ウ　保育中の事故の発生に備え、施設内外の危険箇所の点検や訓練を実施するとともに、外部からの不審者等の侵入防止のための措置や訓練など不測の事態に備えて必要な対応を行うこと。また、子どもの精神保健面における対応に留意すること。

4　災害への備え

（1）施設・設備等の安全確保

ア　防火設備、避難経路等の安全性が確保されるよう、定期的にこれらの安全点検を行うこと。

イ　備品、遊具等の配置、保管を適切に行い、日頃から、安全環境の整備に努めること。

（2）災害発生時の対応体制及び避難への備え

ア　火災や地震などの災害の発生に備え、緊急時の対応の具体的内容及び手順、職員の役割分担、避難訓練計画等に関するマニュアルを作成すること。

イ　定期的に避難訓練を実施するなど、必要な対応を図ること。

ウ　災害の発生時に、保護者等への連絡及び子どもの引渡しを円滑に行うため、日頃から保護者との密接な連携に努め、連絡体制や引渡し方法等について確認をしておくこと。

（3）地域の関係機関等との連携

ア　市町村の支援の下に、地域の関係機関との日常的な連携を図り、必要な協力が得られるよう努めること。

イ　避難訓練については、地域の関係機関や保護者との連携の下に行うなど工夫すること。

第4章　子育て支援

保育所における保護者に対する子育て支援は、全ての子どもの健やかな育ちを実現することができるよう、第1章及び第2章等の関連する事項を踏まえ、子どもの育ちを家庭と連携して支援していくとともに、保護者及び地域が有する子育てを自ら実践する力の向上に資するよう、次の事項に留意するものとする。

1　保育所における子育て支援に関する基本的事項

（1）保育所の特性を生かした子育て支援

ア　保護者に対する子育て支援を行う際には、各地域や家庭の実態等を踏まえるとともに、保護者の気持ちを受け止め、相互の信頼関係を基本に、保護者の自己決定を尊重すること。

イ　保育及び子育てに関する知識や技術など、保育士等の専門性や、子どもが常に存在する環境など、保育所の特性を生かし、保護者が子どもの成長に気付き子育ての喜びを感じられるように努めること。

（2）子育て支援に関して留意すべき事項

ア　保護者に対する子育て支援における地域の関係機関等との連携及び協働を図り、保育所全体の体制構築に努めること。

イ　子どもの利益に反しない限りにおいて、保護者や子どものプライバシーを保護し、知り得た事柄の秘密を保持すること。

2　保育所を利用している保護者に対する子育て支援

（1）保護者との相互理解

ア　日常の保育に関連した様々な機会を活用し子どもの日々の様子の伝達や収集、保育所保育の意図の説明などを通じて、保護者との相互理解を図るよう努めること。

イ　保育の活動に対する保護者の積極的な参加は、保護者の子育てを自ら実践する力の向上に寄与することから、これを促すこと。

（2）保護者の状況に配慮した個別の支援

ア　保護者の就労と子育ての両立等を支援するため、保護者の多様化した保育の需要に応じ、病児保育事業など多様な事業を実施する場合には、保護者の状況に配慮するとともに、子どもの福祉が尊重されるよう努め、子どもの生活の連続性を考慮すること。

イ　子どもに障害や発達上の課題が見られる場合には、市町村や関係機関と連携及び協力を図りつつ、保護者に対する個別の支援を行うよう努めること。

ウ　外国籍家庭など、特別な配慮を必要とする家庭の場合には、状況等に応じて個別の支援を行うよう努めること。

（3）不適切な養育等が疑われる家庭への支援

ア　保護者に育児不安等が見られる場合には、保護者の希望に応じて個別の支援を行うよう努めること。

イ　保護者に不適切な養育等が疑われる場合には、市町村や関係機関と連携し、要保護児童対策地域協議会で検討するなど適切な対応を図ること。また、虐待が疑われる場合には、速やかに市町村又は児童相談所に通告し、適切な対応を図ること。

3　地域の保護者等に対する子育て支援

（1）地域に開かれた子育て支援

ア　保育所は、児童福祉法第48条の4の規定に基づき、その行う保育に支障がない限りにおいて、地域の実情や当該保育所の体制等を踏まえ、地域の保護者等に対して、保育所保育の専門性を生かした子育て支援を積極的に行うよう努めること。

イ　地域の子どもに対する一時預かり事業などの活動を行う際には、一人一人の子どもの心身の状態などを考慮するとともに、日常の保育との関連に配慮するなど、柔軟に活動を展開できるようにすること。

（2）地域の関係機関等との連携

ア　市町村の支援を得て、地域の関係機関等との積極的な連携及び協働を図るとともに、子育て支援に関する地域の人材と積極的に連携を図るよう努めること。

イ　地域の要保護児童への対応など、地域の子どもを巡る諸課題に対し、要保護児童対策地域協議会など関係機関等と連携及び協力して取り組むよう努めること。

第5章　職員の資質向上

　第1章から前章までに示された事項を踏まえ、保育所は、質の高い保育を展開するため、絶えず、一人一人の職員についての資質向上及び職員全体の専門性の向上を図るよう努めなければならない。

1　職員の資質向上に関する基本的事項

（1）保育所職員に求められる専門性

　子どもの最善の利益を考慮し、人権に配慮した保育を行うためには、職員一人一人の倫理観、人間性並びに保育所職員としての職務及び責任の理解と自覚が基盤となる。

　各職員は、自己評価に基づく課題等を踏まえ、保育所内外の研修等を通じて、保育士・看護師・調理員・栄養士等、それぞれの職務内容に応じた専門性を高めるため、必要な知識及び技術の修得、維持及び向上に努めなければならない。

（2）保育の質の向上に向けた組織的な取組

　保育所においては、保育の内容等に関する自己評価等を通じて把握した、保育の質の向上に向けた課題に組織的に対応するため、保育内容の改善や保育士等の役割分担の見直し等に取り組むとともに、それぞれの職位や職務内容等に応じて、各職員が必要な知識及び技能を身につけられるよう努めなければならない。

2　施設長の責務

（1）施設長の責務と専門性の向上

　施設長は、保育所の役割や社会的責任を遂行するために、法令等を遵守し、保育所を取り巻く社会情勢等を踏まえ、施設長としての専門性等の向上に努め、当該保育所における保育の質及び職員の専門性向上のために必要な環境の確保に努めなければならない。

（2）職員の研修機会の確保等

　施設長は、保育所の全体的な計画や、各職員の研修の必要性等を踏まえて、体系的・計画的な研修機会を確保するとともに、職員の勤務体制の工夫等により、職員が計画的に研修等に参加し、その専門性の向上が図られるよう努めなければ

ならない。

3　職員の研修等

（1）職場における研修

　職員が日々の保育実践を通じて、必要な知識及び技術の修得、維持及び向上を図るとともに、保育の課題等への共通理解や協働性を高め、保育所全体としての保育の質の向上を図っていくためには、日常的に職員同士が主体的に学び合う姿勢と環境が重要であり、職場内での研修の充実が図られなければならない。

（2）外部研修の活用

　各保育所における保育の課題への的確な対応や、保育士等の専門性の向上を図るためには、職場内での研修に加え、関係機関等による研修の活用が有効であることから、必要に応じて、こうした外部研修への参加機会が確保されるよう努めなければならない。

4　研修の実施体制等

（1）体系的な研修計画の作成

　保育所においては、当該保育所における保育の課題や各職員のキャリアパス等も見据えて、初任者から管理職員までの職位や職務内容等を踏まえた体系的な研修計画を作成しなければならない。

（2）組織内での研修成果の活用

　外部研修に参加する職員は、自らの専門性の向上を図るとともに、保育所における保育の課題を理解し、その解決を実践できる力を身に付けることが重要である。また、研修で得た知識及び技能を他の職員と共有することにより、保育所全体としての保育実践の質及び専門性の向上につなげていくことが求められる。

（3）研修の実施に関する留意事項

　施設長等は保育所全体としての保育実践の質及び専門性の向上のために、研修の受講は特定の職員に偏ることなく行われるよう、配慮する必要がある。また、研修を修了した職員については、その職務内容等において、当該研修の成果等が適切に勘案されることが望ましい。

「幼保連携型認定こども園教育・保育要領」

2017（平成29）年3月31日告示

第1章　総則

第1　幼保連携型認定こども園における教育及び保育の基本及び目標等

1　幼保連携型認定こども園における教育及び保育の基本

乳幼児期の教育及び保育は、子どもの健全な心身の発達を図りつつ生涯にわたる人格形成の基礎を培う重要なものであり、幼保連携型認定こども園における教育及び保育は、就学前の子どもに関する教育、保育等の総合的な提供の推進に関する法律（平成18年法律第77号。以下「認定こども園法」という。）第2条第7項に規定する目的及び第9条に掲げる目標を達成するため、乳幼児期全体を通して、その特性及び保護者や地域の実態を踏まえ、環境を通して行うものであることを基本とし、家庭や地域での生活を含めた園児の生活全体が豊かなものとなるように努めなければならない。

このため保育教諭等は、園児との信頼関係を十分に築き、園児が自ら安心して身近な環境に主体的に関わり、環境との関わり方や意味に気付き、これらを取り込もうとして、試行錯誤したり、考えたりするようになる幼児期の教育における見方・考え方を生かし、その活動が豊かに展開されるよう環境を整え、園児と共によりよい教育及び保育の環境を創造するように努めるものとする。これらを踏まえ、次に示す事項を重視して教育及び保育を行わなければならない。

(1) 乳幼児期は周囲への依存を基盤にしつつ自立に向かうものであることを考慮して、周囲との信頼関係に支えられた生活の中で、園児一人一人が安心感と信頼感をもっていろいろな活動に取り組む体験を十分に積み重ねられるようにすること。

(2) 乳幼児期においては生命の保持が図られ安定した情緒の下で自己を十分に発揮することにより発達に必要な体験を得ていくものであることを考慮して、園児の主体的な活動を促し、乳幼児期にふさわしい生活が展開されるようにすること。

(3) 乳幼児期における自発的な活動としての遊びは、心身の調和のとれた発達の基礎を培う重要な学習であることを考慮して、遊びを通しての指導を中心として第2章に示すねらいが総合的に達成されるようにすること。

(4) 乳幼児期における発達は、心身の諸側面が相互に関連し合い、多様な経過をたどって成し遂げられてい

くものであること、また、園児の生活経験がそれぞれ異なることなどを考慮して、園児一人一人の特性や発達の過程に応じ、発達の課題に即した指導を行うようにすること。

その際、保育教諭等は、園児の主体的な活動が確保されるよう、園児一人一人の行動の理解と予想に基づき、計画的に環境を構成しなければならない。この場合において、保育教諭等は、園児と人やものとの関わりが重要であることを踏まえ、教材を工夫し、物的・空間的環境を構成しなければならない。また、園児一人一人の活動の場面に応じて、様々な役割を果たし、その活動を豊かにしなければならない。

なお、幼保連携型認定こども園における教育及び保育は、園児が入園してから修了するまでの在園期間全体を通して行われるものであり、この章の第3に示す幼保連携型認定こども園として特に配慮すべき事項を十分に踏まえて行うものとする。

2　幼保連携型認定こども園における教育及び保育の目標

幼保連携型認定こども園は、家庭との連携を図りながら、この章の第1の1に示す幼保連携型認定こども園における教育及び保育の基本に基づいて一体的に展開される幼保連携型認定こども園における生活を通して、生きる力の基礎を育成するよう認定こども園法第9条に規定する幼保連携型認定こども園の教育及び保育の目標の達成に努めなければならない。幼保連携型認定こども園は、このことにより、義務教育及びその後の教育の基礎を培うとともに、子どもの最善の利益を考慮しつつ、その生活を保障し、保護者と共に園児を心身ともに健やかに育成するものとする。

なお、認定こども園法第9条に規定する幼保連携型認定こども園の教育及び保育の目標については、発達や学びの連続性及び生活の連続性の観点から、小学校就学の始期に達するまでの時期を通じ、その達成に向けて努力すべき目当てとなるものであることから、満3歳未満の園児の保育にも当てはまることに留意するものとする。

3　幼保連携型認定こども園の教育及び保育において育みたい資質・能力及び「幼児期の終わりまでに育ってほしい姿」

(1) 幼保連携型認定こども園においては、生きる力の基礎を育むため、この章の1に示す幼保連携型認定こども園の教育及び保育の基本を踏まえ、次に掲げる資質・能力を一体的に育むよう努めるものとする。

ア　豊かな体験を通じて、感じたり、気付いたり、分

かったり、できるようになったりする「知識及び技能の基礎」

イ　気付いたことや、できるようになったことなどを使い、考えたり、試したり、工夫したり、表現したりする「思考力、判断力、表現力等の基礎」

ウ　心情、意欲、態度が育つ中で、よりよい生活を営もうとする「学びに向かう力、人間性等」

(2)　(1)に示す資質・能力は、第2章に示すねらい及び内容に基づく活動全体によって育むものである。

(3)　次に示す「幼児期の終わりまでに育ってほしい姿」は、第2章に示すねらい及び内容に基づく活動全体を通して資質・能力が育まれている園児の幼保連携型認定こども園修了時の具体的な姿であり、保育教諭等が指導を行う際に考慮するものである。

ア　健康な心と体

幼保連携型認定こども園における生活の中で、充実感をもって自分のやりたいことに向かって心と体を十分に働かせ、見通しをもって行動し、自ら健康で安全な生活をつくり出すようになる。

イ　自立心

身近な環境に主体的に関わり様々な活動を楽しむ中で、しなければならないことを自覚し、自分の力で行うために考えたり、工夫したりしながら、諦めずにやり遂げることで達成感を味わい、自信をもって行動するようになる。

ウ　協同性

友達と関わる中で、互いの思いや考えなどを共有し、共通の目的の実現に向けて、考えたり、工夫したり、協力したりし、充実感をもってやり遂げるようになる。

エ　道徳性・規範意識の芽生え

友達と様々な体験を重ねる中で、してよいことや悪いことが分かり、自分の行動を振り返ったり、友達の気持ちに共感したりし、相手の立場に立って行動するようになる。また、きまりを守る必要性が分かり、自分の気持ちを調整し、友達と折り合いを付けながら、きまりをつくったり、守ったりするようになる。

オ　社会生活との関わり

家族を大切にしようとする気持ちをもつとともに、地域の身近な人と触れ合う中で、人との様々な関わり方に気付き、相手の気持ちを考えて関わり、自分が役に立つ喜びを感じ、地域に親しみをもつようになる。また、幼保連携型認定こども園内外の様々な環境に関わる中で、遊びや生活に必要な情報を取り入れ、情報に基づき判断したり、情報を伝え合ったり、活用したりするなど、情報を役立てながら活動するようになるとともに、公共の施設を大切に利用するなどして、社会とのつながりなどを意識するようになる。

カ　思考力の芽生え

身近な事象に積極的に関わる中で、物の性質や仕組みなどを感じ取ったり、気付いたりし、考えたり、予想したり、工夫したりするなど、多様な関わりを楽しむようになる。また、友達の様々な考えに触れる中で、自分と異なる考えがあることに気付き、自ら判断したり、考え直したりするなど、新しい考えを生み出す喜びを味わいながら、自分の考えをよりよいものにするようになる。

キ　自然との関わり・生命尊重

自然に触れて感動する体験を通して、自然の変化などを感じ取り、好奇心や探究心をもって考え言葉などで表現しながら、身近な事象への関心が高まるとともに、自然への愛情や畏敬の念をもつようになる。また、身近な動植物に心を動かされる中で、生命の不思議さや尊さに気付き、身近な動植物への接し方を考え、命あるものとしていたわり、大切にする気持ちをもって関わるようになる。

ク　数量や図形、標識や文字などへの関心・感覚

遊びや生活の中で、数量や図形、標識や文字などに親しむ体験を重ねたり、標識や文字の役割に気付いたりし、自らの必要感に基づきこれらを活用し、興味や関心、感覚をもつようになる。

ケ　言葉による伝え合い

保育教諭等や友達と心を通わせる中で、絵本や物語などに親しみながら、豊かな言葉や表現を身に付け、経験したことや考えたことなどを言葉で伝えたり、相手の話を注意して聞いたりし、言葉による伝え合いを楽しむようになる。

コ　豊かな感性と表現

心を動かす出来事などに触れ感性を働かせる中で、様々な素材の特徴や表現の仕方などに気付き、感じたことや考えたことを自分で表現したり、友達同士で表現する過程を楽しんだりし、表現する喜びを味わい、意欲をもつようになる。

第2　教育及び保育の内容並びに子育ての支援等に関する全体的な計画等

1　教育及び保育の内容並びに子育ての支援等に関する全体的な計画の作成等

(1)　教育及び保育の内容並びに子育ての支援等に関する全体的な計画の役割

各幼保連携型認定こども園においては、教育基本法（平成18年法律第120号）、児童福祉法（昭和22年法律第164号）及び認定こども園法その他の法令並びにこの幼保連携型認定こども園教育・保育要領の示すところに従い、教育と保育を一体的に提供するため、創意工夫を生かし、園児の心身の発達と幼保連携型認定こども園、家庭及び地域の実態に即応した適切な教育及び保育の内容並びに子育ての支援等に関する全体的な計画を作成するものとする。

教育及び保育の内容並びに子育ての支援等に関する

全体的な計画とは、教育と保育を一体的に捉え、園児の入園から修了までの在園期間の全体にわたり、幼保連携型認定こども園の目標に向かってどのような過程をたどって教育及び保育を進めていくかを明らかにするものであり、子育ての支援と有機的に連携し、園児の園生活全体を捉え、作成する計画である。

各幼保連携型認定こども園においては、「幼児期の終わりまでに育ってほしい姿」を踏まえ教育及び保育の内容並びに子育ての支援等に関する全体的な計画を作成すること、その実施状況を評価して改善を図っていくこと、また実施に必要な人的又は物的な体制を確保するとともにその改善を図っていくことなどを通して、教育及び保育の内容並びに子育ての支援等に関する全体的な計画に基づき組織的かつ計画的に各幼保連携型認定こども園の教育及び保育活動の質の向上を図っていくこと（以下「カリキュラム・マネジメント」という。）に努めるものとする。

（2）各幼保連携型認定こども園の教育及び保育の目標と教育及び保育の内容並びに子育ての支援等に関する全体的な計画の作成

教育及び保育の内容並びに子育ての支援等に関する全体的な計画の作成に当たっては、幼保連携型認定こども園の教育及び保育において育みたい資質・能力を踏まえつつ、各幼保連携型認定こども園の教育及び保育の目標を明確にするとともに、教育及び保育の内容並びに子育ての支援等に関する全体的な計画の作成についての基本的な方針が家庭や地域とも共有されるよう努めるものとする。

（3）教育及び保育の内容並びに子育ての支援等に関する全体的な計画の作成上の基本的事項

ア　幼保連携型認定こども園における生活の全体を通して第2章に示すねらいが総合的に達成されるよう、教育課程に係る教育期間や園児の生活経験や発達の過程などを考慮して具体的なねらいと内容を組織するものとする。この場合において、特に、自我が芽生え、他者の存在を意識し、自己を抑制しようとする気持ちが生まれるなどの乳幼児期の発達の特性を踏まえ、入園から修了に至るまでの長期的な視野をもって充実した生活が展開できるように配慮するものとする。

イ　幼保連携型認定こども園の満3歳以上の園児の教育課程に係る教育週数は、特別の事情のある場合を除き、39週を下ってはならない。

ウ　幼保連携型認定こども園の1日の教育課程に係る教育時間は、4時間を標準とする。ただし、園児の心身の発達の程度や季節などに適切に配慮するものとする。

エ　幼保連携型認定こども園の保育を必要とする子どもに該当する園児に対する教育及び保育の時間（満3歳以上の保育を必要とする子どもに該当する園児については、この章の第2の1の（3）ウに規定する教育時間を含む。）は、1日につき8時間を原則とし、園長がこれを定める。ただし、その地方における園児の保護者の労働時間その他家庭の状況等を考慮するものとする。

（4）教育及び保育の内容並びに子育ての支援等に関する全体的な計画の実施上の留意事項

各幼保連携型認定こども園においては、園長の方針の下に、園務分掌に基づき保育教諭等職員が適切に役割を分担しつつ、相互に連携しながら、教育及び保育の内容並びに子育ての支援等に関する全体的な計画や指導の改善を図るものとする。また、各幼保連携型認定こども園が行う教育及び保育等に係る評価については、教育及び保育の内容並びに子育ての支援等に関する全体的な計画の作成、実施、改善が教育及び保育活動や園運営の中核となることを踏まえ、カリキュラム・マネジメントと関連付けながら実施するよう留意するものとする。

（5）小学校教育との接続に当たっての留意事項

ア　幼保連携型認定こども園においては、その教育及び保育が、小学校以降の生活や学習の基盤の育成につながることに配慮し、乳幼児期にふさわしい生活を通して、創造的な思考や主体的な生活態度などの基礎を培うようにするものとする。

イ　幼保連携型認定こども園の教育及び保育において育まれた資質・能力を踏まえ、小学校教育が円滑に行われるよう、小学校の教師との意見交換や合同の研究の機会などを設け、「幼児期の終わりまでに育ってほしい姿」を共有するなど連携を図り、幼保連携型認定こども園における教育及び保育と小学校教育との円滑な接続を図るよう努めるものとする。

2　指導計画の作成と園児の理解に基づいた評価

（1）指導計画の考え方

幼保連携型認定こども園における教育及び保育は、園児が自ら意欲をもって環境と関わることによりつくり出される具体的な活動を通して、その目標の達成を図るものである。

幼保連携型認定こども園においてはこのことを踏まえ、乳幼児期にふさわしい生活が展開され、適切な指導が行われるよう、調和のとれた組織的、発展的な指導計画を作成し、園児の活動に沿った柔軟な指導を行わなければならない。

（2）指導計画の作成上の基本的事項

ア　指導計画は、園児の発達に即して園児一人一人が乳幼児期にふさわしい生活を展開し、必要な体験を得られるようにするために、具体的に作成するものとする。

イ　指導計画の作成に当たっては、次に示すところにより、具体的なねらい及び内容を明確に設定し、適切な環境を構成することなどにより活動が選択・展開されるようにするものとする。

（ア）　具体的なねらい及び内容は、幼保連携型認定こども園の生活における園児の発達の過程を見通し、園児の生活の連続性、季節の変化などを考慮して、園児の興味や関心、発達の実情などに応じて設定すること。

（イ）　環境は、具体的なねらいを達成するために適切なものとなるように構成し、園児が自らその環境に関わることにより様々な活動を展開しつつ必要な体験を得られるようにすること。その際、園児の生活する姿や発想を大切にし、常にその環境が適切なものとなるようにすること。

（ウ）　園児の行う具体的な活動は、生活の流れの中で様々に変化するものであることに留意し、園児が望ましい方向に向かって自ら活動を展開していくことができるよう必要な援助をすること。

その際、園児の実態及び園児を取り巻く状況の変化などに即して指導の過程についての評価を適切に行い、常に指導計画の改善を図るものとする。

（3）　指導計画の作成上の留意事項

指導計画の作成に当たっては、次の事項に留意するものとする。

ア　園児の生活は、入園当初の一人一人の遊びや保育教諭等との触れ合いを通して幼保連携型認定こども園の生活に親しみ、安定していく時期から、他の園児との関わりの中で園児の主体的な活動が深まり、園児が互いに必要な存在であることを認識するようになる。その後、園児同士や学級全体で目的をもって協同して幼保連携型認定こども園の生活を展開し、深めていく時期などに至るまでの過程を様々に経ながら広げられていくものである。これらを考慮し、活動がそれぞれの時期にふさわしく展開されるようにすること。

また、園児の入園当初の教育及び保育に当たっては、既に在園している園児に不安や動揺を与えないようにしつつ、可能な限り個別的に対応し、園児が安定感を得て、次第に幼保連携型認定こども園の生活になじんでいくよう配慮すること。

イ　長期的に発達を見通した年、学期、月などにわたる長期の指導計画やこれとの関連を保ちながらより具体的な園児の生活に即した週、日などの短期の指導計画を作成し、適切な指導が行われるようにすること。特に、週、日などの短期の指導計画については、園児の生活のリズムに配慮し、園児の意識や興味の連続性のある活動が相互に関連して幼保連携型認定こども園の生活の自然な流れの中に組み込まれるようにすること。

ウ　園児が様々な人やものとの関わりを通して、多様な体験をし、心身の調和のとれた発達を促すようにしていくこと。その際、園児の発達に即して主体的・対話的で深い学びが実現するようにするとともに、心を動かされる体験が次の活動を生み出すことを考慮し、一つ一つの体験が相互に結び付き、幼保連携型認定こども園の生活が充実するようにすること。

エ　言語に関する能力の発達と思考力等の発達が関連していることを踏まえ、幼保連携型認定こども園における生活全体を通して、園児の発達を踏まえた言語環境を整え、言語活動の充実を図ること。

オ　園児が次の活動への期待や意欲をもつことができるよう、園児の実態を踏まえながら、保育教諭等や他の園児と共に遊びや生活の中で見通しをもったり、振り返ったりするよう工夫すること。

カ　行事の指導に当たっては、幼保連携型認定こども園の生活の自然な流れの中で生活に変化や潤いを与え、園児が主体的に楽しく活動できるようにすること。なお、それぞれの行事については教育及び保育における価値を十分検討し、適切なものを精選し、園児の負担にならないようにすること。

キ　乳幼児期は直接的な体験が重要であることを踏まえ、視聴覚教材やコンピュータなど情報機器を活用する際には、幼保連携型認定こども園の生活では得難い体験を補完するなど、園児の体験との関連を考慮すること。

ク　園児の主体的な活動を促すためには、保育教諭等が多様な関わりをもつことが重要であることを踏まえ、保育教諭等は、理解者、共同作業者など様々な役割を果たし、園児の情緒の安定や発達に必要な豊かな体験が得られるよう、活動の場面に応じて、園児の人権や園児一人一人の個人差等に配慮した適切な指導を行うようにすること。

ケ　園児の行う活動は、個人、グループ、学級全体などで多様に展開されるものであることを踏まえ、幼保連携型認定こども園全体の職員による協力体制を作りながら、園児一人一人が興味や欲求を十分に満足させるよう適切な援助を行うようにすること。

コ　園児の生活は、家庭を基盤として地域社会を通じて次第に広がりをもつものであることに留意し、家庭との連携を十分に図るなど、幼保連携型認定こども園における生活が家庭や地域社会と連続性を保ちつつ展開されるようにするものとする。その際、地域の自然、高齢者や異年齢の子どもなどを含む人材、行事や公共施設などの地域の資源を積極的に活用し、園児が豊かな生活体験を得られるように工夫するものとする。また、家庭との連携に当たっては、保護者との情報交換の機会を設けたり、保護者と園児との活動の機会を設けたりなどすることを通じて、保護者の乳幼児期の教育及び保育に関する理解が深まるよう配慮するものとする。

サ　地域や幼保連携型認定こども園の実態等により、幼保連携型認定こども園間に加え、幼稚園、保育所等の保育施設、小学校、中学校、高等学校及び特別支援学校などとの間の連携や交流を図るものとす

る。特に、小学校教育との円滑な接続のため、幼保連携型認定こども園の園児と小学校の児童との交流の機会を積極的に設けるようにするものとする。また、障害のある園児児童生徒との交流及び共同学習の機会を設け、共に尊重し合いながら協働して生活していく態度を育むよう努めるものとする。

(4) 園児の理解に基づいた評価の実施

園児一人一人の発達の理解に基づいた評価の実施に当たっては、次の事項に配慮するものとする。

ア 指導の過程を振り返りながら園児の理解を進め、園児一人一人のよさや可能性などを把握し、指導の改善に生かすようにすること。その際、他の園児との比較や一定の基準に対する達成度についての評定によって捉えるものではないことに留意すること。

イ 評価の妥当性や信頼性が高められるよう創意工夫を行い、組織的かつ計画的な取組を推進するとともに、次年度又は小学校等にその内容が適切に引き継がれるようにすること。

3 特別な配慮を必要とする園児への指導

(1) 障害のある園児などへの指導

障害のある園児などへの指導に当たっては、集団の中で生活することを通して全体的な発達を促していくことに配慮し、適切な環境の下で、障害のある園児が他の園児との生活を通して共に成長できるよう、特別支援学校などの助言又は援助を活用しつつ、個々の園児の障害の状態などに応じた指導内容や指導方法の工夫を組織的かつ計画的に行うものとする。また、家庭、地域及び医療や福祉、保健等の業務を行う関係機関との連携を図り、長期的な視点で園児への教育及び保育的支援を行うために、個別の教育及び保育支援計画を作成し活用することに努めるとともに、個々の園児の実態を的確に把握し、個別の指導計画を作成し活用することに努めるものとする。

(2) 海外から帰国した園児や生活に必要な日本語の習得に困難のある園児の幼保連携型認定こども園の生活への適応

海外から帰国した園児や生活に必要な日本語の習得に困難のある園児については、安心して自己を発揮できるよう配慮するなど個々の園児の実態に応じ、指導内容や指導方法の工夫を組織的かつ計画的に行うものとする。

第3 幼保連携型認定こども園として特に配慮すべき事項

幼保連携型認定こども園における教育及び保育を行うに当たっては、次の事項について特に配慮しなければならない。

1 当該幼保連携型認定こども園に入園した年齢により集団生活の経験年数が異なる園児がいることに配慮する等、0歳から小学校就学前までの一貫した教育及び保育を園児の発達や学びの連続性を考慮して展開していくこ

と。特に満3歳以上については入園する園児が多いことや同一学年の園児で編制される学級の中で生活することなどを踏まえ、家庭や他の保育施設等との連携や引継ぎを円滑に行うとともに、環境の工夫をすること。

2 園児の一日の生活の連続性及びリズムの多様性に配慮するとともに、保護者の生活形態を反映した園児の在園時間の長短、入園時期や登園日数の違いを踏まえ、園児一人一人の状況に応じ、教育及び保育の内容やその展開について工夫をすること。特に入園及び年度当初においては、家庭との連携の下、園児一人一人の生活の仕方やリズムに十分に配慮して一日の自然な生活の流れをつくり出していくようにすること。

3 環境を通して行う教育及び保育の活動の充実を図るため、幼保連携型認定こども園における教育及び保育の環境の構成に当たっては、乳幼児期の特性及び保護者や地域の実態を踏まえ、次の事項に留意すること。

(1) 0歳から小学校就学前までの様々な年齢の園児の発達の特性を踏まえ、満3歳未満の園児については特に健康、安全や発達の確保を十分に図るとともに、満3歳以上の園児については同一学年の園児で編制される学級による集団活動の中で遊びを中心とする園児の主体的な活動を通して発達や学びを促す経験が得られるよう工夫をすること。特に、満3歳以上の園児同士が共に育ち、学び合いながら、豊かな体験を積み重ねることができるよう工夫をすること。

(2) 在園時間が異なる多様な園児がいることを踏まえ、園児の生活が安定するよう、家庭や地域、幼保連携型認定こども園における生活の連続性を確保するとともに、一日の生活のリズムを整えるよう工夫をすること。特に満3歳未満の園児については睡眠時間等の個人差に配慮するとともに、満3歳以上の園児については集中して遊ぶ場と家庭的な雰囲気の中でくつろぐ場との適切な調和等の工夫をすること。

(3) 家庭や地域において異年齢の子どもと関わる機会が減少していることを踏まえ、満3歳以上の園児については、学級による集団活動とともに、満3歳未満の園児を含む異年齢の園児による活動を、園児の発達の状況にも配慮しつつ適切に組み合わせて設定するなどの工夫をすること。

(4) 満3歳以上の園児については、特に長期的な休業中、園児が過ごす家庭や園などの生活の場が異なることを踏まえ、それぞれの多様な生活経験が長期的な休業などの終了後等の園生活に生かされるよう工夫をすること。

4 指導計画を作成する際には、この章に示す指導計画の作成上の留意事項を踏まえるとともに、次の事項にも特に配慮すること。

(1) 園児の発達の個人差、入園した年齢の違いなどによる集団生活の経験年数の差、家庭環境等を踏まえ、園児一人一人の発達の特性や課題に十分留意すること。特に満3歳未満の園児については、大人への依存

度が極めて高い等の特性があることから、個別的な対応を図ること。また、園児の集団生活への円滑な接続について、家庭等との連携及び協力を図る等十分留意すること。

(2)　園児の発達の連続性を考慮した教育及び保育を展開する際には、次の事項に留意すること。

　ア　満3歳未満の園児については、園児一人一人の生育歴、心身の発達、活動の実態等に即して、個別的な計画を作成すること。

　イ　満3歳以上の園児については、個の成長と、園児相互の関係や協同的な活動が促されるよう考慮すること。

　ウ　異年齢で構成されるグループ等での指導に当たっては、園児一人一人の生活や経験、発達の過程などを把握し、適切な指導や環境の構成ができるよう考慮すること。

(3)　一日の生活のリズムや在園時間が異なる園児が共に過ごすことを踏まえ、活動と休息、緊張感と解放感等の調和を図るとともに、園児に不安や動揺を与えないようにする等の配慮を行うこと。その際、担当の保育教諭等が替わる場合には、園児の様子等引継ぎを行い、十分な連携を図ること。

(4)　午睡は生活のリズムを構成する重要な要素であり、安心して眠ることのできる安全な午睡環境を確保するとともに、在園時間が異なることや、睡眠時間は園児の発達の状況や個人によって差があることから、一律とならないよう配慮すること。

(5)　長時間にわたる教育及び保育については、園児の発達の過程、生活のリズム及び心身の状態に十分配慮して、保育の内容や方法、職員の協力体制、家庭との連携などを指導計画に位置付けること。

5　生命の保持や情緒の安定を図るなど養護の行き届いた環境の下、幼保連携型認定こども園における教育及び保育を展開すること。

(1)　園児一人一人が、快適にかつ健康で安全に過ごせるようにするとともに、その生理的欲求が十分に満たされ、健康増進が積極的に図られるようにするため、次の事項に留意すること。

　ア　園児一人一人の平常の健康状態や発育及び発達の状態を的確に把握し、異常を感じる場合は、速やかに適切に対応すること。

　イ　家庭との連携を密にし、学校医等との連携を図りながら、園児の疾病や事故防止に関する認識を深め、保健的で安全な環境の維持及び向上に努めること。

　ウ　清潔で安全な環境を整え、適切な援助や応答的な関わりを通して、園児の生理的欲求を満たしていくこと。また、家庭と協力しながら、園児の発達の過程等に応じた適切な生活のリズムがつくられていくようにすること。

　エ　園児の発達の過程等に応じて、適度な運動と休息

をとることができるようにすること。また、食事、排泄、睡眠、衣類の着脱、身の回りを清潔にすることなどについて、園児が意欲的に生活できるよう適切に援助すること。

(2)　園児一人一人が安定感をもって過ごし、自分の気持ちを安心して表すことができるようにするとともに、周囲から主体として受け止められ主体として育ち、自分を肯定する気持ちが育まれていくようにし、くつろいで共に過ごし、心身の疲れが癒やされるようにするため、次の事項に留意すること。

　ア　園児一人一人の置かれている状態や発達の過程などを的確に把握し、園児の欲求を適切に満たしながら、応答的な触れ合いや言葉掛けを行うこと。

　イ　園児一人一人の気持ちを受容し、共感しながら、園児との継続的な信頼関係を築いていくこと。

　ウ　保育教諭等との信頼関係を基盤に、園児一人一人が主体的に活動し、自発性や探索意欲などを高めるとともに、自分への自信をもつことができるよう成長の過程を見守り、適切に働き掛けること。

　エ　園児一人一人の生活のリズム、発達の過程、在園時間などに応じて、活動内容のバランスや調和を図りながら、適切な食事や休息がとれるようにすること。

6　園児の健康及び安全は、園児の生命の保持と健やかな生活の基本であり、幼保連携型認定こども園の生活全体を通して健康や安全に関する管理や指導、食育の推進等に十分留意すること。

7　保護者に対する子育ての支援に当たっては、この章に示す幼保連携型認定こども園における教育及び保育の基本及び目標を踏まえ、子どもに対する学校としての教育及び児童福祉施設としての保育並びに保護者に対する子育ての支援について相互に有機的な連携が図られるようにすること。また、幼保連携型認定こども園の目的の達成に資するため、保護者が子どもの成長に気付き子育ての喜びが感じられるよう、幼保連携型認定こども園の特性を生かした子育ての支援に努めること。

第2章　ねらい及び内容並びに配慮事項

この章に示すねらいは、幼保連携型認定こども園の教育及び保育において育みたい資質・能力を園児の生活する姿から捉えたものであり、内容は、ねらいを達成するために指導する事項である。各視点や領域は、この時期の発達の特徴を踏まえ、教育及び保育のねらい及び内容を乳幼児の発達の側面から、乳児は三つの視点として、幼児は五つの領域としてまとめ、示したものである。内容の取扱いは、園児の発達を踏まえた指導を行うに当たって留意すべき事項である。

各視点や領域に示すねらいは、幼保連携型認定こども園における生活の全体を通じ、園児が様々な体験を積み重ねる中で相互に関連をもちながら次第に達成に向かうものであるこ

と、内容は、園児が環境に関わって展開する具体的な活動を通して総合的に指導されるものであることに留意しなければならない。

また、「幼児期の終わりまでに育ってほしい姿」が、ねらい及び内容に基づく活動全体を通して資質・能力が育まれている園児の幼保連携型認定こども園修了時の具体的な姿であることを踏まえ、指導を行う際に考慮するものとする。

なお、特に必要な場合には、各視点や領域に示すねらいの趣旨に基づいて適切な、具体的な内容を工夫し、それを加えても差し支えないが、その場合には、それが第1章の第1に示す幼保連携型認定こども園の教育及び保育の基本及び目標を逸脱しないよう慎重に配慮する必要がある。

第1　乳児期の園児の保育に関するねらい及び内容

基本的事項

1　乳児期の発達については、視覚、聴覚などの感覚や、座る、はう、歩くなどの運動機能が著しく発達し、特定の大人との応答的な関わりを通じて、情緒的な絆が形成されるといった特徴がある。これらの発達の特徴を踏まえて、乳児期の園児の保育は、愛情豊かに、応答的に行われることが特に必要である。

2　本項においては、この時期の発達の特徴を踏まえ、乳児期の園児の保育のねらい及び内容については、身体的発達に関する視点「健やかに伸び伸びと育つ」、社会的発達に関する視点「身近な人と気持ちが通じ合う」及び精神的発達に関する視点「身近なものと関わり感性が育つ」としてまとめ、示している。

ねらい及び内容

健やかに伸び伸びと育つ

〔健康な心と体を育て、自ら健康で安全な生活をつくり出す力の基盤を培う。〕

1　ねらい

（1）　身体感覚が育ち、快適な環境に心地よさを感じる。

（2）　伸び伸びと体を動かし、はう、歩くなどの運動をしようとする。

（3）　食事、睡眠等の生活のリズムの感覚が芽生える。

2　内容

（1）　保育教諭等の愛情豊かな受容の下で、生理的・心理的欲求を満たし、心地よく生活をする。

（2）　一人一人の発育に応じて、はう、立つ、歩くなど、十分に体を動かす。

（3）　個人差に応じて授乳を行い、離乳を進めていく中で、様々な食品に少しずつ慣れ、食べることを楽しむ。

（4）　一人一人の生活のリズムに応じて、安全な環境の下で十分に午睡をする。

（5）　おむつ交換や衣服の着脱などを通じて、清潔になることの心地よさを感じる。

3　内容の取扱い

上記の取扱いに当たっては、次の事項に留意する必要がある。

（1）　心と体の健康は、相互に密接な関連があるもので

あることを踏まえ、温かい触れ合いの中で、心と体の発達を促すこと。特に、寝返り、お座り、はいはい、つかまり立ち、伝い歩きなど、発育に応じて、遊びの中で体を動かす機会を十分に確保し、自ら体を動かそうとする意欲が育つようにすること。

（2）　健康な心と体を育てるためには望ましい食習慣の形成が重要であることを踏まえ、離乳食が完了期へと徐々に移行する中で、様々な食品に慣れるようにするとともに、和やかな雰囲気の中で食べる喜びや楽しさを味わい、進んで食べようとする気持ちが育つようにすること。なお、食物アレルギーのある園児への対応については、学校医等の指示や協力の下に適切に対応すること。

身近な人と気持ちが通じ合う

〔受容的・応答的な関わりの下で、何かを伝えようとする意欲や身近な大人との信頼関係を育て、人と関わる力の基盤を培う。〕

1　ねらい

（1）　安心できる関係の下で、身近な人と共に過ごす喜びを感じる。

（2）　体の動きや表情、発声等により、保育教諭等と気持ちを通わせようとする。

（3）　身近な人と親しみ、関わりを深め、愛情や信頼感が芽生える。

2　内容

（1）　園児からの働き掛けを踏まえた、応答的な触れ合いや言葉掛けによって、欲求が満たされ、安定感をもって過ごす。

（2）　体の動きや表情、発声、喃語等を優しく受け止めてもらい、保育教諭等とのやり取りを楽しむ。

（3）　生活や遊びの中で、自分の身近な人の存在に気付き、親しみの気持ちを表す。

（4）　保育教諭等による語り掛けや歌い掛け、発声や喃語等への応答を通じて、言葉の理解や発語の意欲が育つ。

（5）　温かく、受容的な関わりを通じて、自分を肯定する気持ちが芽生える。

3　内容の取扱い

上記の取扱いに当たっては、次の事項に留意する必要がある。

（1）　保育教諭等との信頼関係に支えられて生活を確立していくことが人と関わる基盤となることを考慮して、園児の多様な感情を受け止め、温かく受容的・応答的に関わり、一人一人に応じた適切な援助を行うようにすること。

（2）　身近な人に親しみをもって接し、自分の感情などを表し、それに相手が応答する言葉を聞くことを通して、次第に言葉が獲得されていくことを考慮して、楽しい雰囲気の中での保育教諭等との関わり合いを大切にし、ゆっくりと優しく話し掛けるなど、積極的に言葉のやり取りを楽しむことができるようにするこ

身近なものと関わり感性が育つ

［身近な環境に興味や好奇心をもって関わり、感じたことや考えたことを表現する力の基盤を培う。］

1 ねらい
  (1) 身の回りのものに親しみ、様々なものに興味や関心をもつ。
  (2) 見る、触れる、探索するなど、身近な環境に自分から関わろうとする。
  (3) 身体の諸感覚による認識が豊かになり、表情や手足、体の動き等で表現する。

2 内容
  (1) 身近な生活用具、玩具や絵本などが用意された中で、身の回りのものに対する興味や好奇心をもつ。
  (2) 生活や遊びの中で様々なものに触れ、音、形、色、手触りなどに気付き、感覚の働きを豊かにする。
  (3) 保育教諭等と一緒に様々な色彩や形のものや絵本などを見る。
  (4) 玩具や身の回りのものを、つまむ、つかむ、たたく、引っ張るなど、手や指を使って遊ぶ。
  (5) 保育教諭等のあやし遊びに機嫌よく応じたり、歌やリズムに合わせて手足や体を動かして楽しんだりする。

3 内容の取扱い
  上記の取扱いに当たっては、次の事項に留意する必要がある。
  (1) 玩具などは、音質、形、色、大きさなど園児の発達状態に応じて適切なものを選び、その時々の園児の興味や関心を踏まえるなど、遊びを通して感覚の発達が促されるものとなるように工夫すること。なお、安全な環境の下で、園児が探索意欲を満たして自由に遊べるよう、身の回りのものについては常に十分な点検を行うこと。
  (2) 乳児期においては、表情、発声、体の動きなどで、感情を表現することが多いことから、これらの表現しようとする意欲を積極的に受け止めて、園児が様々な活動を楽しむことを通して表現が豊かになるようにすること。

第2 満1歳以上満3歳未満の園児の保育に関するねらい及び内容

基本的事項

1 この時期においては、歩き始めから、歩く、走る、跳ぶなどへと、基本的な運動機能が次第に発達し、排泄の自立のための身体的機能も整うようになる。つまむ、めくるなどの指先の機能も発達し、食事、衣類の着脱なども、保育教諭等の援助の下で自分で行うようになる。発声も明瞭になり、語彙も増加し、自分の意思や欲求を言葉で表出できるようになる。このように自分でできることが増えてくる時期であることから、保育教諭等は、園児の生活の安定を図りながら、自分でしようとする気持ちを

尊重し、温かく見守るとともに、愛情豊かに、応答的に関わることが必要である。

2 本項においては、この時期の発達の特徴を踏まえ、保育のねらい及び内容について、心身の健康に関する領域「健康」、人との関わりに関する領域「人間関係」、身近な環境との関わりに関する領域「環境」、言葉の獲得に関する領域「言葉」及び感性と表現に関する領域「表現」としてまとめ、示している。

ねらい及び内容

健康

［健康な心と体を育て、自ら健康で安全な生活をつくり出す力を養う。］

1 ねらい
  (1) 明るく伸び伸びと生活し、自分から体を動かすことを楽しむ。
  (2) 自分の体を十分に動かし、様々な動きをしようとする。
  (3) 健康、安全な生活に必要な習慣に気付き、自分でしてみようとする気持ちが育つ。

2 内容
  (1) 保育教諭等の愛情豊かな受容の下で、安定感をもって生活をする。
  (2) 食事や午睡、遊びと休息など、幼保連携型認定こども園における生活のリズムが形成される。
  (3) 走る、跳ぶ、登る、押す、引っ張るなど全身を使う遊びを楽しむ。
  (4) 様々な食品や調理形態に慣れ、ゆったりとした雰囲気の中で食事や間食を楽しむ。
  (5) 身の回りを清潔に保つ心地よさを感じ、その習慣が少しずつ身に付く。
  (6) 保育教諭等の助けを借りながら、衣類の着脱を自分でしようとする。
  (7) 便器での排泄に慣れ、自分で排泄ができるようになる。

3 内容の取扱い
  上記の取扱いに当たっては、次の事項に留意する必要がある。
  (1) 心と体の健康は、相互に密接な関連があるものであることを踏まえ、園児の気持ちに配慮した温かい触れ合いの中で、心と体の発達を促すこと。特に、一人一人の発育に応じて、体を動かす機会を十分に確保し、自ら体を動かそうとする意欲が育つようにすること。
  (2) 健康な心と体を育てるためには望ましい食習慣の形成が重要であることを踏まえ、ゆったりとした雰囲気の中で食べる喜びや楽しさを味わい、進んで食べようとする気持ちが育つようにすること。なお、食物アレルギーのある園児への対応については、学校医等の指示や協力の下に適切に対応すること。
  (3) 排泄の習慣については、一人一人の排尿間隔等を踏まえ、おむつが汚れていないときに便器に座らせる

などにより、少しずつ慣れさせるようにすること。

(4)　食事、排泄、睡眠、衣類の着脱、身の回りを清潔にすることなど、生活に必要な基本的な習慣については、一人一人の状態に応じ、落ち着いた雰囲気の中で行うようにし、園児が自分でしようとする気持ちを尊重すること。また、基本的な生活習慣の形成に当たっては、家庭での生活経験に配慮し、家庭との適切な連携の下で行うようにすること。

人間関係

他の人々と親しみ、支え合って生活するために、自立心を育て、人と関わる力を養う。

1　ねらい

(1)　幼保連携型認定こども園での生活を楽しみ、身近な人と関わる心地よさを感じる。

(2)　周囲の園児等への興味・関心が高まり、関わりをもとうとする。

(3)　幼保連携型認定こども園の生活の仕方に慣れ、きまりの大切さに気付く。

2　内容

(1)　保育教諭等や周囲の園児等との安定した関係の中で、共に過ごす心地よさを感じる。

(2)　保育教諭等の受容的・応答的な関わりの中で、欲求を適切に満たし、安定感をもって過ごす。

(3)　身の回りに様々な人がいることに気付き、徐々に他の園児と関わりをもって遊ぶ。

(4)　保育教諭等の仲立ちにより、他の園児との関わり方を少しずつ身につける。

(5)　幼保連携型認定こども園の生活の仕方に慣れ、きまりがあることや、その大切さに気付く。

(6)　生活や遊びの中で、年長児や保育教諭等の真似をしたり、ごっこ遊びを楽しんだりする。

3　内容の取扱い

上記の取扱いに当たっては、次の事項に留意する必要がある。

(1)　保育教諭等との信頼関係に支えられて生活を確立するとともに、自分で何かをしようとする気持ちが旺盛になる時期であることに鑑み、そのような園児の気持ちを尊重し、温かく見守るとともに、愛情豊かに、応答的に関わり、適切な援助を行うようにすること。

(2)　思い通りにいかない場合等の園児の不安定な感情の表出については、保育教諭等が受容的に受け止めるとともに、そうした気持ちから立ち直る経験や感情をコントロールすることへの気付き等につなげていけるように援助すること。

(3)　この時期は自己と他者との違いの認識がまだ十分ではないことから、園児の自我の育ちを見守るとともに、保育教諭等が仲立ちとなって、自分の気持ちを相手に伝えることや相手の気持ちに気付くことの大切さなど、友達の気持ちや友達との関わり方を丁寧に伝えていくこと。

環境

周囲の様々な環境に好奇心や探究心をもって関わり、それらを生活に取り入れていこうとする力を養う。

1　ねらい

(1)　身近な環境に親しみ、触れ合う中で、様々なものに興味や関心をもつ。

(2)　様々なものに関わる中で、発見を楽しんだり、考えたりしようとする。

(3)　見る、聞く、触るなどの経験を通して、感覚の働きを豊かにする。

2　内容

(1)　安全で活動しやすい環境での探索活動等を通して、見る、聞く、触れる、嗅ぐ、味わうなどの感覚の働きを豊かにする。

(2)　玩具、絵本、遊具などに興味をもち、それらを使った遊びを楽しむ。

(3)　身の回りの物に触れる中で、形、色、大きさ、量などの物の性質や仕組みに気付く。

(4)　自分の物と人の物の区別や、場所的感覚など、環境を捉える感覚が育つ。

(5)　身近な生き物に気付き、親しみをもつ。

(6)　近隣の生活や季節の行事などに興味や関心をもつ。

3　内容の取扱い

上記の取扱いに当たっては、次の事項に留意する必要がある。

(1)　玩具などは、音質、形、色、大きさなど園児の発達状態に応じて適切なものを選び、遊びを通して感覚の発達が促されるように工夫すること。

(2)　身近な生き物との関わりについては、園児が命を感じ、生命の尊さに気付く経験へとつながるものであることから、そうした気付きを促すような関わりとなるようにすること。

(3)　地域の生活や季節の行事などに触れる際には、社会とのつながりや地域社会の文化への気付きにつながるものとなることが望ましいこと。その際、幼保連携型認定こども園内外の行事や地域の人々との触れ合いなどを通して行うこと等も考慮すること。

言葉

経験したことや考えたことなどを自分なりの言葉で表現し、相手の話す言葉を聞こうとする意欲や態度を育て、言葉に対する感覚や言葉で表現する力を養う。

1　ねらい

(1)　言葉遊びや言葉で表現する楽しさを感じる。

(2)　人の言葉や話などを聞き、自分でも思ったことを伝えようとする。

(3)　絵本や物語等に親しむとともに、言葉のやり取りを通じて身近な人と気持ちを通わせる。

2　内容

(1)　保育教諭等の応答的な関わりや話し掛けにより、自ら言葉を使おうとする。

(2)　生活に必要な簡単な言葉に気付き、聞き分ける。

(3)　親しみをもって日常の挨拶に応じる。

(4) 絵本や紙芝居を楽しみ、簡単な言葉を繰り返したり、模倣をしたりして遊ぶ。

(5) 保育教諭等とごっこ遊びをする中で、言葉のやり取りを楽しむ。

(6) 保育教諭等を仲立ちとして、生活や遊びの中で友達との言葉のやり取りを楽しむ。

(7) 保育教諭等や友達の言葉や話に興味や関心をもって、聞いたり、話したりする。

3 内容の取扱い

上記の取扱いに当たっては、次の事項に留意する必要がある。

(1) 身近な人に親しみをもって接し、自分の感情などを伝え、それに相手が応答し、その言葉を聞くことを通して、次第に言葉が獲得されていくものであることを考慮して、楽しい雰囲気の中で保育教諭等との言葉のやり取りができるようにすること。

(2) 園児が自分の思いを言葉で伝えるとともに、他の園児の話などを聞くことを通して、次第に話を理解し、言葉による伝え合いができるようになるよう、気持ちや経験等の言語化を行うことを援助するなど、園児同士の関わりの仲立ちを行うようにすること。

(3) この時期は、片言から、二語文、ごっこ遊びでのやり取りができる程度へと、大きく言葉の習得が進む時期であることから、それぞれの園児の発達の状況に応じて、遊びや関わりの工夫など、保育の内容を適切に展開することが必要であること。

表現

感じたことや考えたことを自分なりに表現することを通して、豊かな感性や表現する力を養い、創造性を豊かにする。

1 ねらい

(1) 身体の諸感覚の経験を豊かにし、様々な感覚を味わう。

(2) 感じたことや考えたことなどを自分なりに表現しようとする。

(3) 生活や遊びの様々な体験を通して、イメージや感性が豊かになる。

2 内容

(1) 水、砂、土、紙、粘土など様々な素材に触れて楽しむ。

(2) 音楽、リズムやそれに合わせた体の動きを楽しむ。

(3) 生活の中で様々な音、形、色、手触り、動き、味、香りなどに気付いたり、感じたりして楽しむ。

(4) 歌を歌ったり、簡単な手遊びや全身を使う遊びを楽しんだりする。

(5) 保育教諭等からの話や、生活や遊びの中での出来事を通して、イメージを豊かにする。

(6) 生活や遊びの中で、興味のあることや経験したことなどを自分なりに表現する。

3 内容の取扱い

上記の取扱いに当たっては、次の事項に留意する必要

がある。

(1) 園児の表現は、遊びや生活の様々な場面で表出されているものであることから、それらを積極的に受け止め、様々な表現の仕方や感性を豊かにする経験となるようにすること。

(2) 園児が試行錯誤しながら様々な表現を楽しむことや、自分の力でやり遂げる充実感などに気付くよう、温かく見守るとともに、適切に援助を行うようにすること。

(3) 様々な感情の表現等を通じて、園児が自分の感情や気持ちに気付くようになる時期であることに鑑み、受容的な関わりの中で自信をもって表現をすることや、諦めずに続けた後の達成感等を感じられるような経験が蓄積されるようにすること。

(4) 身近な自然や身の回りの事物に関わる中で、発見や心が動く経験が得られるよう、諸感覚を働かせることを楽しむ遊びや素材を用意するなど保育の環境を整えること。

第3 満3歳以上の園児の教育及び保育に関するねらい及び内容

基本的事項

1 この時期においては、運動機能の発達により、基本的な動作が一通りできるようになるとともに、基本的な生活習慣もほぼ自立できるようになる。理解する語彙数が急激に増加し、知的興味や関心も高まってくる。仲間と遊び、仲間の中の一人という自覚が生じ、集団的な遊びや協同的な活動も見られるようになる。これらの発達の特徴を踏まえて、この時期の教育及び保育においては、個の成長と集団としての活動の充実が図られるようにしなければならない。

2 本項においては、この時期の発達の特徴を踏まえ、教育及び保育のねらい及び内容について、心身の健康に関する領域「健康」、人との関わりに関する領域「人間関係」、身近な環境との関わりに関する領域「環境」、言葉の獲得に関する領域「言葉」及び感性と表現に関する領域「表現」としてまとめ、示している。

ねらい及び内容

健康

健康な心と体を育て、自ら健康で安全な生活をつくり出す力を養う。

1 ねらい

(1) 明るく伸び伸びと行動し、充実感を味わう。

(2) 自分の体を十分に動かし、進んで運動しようとする。

(3) 健康、安全な生活に必要な習慣や態度を身に付け、見通しをもって行動する。

2 内容

(1) 保育教諭等や友達と触れ合い、安定感をもって行動する。

(2) いろいろな遊びの中で十分に体を動かす。

(3) 進んで戸外で遊ぶ。

(4) 様々な活動に親しみ、楽しんで取り組む。

(5) 保育教諭等や友達と食べることを楽しみ、食べ物への興味や関心をもつ。

(6) 健康な生活のリズムを身に付ける。

(7) 身の回りを清潔にし、衣服の着脱、食事、排泄などの生活に必要な活動を自分でする。

(8) 幼保連携型認定こども園における生活の仕方を知り、自分たちで生活の場を整えながら見通しをもって行動する。

(9) 自分の健康に関心をもち、病気の予防などに必要な活動を進んで行う。

(10) 危険な場所、危険な遊び方、災害時などの行動の仕方が分かり、安全に気を付けて行動する。

3 内容の取扱い

上記の取扱いに当たっては、次の事項に留意する必要がある。

(1) 心と体の健康は、相互に密接な関連があるものであることを踏まえ、園児が保育教諭等や他の園児との温かい触れ合いの中で自己の存在感や充実感を味わうことなどを基盤として、しなやかな心と体の発達を促すこと。特に、十分に体を動かす気持ちよさを体験し、自ら体を動かそうとする意欲が育つようにすること。

(2) 様々な遊びの中で、園児が興味や関心、能力に応じて全身を使って活動することにより、体を動かす楽しさを味わい、自分の体を大切にしようとする気持ちが育つようにすること。その際、多様な動きを経験する中で、体の動きを調整するようにすること。

(3) 自然の中で伸び伸びと体を動かして遊ぶことにより、体の諸機能の発達が促されることに留意し、園児の興味や関心が戸外にも向くようにすること。その際、園児の動線に配慮した園庭や遊具の配置などを工夫すること。

(4) 健康な心と体を育てるためには食育を通じた望ましい食習慣の形成が大切であることを踏まえ、園児の食生活の実情に配慮し、和やかな雰囲気の中で保育教諭等や他の園児と食べる喜びや楽しさを味わったり、様々な食べ物への興味や関心をもったりするなどし、食の大切さに気付き、進んで食べようとする気持ちが育つようにすること。

(5) 基本的な生活習慣の形成に当たっては、家庭での生活経験に配慮し、園児の自立心を育て、園児が他の園児と関わりながら主体的な活動を展開する中で、生活に必要な習慣を身に付け、次第に見通しをもって行動できるようにすること。

(6) 安全に関する指導に当たっては、情緒の安定を図り、遊びを通して安全についての構えを身に付け、危険な場所や事物などが分かり、安全についての理解を深めるようにすること。また、交通安全の習慣を身に付けるようにするとともに、避難訓練などを通して、災害などの緊急時に適切な行動がとれるようにすること。

人間関係

他の人々と親しみ、支え合って生活するために、自立心を育て、人と関わる力を養う。

1 ねらい

(1) 幼保連携型認定こども園の生活を楽しみ、自分の力で行動することの充実感を味わう。

(2) 身近な人と親しみ、関わりを深め、工夫したり、協力したりして一緒に活動する楽しさを味わい、愛情や信頼感をもつ。

(3) 社会生活における望ましい習慣や態度を身に付ける。

2 内容

(1) 保育教諭等や友達と共に過ごすことの喜びを味わう。

(2) 自分で考え、自分で行動する。

(3) 自分でできることは自分でする。

(4) いろいろな遊びを楽しみながら物事をやり遂げようとする気持ちをもつ。

(5) 友達と積極的に関わりながら喜びや悲しみを共感し合う。

(6) 自分の思ったことを相手に伝え、相手の思っていることに気付く。

(7) 友達のよさに気付き、一緒に活動する楽しさを味わう。

(8) 友達と楽しく活動する中で、共通の目的を見いだし、工夫したり、協力したりなどする。

(9) よいことや悪いことがあることに気付き、考えながら行動する。

(10) 友達との関わりを深め、思いやりをもつ。

(11) 友達と楽しく生活する中できまりの大切さに気付き、守ろうとする。

(12) 共同の遊具や用具を大切にし、皆で使う。

(13) 高齢者をはじめ地域の人々などの自分の生活に関係の深いいろいろな人に親しみをもつ。

3 内容の取扱い

上記の取扱いに当たっては、次の事項に留意する必要がある。

(1) 保育教諭等との信頼関係に支えられて自分自身の生活を確立していくことが人と関わる基盤となることを考慮し、園児が自ら周囲に働き掛けることにより多様な感情を体験し、試行錯誤しながら諦めずにやり遂げることの達成感や、前向きな見通しをもって自分の力で行うことの充実感を味わうことができるよう、園児の行動を見守りながら適切な援助を行うようにすること。

(2) 一人一人を生かした集団を形成しながら人と関わる力を育てていくようにすること。その際、集団の生活の中で、園児が自己を発揮し、保育教諭等や他の園児に認められる体験をし、自分のよさや特徴に気付

き、自信をもって行動できるようにすること。
(3) 園児が互いに関わりを深め、協同して遊ぶように
なるため、自ら行動する力を育てるようにするととも
に、他の園児と試行錯誤しながら活動を展開する楽し
さや共通の目的が実現する喜びを味わうことができ
るようにすること。
(4) 道徳性の芽生えを培うに当たっては、基本的な生
活習慣の形成を図るとともに、園児が他の園児との関
わりの中で他人の存在に気付き、相手を尊重する気持
ちをもって行動できるようにし、また、自然や身近な
動植物に親しむことなどを通して豊かな心情が育つ
ようにすること。特に、人に対する信頼感や思いやり
の気持ちは、葛藤やつまずきをも体験し、それらを乗
り越えることにより次第に芽生えてくることに配慮
すること。
(5) 集団の生活を通して、園児が人との関わりを深め、
規範意識の芽生えが培われることを考慮し、園児が保
育教諭等との信頼関係に支えられて自己を発揮する
中で、互いに思いを主張し、折り合いを付ける体験を
し、きまりの必要性などに気付き、自分の気持ちを調
整する力が育つようにすること。
(6) 高齢者をはじめ地域の人々などの自分の生活に関
係の深いいろいろな人と触れ合い、自分の感情や意志
を表現しながら共に楽しみ、共感し合う体験を通し
て、これらの人々などに親しみをもち、人と関わるこ
との楽しさや人の役に立つ喜びを味わうことができ
るようにすること。また、生活を通して親や祖父母な
どの家族の愛情に気付き、家族を大切にしようとする
気持ちが育つようにすること。

環境
〔周囲の様々な環境に好奇心や探究心をもって関わり、
それらを生活に取り入れていこうとする力を養う。〕
1 ねらい
(1) 身近な環境に親しみ、自然と触れ合う中で様々な
事象に興味や関心をもつ。
(2) 身近な環境に自分から関わり、発見を楽しんだり、
考えたりし、それを生活に取り入れようとする。
(3) 身近な事象を見たり、考えたり、扱ったりする中
で、物の性質や数量、文字などに対する感覚を豊かに
する。
2 内容
(1) 自然に触れて生活し、その大きさ、美しさ、不思議
さなどに気付く。
(2) 生活の中で、様々な物に触れ、その性質や仕組み
に興味や関心をもつ。
(3) 季節により自然や人間の生活に変化のあることに
気付く。
(4) 自然などの身近な事象に関心をもち、取り入れて
遊ぶ。
(5) 身近な動植物に親しみをもって接し、生命の尊さ
に気付き、いたわったり、大切にしたりする。

(6) 日常生活の中で、我が国や地域社会における様々
な文化や伝統に親しむ。
(7) 身近な物を大切にする。
(8) 身近な物や遊具に興味をもって関わり、自分なり
に比べたり、関連付けたりしながら考えたり、試した
りして工夫して遊ぶ。
(9) 日常生活の中で数量や図形などに関心をもつ。
(10) 日常生活の中で簡単な標識や文字などに関心をも
つ。
(11) 生活に関係の深い情報や施設などに興味や関心を
もつ。
(12) 幼保連携型認定こども園内外の行事において国旗
に親しむ。
3 内容の取扱い
上記の取扱いに当たっては、次の事項に留意する必要
がある。
(1) 園児が、遊びの中で周囲の環境と関わり、次第に
周囲の世界に好奇心を抱き、その意味や操作の仕方に
関心をもち、物事の法則性に気付き、自分なりに考え
ることができるようになる過程を大切にすること。ま
た、他の園児の考えなどに触れて新しい考えを生み出
す喜びや楽しさを味わい、自分の考えをよりよいもの
にしようとする気持ちが育つようにすること。
(2) 幼児期において自然のもつ意味は大きく、自然の
大きさ、美しさ、不思議さなどに直接触れる体験を通
して、園児の心が安らぎ、豊かな感情、好奇心、思考力、
表現力の基礎が培われることを踏まえ、園児が自然と
の関わりを深めることができるよう工夫すること。
(3) 身近な事象や動植物に対する感動を伝え合い、共
感し合うことなどを通して自分から関わろうとする
意欲を育てるとともに、様々な関わり方を通してそれ
らに対する親しみや畏敬の念、生命を大切にする気持
ち、公共心、探究心などが養われるようにすること。
(4) 文化や伝統に親しむ際には、正月や節句など我が
国の伝統的な行事、国歌、唱歌、わらべうたや我が国
の伝統的な遊びに親しんだり、異なる文化に触れる活
動に親しんだりすることを通じて、社会とのつながり
の意識や国際理解の意識の芽生えなどが養われるよ
うにすること。
(5) 数量や文字などに関しては、日常生活の中で園児
自身の必要感に基づく体験を大切にし、数量や文字な
どに関する興味や関心、感覚が養われるようにするこ
と。

言葉
〔経験したことや考えたことなどを自分なりの言葉で
表現し、相手の話す言葉を聞こうとする意欲や態度を
育て、言葉に対する感覚や言葉で表現する力を養う。〕
1 ねらい
(1) 自分の気持ちを言葉で表現する楽しさを味わう。
(2) 人の言葉や話などをよく聞き、自分の経験したこ
とや考えたことを話し、伝え合う喜びを味わう。

(3) 日常生活に必要な言葉が分かるようになるとともに、絵本や物語などに親しみ、言葉に対する感覚を豊かにし、保育教諭等や友達と心を通わせる。

2 内容

(1) 保育教諭等や友達の言葉や話に興味や関心をもち、親しみをもって聞いたり、話したりする。

(2) したり、見たり、聞いたり、感じたり、考えたりなどしたことを自分なりに言葉で表現する。

(3) したいこと、してほしいことを言葉で表現したり、分からないことを尋ねたりする。

(4) 人の話を注意して聞き、相手に分かるように話す。

(5) 生活の中で必要な言葉が分かり、使う。

(6) 親しみをもって日常の挨拶をする。

(7) 生活の中で言葉の楽しさや美しさに気付く。

(8) いろいろな体験を通じてイメージや言葉を豊かにする。

(9) 絵本や物語などに親しみ、興味をもって聞き、想像をする楽しさを味わう。

(10) 日常生活の中で、文字などで伝える楽しさを味わう。

3 内容の取扱い

上記の取扱いに当たっては、次の事項に留意する必要がある。

(1) 言葉は、身近な人に親しみをもって接し、自分の感情や意志などを伝え、それに相手が応答し、その言葉を聞くことを通して次第に獲得されていくものであることを考慮して、園児が保育教諭等や他の園児と関わることにより心を動かされるような体験をし、言葉を交わす喜びを味わえるようにすること。

(2) 園児が自分の思いを言葉で伝えるとともに、保育教諭等や他の園児などの話を興味をもって注意して聞くことを通して次第に話を理解するようになっていき、言葉による伝え合いができるようにすること。

(3) 絵本や物語などで、その内容と自分の経験とを結び付けたり、想像を巡らせたりするなど、楽しみを十分に味わうことによって、次第に豊かなイメージをもち、言葉に対する感覚が養われるようにすること。

(4) 園児が生活の中で、言葉の響きやリズム、新しい言葉や表現などに触れ、これらを使う楽しさを味わえるようにすること。その際、絵本や物語に親しんだり、言葉遊びなどをしたりすることを通して、言葉が豊かになるようにすること。

(5) 園児が日常生活の中で、文字などを使いながら思ったことや考えたことを伝える喜びや楽しさを味わい、文字に対する興味や関心をもつようにすること。

表現

感じたことや考えたことを自分なりに表現することを通して、豊かな感性や表現する力を養い、創造性を豊かにする。

1 ねらい

(1) いろいろなものの美しさなどに対する豊かな感性をもつ。

(2) 感じたことや考えたことを自分なりに表現して楽しむ。

(3) 生活の中でイメージを豊かにし、様々な表現を楽しむ。

2 内容

(1) 生活の中で様々な音、形、色、手触り、動きなどに気付いたり、感じたりするなどして楽しむ。

(2) 生活の中で美しいものや心を動かす出来事に触れ、イメージを豊かにする。

(3) 様々な出来事の中で、感動したことを伝え合う楽しさを味わう。

(4) 感じたこと、考えたことなどを音や動きなどで表現したり、自由にかいたり、つくったりなどする。

(5) いろいろな素材に親しみ、工夫して遊ぶ。

(6) 音楽に親しみ、歌を歌ったり、簡単なリズム楽器を使ったりなどする楽しさを味わう。

(7) かいたり、つくったりすることを楽しみ、遊びに使ったり、飾ったりなどする。

(8) 自分のイメージを動きや言葉などで表現したり、演じて遊んだりするなどの楽しさを味わう。

3 内容の取扱い

上記の取扱いに当たっては、次の事項に留意する必要がある。

(1) 豊かな感性は、身近な環境と十分に関わる中で美しいもの、優れたもの、心を動かす出来事などに出会い、そこから得た感動を他の園児や保育教諭等と共有し、様々に表現することなどを通して養われるようにすること。その際、風の音や雨の音、身近にある草や花の形や色など自然の中にある音、形、色などに気付くようにすること。

(2) 幼児期の自己表現は素朴な形で行われることが多いので、保育教諭等はそのような表現を受容し、園児自身の表現しようとする意欲を受け止めて、園児が生活の中で園児らしい様々な表現を楽しむことができるようにすること。

(3) 生活経験や発達に応じ、自ら様々な表現を楽しみ、表現する意欲を十分に発揮させることができるように、遊具や用具などを整えたり、様々な素材や表現の仕方に親しんだり、他の園児の表現に触れられるよう配慮したりし、表現する過程を大切にして自己表現を楽しめるように工夫すること。

第4 教育及び保育の実施に関する配慮事項

1 満3歳未満の園児の保育の実施については、以下の事項に配慮するものとする。

(1) 乳児は疾病への抵抗力が弱く、心身の機能の未熟さに伴う疾病の発生が多いことから、一人一人の発育及び発達状態や健康状態についての適切な判断に基づく保健的な対応を行うこと。また、一人一人の園児

の生育歴の違いに留意しつつ、欲求を適切に満たし、特定の保育教諭等が応答的に関わるように努めること。更に、乳児期の園児の保育に関わる職員間の連携や学校医との連携を図り、第3章に示す事項を踏まえ、適切に対応すること。栄養士及び看護師等が配置されている場合は、その専門性を生かした対応を図ること。乳児期の園児の保育においては特に、保護者との信頼関係を築きながら保育を進めるとともに、保護者からの相談に応じ支援に努めていくこと。なお、担当の保育教諭等が替わる場合には、園児のそれまでの生育歴や発達の過程に留意し、職員間で協力して対応すること。

(2) 満1歳以上満3歳未満の園児は、特に感染症にかかりやすい時期であるので、体の状態、機嫌、食欲などの日常の状態の観察を十分に行うとともに、適切な判断に基づく保健的な対応を心掛けること。また、探索活動が十分できるように、事故防止に努めながら活動しやすい環境を整え、全身を使う遊びなど様々な遊びを取り入れること。更に、自我が形成され、園児が自分の感情や気持ちに気付くようになる重要な時期であることに鑑み、情緒の安定を図りながら、園児の自発的な活動を尊重するとともに促していくこと。なお、担当の保育教諭等が替わる場合には、園児のそれまでの経験や発達の過程に留意し、職員間で協力して対応すること。

2 幼保連携型認定こども園における教育及び保育の全般において以下の事項に配慮するものとする。

(1) 園児の心身の発達及び活動の実態などの個人差を踏まえるとともに、一人一人の園児の気持ちを受け止め、援助すること。

(2) 園児の健康は、生理的・身体的な育ちとともに、自主性や社会性、豊かな感性の育ちとがあいまってもたらされることに留意すること。

(3) 園児が自ら周囲に働き掛け、試行錯誤しつつ自分の力で行う活動を見守りながら、適切に援助すること。

(4) 園児の入園時の教育及び保育に当たっては、できるだけ個別的に対応し、園児が安定感を得て、次第に幼保連携型認定こども園の生活になじんでいくようにするとともに、既に入園している園児に不安や動揺を与えないようにすること。

(5) 園児の国籍や文化の違いを認め、互いに尊重する心を育てるようにすること。

(6) 園児の性差や個人差にも留意しつつ、性別などによる固定的な意識を植え付けることがないようにすること。

第3章　健康及び安全

　幼保連携型認定こども園における園児の健康及び安全は、園児の生命の保持と健やかな生活の基本となるものであり、

第1章及び第2章の関連する事項と併せ、次に示す事項について適切に対応するものとする。その際、養護教諭や看護師、栄養教諭や栄養士等が配置されている場合には、学校医等と共に、これらの者がそれぞれの専門性を生かしながら、全職員が相互に連携し、組織的かつ適切な対応を行うことができるような体制整備や研修を行うことが必要である。

第1　健康支援

1 健康状態や発育及び発達の状態の把握

(1) 園児の心身の状態に応じた教育及び保育を行うために、園児の健康状態や発育及び発達の状態について、定期的・継続的に、また、必要に応じて随時、把握すること。

(2) 保護者からの情報とともに、登園時及び在園時に園児の状態を観察し、何らかの疾病が疑われる状態や傷害が認められた場合には、保護者に連絡するとともに、学校医と相談するなど適切な対応を図ること。

(3) 園児の心身の状態等を観察し、不適切な養育の兆候が見られる場合には、市町村（特別区を含む。以下同じ。）や関係機関と連携し、児童福祉法第25条に基づき、適切な対応を図ること。また、虐待が疑われる場合には、速やかに市町村又は児童相談所に通告し、適切な対応を図ること。

2 健康増進

(1) 認定こども園法第27条において準用する学校保健安全法（昭和33年法律第56号）第5条の学校保健計画を作成する際は、教育及び保育の内容並びに子育ての支援等に関する全体的な計画に位置づくものとし、全ての職員がそのねらいや内容を踏まえ、園児一人一人の健康の保持及び増進に努めていくこと。

(2) 認定こども園法第27条において準用する学校保健安全法第13条第1項の健康診断を行ったときは、認定こども園法第27条において準用する学校保健安全法第14条の措置を行い、教育及び保育に活用するとともに、保護者が園児の状態を理解し、日常生活に活用できるようにすること。

3 疾病等への対応

(1) 在園時に体調不良や傷害が発生した場合には、その園児の状態等に応じて、保護者に連絡するとともに、適宜、学校医やかかりつけ医等と相談し、適切な処置を行うこと。

(2) 感染症やその他の疾病の発生予防に努め、その発生や疑いがある場合には必要に応じて学校医、市町村、保健所等に連絡し、その指示に従うとともに、保護者や全ての職員に連絡し、予防等について協力を求めること。また、感染症に関する幼保連携型認定こども園の対応方法等について、あらかじめ関係機関の協力を得ておくこと。

(3) アレルギー疾患を有する園児に関しては、保護者と連携し、医師の診断及び指示に基づき、適切な対応を行うこと。また、食物アレルギーに関して、関係機

関と連携して、当該幼保連携型認定こども園の体制構築など、安全な環境の整備を行うこと。

(4)　園児の疾病等の事態に備え、保健室の環境を整え、救急用の薬品、材料等を適切な管理の下に常備し、全ての職員が対応できるようにしておくこと。

第2　食育の推進

1　幼保連携型認定こども園における食育は、健康な生活の基本としての食を営む力の育成に向け、その基礎を培うことを目標とすること。

2　園児が生活と遊びの中で、意欲をもって食に関わる体験を積み重ね、食べることを楽しみ、食事を楽しみ合う園児に成長していくことを期待するものであること。

3　乳幼児期にふさわしい食生活が展開され、適切な援助が行われるよう、教育及び保育の内容並びに子育ての支援等に関する全体的な計画に基づき、食事の提供を含む食育の計画を作成し、指導計画に位置付けるとともに、その評価及び改善に努めること。

4　園児が自らの感覚や体験を通して、自然の恵みとしての食材や食の循環・環境への意識、調理する人への感謝の気持ちが育つように、園児と調理員等との関わりや、調理室など食に関する環境に配慮すること。

5　保護者や地域の多様な関係者との連携及び協働の下で、食に関する取組が進められること。また、市町村の支援の下に、地域の関係機関等との日常的な連携を図り、必要な協力が得られるよう努めること。

6　体調不良、食物アレルギー、障害のある園児など、園児一人一人の心身の状態等に応じ、学校医、かかりつけ医等の指示や協力の下に適切に対応すること。

第3　環境及び衛生管理並びに安全管理

1　環境及び衛生管理

(1)　認定こども園法第27条において準用する学校保健安全法第6条の学校環境衛生基準に基づき幼保連携型認定こども園の適切な環境の維持に努めるとともに、施設内外の設備、用具等の衛生管理に努めること。

(2)　認定こども園法第27条において準用する学校保健安全法第6条の学校環境衛生基準に基づき幼保連携型認定こども園の施設内外の適切な環境の維持に努めるとともに、園児及び全職員が清潔を保つようにすること。また、職員は衛生知識の向上に努めること。

2　事故防止及び安全対策

(1)　在園時の事故防止のために、園児の心身の状態等を踏まえつつ、認定こども園法第27条において準用する学校保健安全法第27条の学校安全計画の策定等を通じ、全職員の共通理解や体制づくりを図るとともに、家庭や地域の関係機関の協力の下に安全指導を行うこと。

(2)　事故防止の取組を行う際には、特に、睡眠中、プール活動・水遊び中、食事中等の場面では重大事故が発生しやすいことを踏まえ、園児の主体的な活動を大切

にしつつ、施設内外の環境の配慮や指導の工夫を行うなど、必要な対策を講じること。

(3)　認定こども園法第27条において準用する学校保健安全法第29条の危険等発生時対処要領に基づき、事故の発生に備えるとともに施設内外の危険箇所の点検や訓練を実施すること。また、外部からの不審者等の侵入防止のための措置や訓練など不測の事態に備え必要な対応を行うこと。更に、園児の精神保健面における対応に留意すること。

第4　災害への備え

1　施設・設備等の安全確保

(1)　認定こども園法第27条において準用する学校保健安全法第29条の危険等発生時対処要領に基づき、災害等の発生に備えるとともに、防火設備、避難経路等の安全性が確保されるよう、定期的にこれらの安全点検を行うこと。

(2)　備品、遊具等の配置、保管を適切に行い、日頃から、安全環境の整備に努めること。

2　災害発生時の対応体制及び避難への備え

(1)　火災や地震などの災害の発生に備え、認定こども園法第27条において準用する学校保健安全法第29条の危険等発生時対処要領を作成する際には、緊急時の対応の具体的内容及び手順、職員の役割分担、避難訓練計画等の事項を盛り込むこと。

(2)　定期的に避難訓練を実施するなど、必要な対応を図ること。

(3)　災害の発生時に、保護者等への連絡及び子どもの引渡しを円滑に行うため、日頃から保護者との密接な連携に努め、連絡体制や引渡し方法等について確認をしておくこと。

3　地域の関係機関等との連携

(1)　市町村の支援の下に、地域の関係機関との日常的な連携を図り、必要な協力が得られるよう努めること。

(2)　避難訓練については、地域の関係機関や保護者との連携の下に行うなど工夫すること。

第4章　子育ての支援

　幼保連携型認定こども園における保護者に対する子育ての支援は、子どもの利益を最優先して行うものとし、第1章及び第2章等の関連する事項を踏まえ、子どもの育ちを家庭と連携して支援していくとともに、保護者及び地域が有する子育てを自ら実践する力の向上に資するよう、次の事項に留意するものとする。

第1　子育ての支援全般に関わる事項

1　保護者に対する子育ての支援を行う際には、各地域や家庭の実態等を踏まえるとともに、保護者の気持ちを受け止め、相互の信頼関係を基本に、保護者の自己決定を

尊重すること。

2　教育及び保育並びに子育ての支援に関する知識や技術
など、保育教諭等の専門性や、園児が常に存在する環境
など、幼保連携型認定こども園の特性を生かし、保護者
が子どもの成長に気付き子育ての喜びを感じられるよう
に努めること。

3　保護者に対する子育ての支援における地域の関係機関
等との連携及び協働を図り、園全体の体制構築に努める
こと。

4　子どもの利益に反しない限りにおいて、保護者や子ど
ものプライバシーを保護し、知り得た事柄の秘密を保持
すること。

第2　幼保連携型認定こども園の園児の保護者に対する子育ての支援

1　日常の様々な機会を活用し、園児の日々の様子の伝達
や収集、教育及び保育の意図の説明などを通じて、保護
者との相互理解を図るよう努めること。

2　教育及び保育の活動に対する保護者の積極的な参加
は、保護者の子育てを自ら実践する力の向上に寄与する
だけでなく、地域社会における家庭や住民の子育てを自
ら実践する力の向上及び子育ての経験の継承につながる
きっかけとなる。これらのことから、保護者の参加を促
すとともに、参加しやすいよう工夫すること。

3　保護者の生活形態が異なることを踏まえ、全ての保護
者の相互理解が深まるように配慮すること。その際、保
護者同士が子育てに対する新たな考えに出会い気付き合
えるよう工夫すること。

4　保護者の就労と子育ての両立等を支援するため、保護
者の多様化した教育及び保育の需要に応じて病児保育事
業など多様な事業を実施する場合には、保護者の状況に
配慮するとともに、園児の福祉が尊重されるよう努め、
園児の生活の連続性を考慮すること。

5　地域の実態や保護者の要請により、教育を行う標準的
な時間の終了後等に希望する園児を対象に一時預かり事
業などとして行う活動については、保育教諭間及び家庭
との連携を密にし、園児の心身の負担に配慮すること。
その際、地域の実態や保護者の事情とともに園児の生活
のリズムを踏まえつつ、必要に応じて、弾力的な運用を
行うこと。

6　園児に障害や発達上の課題が見られる場合には、市町
村や関係機関と連携及び協力を図りつつ、保護者に対す
る個別の支援を行うよう努めること。

7　外国籍家庭など、特別な配慮を必要とする家庭の場合
には、状況等に応じて個別の支援を行うよう努めるこ
と。

8　保護者に育児不安等が見られる場合には、保護者の希
望に応じて個別の支援を行うよう努めること。

9　保護者に不適切な養育等が疑われる場合には、市町村
や関係機関と連携し、要保護児童対策地域協議会で検討
するなど適切な対応を図ること。また、虐待が疑われる

場合には、速やかに市町村又は児童相談所に通告し、適
切な対応を図ること。

第3　地域における子育て家庭の保護者等に対する支援

1　幼保連携型認定こども園において、認定こども園法第
2条第12項に規定する子育て支援事業を実施する際に
は、当該幼保連携型認定こども園がもつ地域性や専門性
などを十分に考慮して当該地域において必要と認められ
るものを適切に実施すること。また、地域の子どもに対
する一時預かり事業などの活動を行う際には、一人一人
の子どもの心身の状態などを考慮するとともに、教育及
び保育との関連に配慮するなど、柔軟に活動を展開でき
るようにすること。

2　市町村の支援を得て、地域の関係機関等との積極的な
連携及び協働を図るとともに、子育ての支援に関する地
域の人材の積極的な活用を図るよう努めること。また、
地域の要保護児童への対応など、地域の子どもを巡る諸
課題に対し、要保護児童対策地域協議会など関係機関等
と連携及び協力して取り組むよう努めること。

3　幼保連携型認定こども園は、地域の子どもが健やかに
育成される環境を提供し、保護者に対する総合的な子育
ての支援を推進するため、地域における乳幼児期の教育
及び保育の中心的な役割を果たすよう努めること。

■ 執筆者紹介（執筆順、＊は編著者）

初瀬基樹＊（はつせ・もとき）

社会福祉法人恵満生福祉会　河内からたち保育園園長　レッスン1〜2、5〜6、
9〜10

備海真佐美（びかい・まさみ）

社会福祉法人杉水福祉会　杉水保育園主任　レッスン3、11〜13、15

大滝喜和子（おおたき・きわこ）

社会福祉法人　ひまわり保育園園長　レッスン4、7〜8、14

■ 写真提供協力園

社会福祉法人恵満生福祉会　河内からたち保育園

社会福祉法人杉水福祉会　杉水保育園

社会福祉法人　ひまわり保育園

編集協力：株式会社桂樹社グループ

本文イラスト：植木美江、矢寿ひろお

本文デザイン：中田聡美

■ 監修者紹介

今井和子 （いまい・かずこ） 子どもとことば研究会代表

近藤幹生 （こんどう・みきお） 白梅学園大学・短期大学学長、子ども学部教授

■ 編著者紹介

初瀬基樹 （はつせ・もとき）

社会福祉法人恵満生福祉会　河内からたち保育園園長。
神愛保育園（江東区）に 5 年間保育士として勤務後、帰熊。
1998 年より現在の河内からたち保育園に勤務。
副主任、主任保育士を経て、2008 年に園長就任。現在に至る。

MINERVA 保育士等キャリアアップ研修テキスト②

幼児教育

2020 年 7 月 20 日　初版第 1 刷発行　　　　　〈検印省略〉

定価はカバーに
表示しています

監 修 者	今	井	和	子
	近	藤	幹	生
編 著 者	初	瀬	基	樹
発 行 者	杉	田	啓	三
印 刷 者	森	元	勝	夫

発行所　株式会社　ミネルヴァ書房
607-8494　京都市山科区日ノ岡堤谷町 1
電話代表 (075) 581 - 5191
振替口座 01020 - 0 - 8076

©初瀬基樹ほか, 2020　　　　　　モリモト印刷
ISBN978-4-623-08762-4
Printed in Japan

今井和子／近藤幹生 監修

MINERVA 保育士等キャリアアップ研修テキスト

全7巻／B5判／美装カバー／各巻平均200頁

①乳児保育　　　　　　　　　今井和子／矢島敬子 編著　本体 1,800 円

②幼児教育　　　　　　　　　初瀬基樹 編著　本体 2,000 円

③障害児保育　　　　　　　　市川奈緒子 編著　本体 1,800 円

④食育・アレルギー対応　　　林薫 編著

⑤保健衛生・安全対策　　　　小林美由紀 編著

⑥保護者支援・子育て支援　　小野﨑佳代／石田幸美 編著

⑦マネジメント　　　　　　　鈴木健史 編著

（定価のないものは続刊）

ミネルヴァ書房
https://www.minervashobo.co.jp/